Johann August Schülein
Karl-Michael Brunner

Soziologische Theorien

Eine Einführung für Amateure

Unter Mitarbeit von Horst Reiger

Springer-Verlag Wien New York

o. Univ.-Prof. Dr. phil. Johann August Schülein
Mag. Dr. phil. Karl-Michael Brunner
Mag. Dr. phil. Horst Reiger
Institut für Allgemeine Soziologie und Wirtschaftssoziologie
Wirtschaftsuniversität Wien, Österreich

Printed in Austria

Satz: Datenkonvertierung durch Bernhard Computertext, A-1030 Wien
Druck: Ferdinand Berger & Söhne Gesellschaft m. b. H., A-3580 Horn

Gedruckt auf säurefreiem, chlorfrei gebleichtem Papier – TCF

ISBN 3-211-82624-6 Springer-Verlag Wien New York

Vorwort
oder: Zur Ehrenrettung des Amateurs

„Eine Einführung für Amateure“ ist ein ungewöhnlicher, möglicherweise provozierender Untertitel. „Amateur“ klingt heute abwertend: Wenn etwas „amateurhaft“ betrieben wird, dann wird es schlecht gemacht. Das war nicht immer so. Der Begriff stammt bekanntlich von „amor“ ab, von der Liebe und Zuneigung, und der Amateur war jemand, der sich mit etwas aus Interesse beschäftigt, mit besonderer Hingabe und Zuwendung. Ein Amateur zu sein war daher im bürgerlichen Zeitalter ein Ehrentitel und keine Beschimpfung.

Die Entstehung der professionellen Beschäftigung mit Themen hat das Amateurhafte zwangsläufig entwertet. Diese Entwicklung ist natürlich nicht umzukehren. Industriegesellschaften basieren auf differenziertem Fachwissen und dessen Anwendung. Das gibt den Experten Macht, während der Amateur scheinbar unvermeidlich zum Dilettanten, der viel zu wenig weiß und kann, absinkt. Wenn im Zeitalter der Expertenherrschaft und der unübersehbaren Spezialisierung und Ausweitung des Wissens selbst jemand, der sich hauptberuflich mit nichts anderem als seinem Fach beschäftigt, keine Chance mehr hat, alles zu überblicken – wie soll da ein Amateur Verständnis und Überblick gewinnen?

Aber auf der anderen Seite gibt es viele, die sich für ein Thema interessieren (oder interessieren müssen), ohne sich deshalb gleich mit Ausschließlichkeit und umfassend damit beschäftigen zu wollen. Dieses amateurhafte Interesse ist nicht nur legitim (z. B. bei Nebenfachstudenten), es ist auch wichtig. Denn vieles spricht dafür, daß reine Experten-Abhängigkeit für demokratische Gesellschaften problematisch ist. Es scheint, als wäre eine „Re-Laisierung“ des Wissens notwendig: die wichtigsten natürlichen und sozialen Zusammenhänge müssen nicht nur wenige Experten, sondern möglichst viele kennen. Nur so können politische Entwicklungen vernünftig abgeschätzt werden, kann das Fachwissen sinnvoll in spezifische Arbeitsfelder übersetzt werden. Mit anderen Worten: genauso wichtig wie der „Profi" ist der kompetente Amateur.

Das gilt auch für die Soziologie. Ihre Erkenntnisse und Methoden sind nicht nur für Experten, sondern für alle Gesellschaftsmitglieder wichtig. Wer sich jedoch für Soziologie interessiert (oder interessieren muß), wird bald auch mit soziologischen Theorien – Theorien, die die Logik sozialer Realität untersuchen und beschreiben – konfrontiert. Es stellt sich dabei bald heraus, daß es nicht eine von allen Experten des Fachs anerkannte Theorie gibt, sondern deren viele. Dies erscheint verwirrend, denn die Theorien interpretieren nicht nur den gleichen Sachverhalt sehr verschieden, sie sind auch oft schwer zugänglich. Nun kann man leichte Zugänglichkeit von Theorien kaum verlangen. Theoretisches Verständnis ist immer voraussetzungsvoll und beruht auf nicht ohne weiteres verständlichen Argumentationen, Voraussetzungen, Begründungen. Das gilt für jede Theorie. Was den Umgang mit soziologischen Theorien jedoch zusätzlich erschwert, ist – neben der manchmal unübersichtlichen Vielfalt – die exzentrisch wirkende Art, mit sozialer Wirklichkeit umzugehen, sind Begriffe und Konzepte, die mit dem Alltagsverständnis von sozialer Realität kaum in Einklang zu bringen sind.

Von diesen Problemen ist auch die interne Auseinandersetzung der Soziologie geprägt – was sie für Außenstehende als schwer verständlich erscheinen läßt. Wir haben daher in der Einleitung versucht, die Schwierigkeiten der sozialwissenschaftlichen Theoriebildung zu verdeutlichen. Es soll erkennbar werden, daß hier nicht Willkür und Chaos am Werk sind, sondern daß es sich um besondere Probleme handelt, die jede Theorie – wenn sie über bloßes Alltagsverständnis hinaus gehen soll – bewältigen muß. Diese Einleitung – wie auch die daran anschließende Darstellung wichtiger Etappen und gegenwärtiger Positionen soziologischer Theorie – benutzt dabei nur zum Teil die in der wissenschaftlichen Zunft üblichen und erforderlichen Formen. Es gibt keine umfassenden Literaturhinweise, Fußnoten, Absicherungen usw.[1] Dieser Text ist ausdrücklich für Amateure geschrieben. Und wir sind davon ausgegangen, daß die esoterischen Besonderheiten des Fachs für diese LeserInnen (das Buch richtet sich selbstverständlich gleicher-

---

1 Alle Hervorhebungen im Text, die fett gedruckt sind, wurden von den Autoren vorgenommen. Kursivsetzungen beziehen sich auf Hervorhebungen in Originalzitaten, die von den jeweiligen Autoren stammen.

maßen an Frauen und Männer, auch wenn aus Gründen der Lesbarkeit im übrigen Text auf geschlechtsneutrale Formulierungen verzichtet wurde) eher uninteressant und störend sind.

Dies ist also ein Gebrauchs-Buch für einen nicht-professionellen Zugang und Überblick. Es geht um das Verständnis der Grundzüge und um den praktischen Bezug des Denkens. Dies heißt aber nicht, daß sich gleich beim ersten Zugang alles problemlos erschließt. Theoretische Arbeit erfordert – wie jede Arbeit – Engagement, Aufwand und Ausdauer. Wir hoffen jedoch, daß die Lektüre mindestens Verständnis, möglichst jedoch Interesse und Zuneigung weckt – also aus Lesern Amateure macht. Wer sich weiter informieren will, muß selbstverständlich zusätzliche Grundlagenliteratur heranziehen.

Wir danken Herrn Dr. Reiger, der das Kapitel über den „Symbolischen Interaktionismus“ verfaßt hat, sowie Frau Geppl und Frau Holzmann für die Betreuung des Manuskripts.

Johann August Schülein Karl-Michael Brunner

Inhaltsverzeichnis

1. Soziologische Theorie

1.1 Wirklichkeit und Interpretation

Tom Sawyers Meisterstück

Wer „Tom Sawyer" von Mark Twain gelesen hat, wird sich an das zweite Kapitel erinnern. Tom kam nach einer Auseinandersetzung mit einem anderen Jungen mit zerrissenen Kleidern nach Hause. Als Tante Polly „sah, in welchem Zustand sich seine Kleidung befand, gewann ihr Beschluß, seinen freien Samstag in einen Tag der Gefangenschaft bei Zwangsarbeit zu verwandeln, eiserne Festigkeit."

Sie verdonnerte Tom dazu, den Zaun zu streichen. Dies war eine Arbeit, die Tom mit äußerstem Mißmut aufnahm. Da kam Jim, Pollys Sklave, auf dem Weg zum Wasserholen.

„Bisher war es in Toms Augen immer eine scheußliche Arbeit gewesen, Wasser von der Gemeindepumpe zu holen, jetzt aber kam es ihm nicht so vor. Er dachte daran, daß es an der Pumpe ja Gesellschaft gab. Dort warteten ständig Jungen und Mädchen, Neger und Mulatten, bis sie an der Reihe waren, ruhten sich währenddessen aus, tauschten Spielsachen miteinander, zankten sich, prügelten sich und tollten herum. Er dachte auch daran, daß Jim, obgleich die Pumpe nur hundertfünfzig Yard entfernt stand, nie vor einer Stunde mit einem Eimer Wasser zurückkehrte, und selbst dann mußte ihn gewöhnlich jemand holen gehen."

Unter diesem Vorzeichen erschien ihm ein Tausch mit Jim sinnvoll.

Aber Jim schüttelt den Kopf: *„,Geht nicht, Master Tom. Die alte Missis, die hat gesagt, ich soll Wasser holen gehn und nicht stehnbleiben und mit niemand keine Dummheiten nicht machen, hat erklärt, sie nimmt an, Master Tom würd' mich beauftragen, ich soll Zaun streichen, und sie hat gesagt, ich soll weitergehn und mich um meine eigenen Angelegenheiten kümmern – um das Streichen würd' sie sich kümmern.' "*

Tom gibt nicht auf: „*‚Ach, scher dich doch nicht um das, was sie gesagt hat, Jim. So redet sie doch immer. Gib mir mal den Eimer – ich bleib' keine Minute weg Sie wird's doch nicht merken.'*

‚Oh, ich trau' mich nicht, Master Tom. Die alte Missis, die nimmt mich bestimmt und reißt mir den Kopf ab. Das macht sie, ganz sicher.'

‚Die! Die haut doch nie jemand – bumst einen ein bißchen mit dem Fingerhut auf den Kopf, und wen stört das, möcht' ich wissen? Sie schimpft ja schrecklich, aber Schimpfen tut nicht weh – wenigstens nicht, wenn sie nicht weint. Jim, ich geb' dir eine Murmel. Eine weiße Glaskugel geb' ich dir!'

Jim wurde schwankend.

‚Eine weiße Glaskugel, Jim, und die läuft scharf!' "

Jim kann nicht widerstehen, aber der Handel kam doch nicht zustande: „Er setzte den Eimer ab und nahm die weiße Glaskugel. In der nächsten Minute flog er mit dem Eimer und einem prickelnden Hintern die Straße hinunter; Tom strich, was das Zeug hielt, und Tante Polly zog sich, einen Pantoffel in der Hand und Triumph im Blick, vom Felde zurück."

Dieser Versuch von Tom, der Fronarbeit zu entkommen, scheiterte also. Seine große Stunde kam jedoch später, als einer seiner Freunde, voller Lust am Leben und an einem prächtigen Apfel kauend, vorbeikam und eigentlich vorhatte, sich etwas an Toms Elend zu weiden.

„*‚Heda! Du steckst in der Patsche, was?'*

Keine Antwort. Mit dem Auge des Künstlers begutachtete Tom seinen letzten Strich; dann fuhr sein Pinsel noch einmal mit leichtem Schwung darüber hinweg, und er begutachtete das Ergebnis von neuem. Ben bezog neben ihm Stellung. Beim Anblick des Apfels lief Tom das Wasser im Munde zusammen, er blieb jedoch bei seiner Arbeit. Da sagte Ben: *‚Hallo, alter Junge; mußt arbeiten, was? Ich geh' schwimmen, hörst du? Würdest du nicht auch lieber mitkommen? Aber natürlich, du möchtest lieber schuften, nicht wahr?'*

Tom betrachtete den Jungen ein Weilchen und fragte dann: *‚Was nennst du denn Arbeit?'*

‚Na, ist das vielleicht keine Arbeit?'

Tom machte sich wieder ans Tünchen und meinte gleichgültig: *‚Na, vielleicht, vielleicht auch nicht. Ich weiß nur eins: Tom Sawyer gefällt's.'*

‚Ach, geh doch, du willst mir doch nicht etwa einreden, daß es dir Spaß macht?'

Der Pinsel fuhr weiter.

‚Ob 's mir Spaß macht? Na, ich wüßte nicht, weshalb es mir kei-

nen Spaß machen sollte. Bekommt ein Junge vielleicht jeden Tag einen Zaun zu streichen?'

Das ließ die Sache in neuem Licht erscheinen. Ben hörte auf, an seinem Apfel zu knabbern. Tom schwang seinen Pinsel mit behutsamer Eleganz hin und her – trat dann zurück, um die Wirkung festzustellen – setzte hier und da noch einen Tupfer hinzu – kritisierte die Wirkung von neuem, während Ben jede seiner Bewegungen beobachtete und ihn die Sache immer mehr interessierte, immer stärker fesselte. Nach einer Weile sagte er: *,Du Tom, laß mich auch mal ein bißchen streichen.'"*

Tom ist sich seiner Sache jetzt so sicher, daß er die Bedingungen für sich noch zu verbessern versucht:

„Tom dachte nach, war schon drauf und dran zuzustimmen, überlegt sich's dann aber wieder anders: *,Nein, nein, geht nicht, Ben. Schau, Tante Polly nimmt's arg genau mit dem Zaun hier, er steht ja direkt an der Straße –, wenn's der hinten wär, mir würde es nicht drauf ankommen und ihr auch nicht. Ja, arg genau nimmt sie's mit dem Zaun hier, ganz sorgfältig muß der gestrichen werden; ich glaube, kaum einer von tausend Jungen ist imstande, es so zu machen, wie es sich gehört – vielleicht nicht mal einer von zweitausend.'*

,Tatsächlich? Ach, komm schon! Laß mich bloß mal versuchen, bloß ein kleines bißchen. An deiner Stelle würd' ich dich lassen, Tom.'

,Ben, ich würd's ja gern tun, aber Tante Polly – weißt du, Jim wollte, und sie hat ihn nicht gelassen (...) Siehst du nicht, wie ich in der Klemme sitze? Wenn du dich dranmachst und es passiert was damit...'

,Ach, Quatsch; ich mach's genauso vorsichtig. Komm, laß mich mal versuchen. Ich geb' dir ein Stück von meinem Apfel, ja?'

,Nun – ach, Ben, lieber nicht, ich hab' Angst...'

,Ich laß dir den ganzen!'

Tom gab den Pinsel her, Widerstreben im Antlitz, aber frohe Bereitwilligkeit im Herzen."

Die Geschichte endet schließlich damit, daß alle Jungen des Dorfs sich darum reißen, streichen zu dürfen und Tom als Preis für die Erlaubnis viele Schätze einhandeln kann und sogar Tante Polly seinen großen Fleiß loben mußte.

Für Tom also ein Erfolg auf ganzer Linie. Unabhängig davon, wie realistisch Mark Twains Beschreibung ist, – es steht zu befürchten, daß nur in Ausnahmesituationen ein solcher durchschlagender Erfolg zu erzielen ist – enthält sie einige wichtige Hinweise auf das komplizierte Verhältnis von sozialer Wirklichkeit und der

Art und Weise, wie wir sie erleben bzw. interpretieren. Damit ist schon ein wichtiges Stichwort genannt: **„Wirklichkeit"** ist nicht einfach gegeben, sondern wird von uns mit Hilfe der uns zur Verfügung stehenden Möglichkeiten in jeweils spezifischer Weise **interpretiert.** Und sowohl das, was interpretiert wird, als auch die Interpretation selbst ist Moment der Realität.

Dabei ist dieses Interpretieren keinesfalls ein bloßes Notieren der selbstverständlich bereit liegenden „Merkmale" der Situation, im Gegenteil: wir filtern aus den Gegebenheiten für uns wichtige Informationen heraus, lassen sie erst zu „Merkmalen" werden. Das heißt, wir gehen bereits mit **bestimmten Vorstellungen** an eine Situation heran und lassen sie dadurch zu einer **bestimmten Situation** werden. Und die Ergebnisse dieser Interpretationen müssen nicht identisch sein. Ben kommt um die Ecke, sieht Tom mit dem Pinsel am Zaun und denkt sich gleich, da Samstag ist, daß Tom zur Fronarbeit verdonnert wurde. Diese seine Einschätzung teilt er Tom auch mit, aber der bestätigt sie nicht. Statt dessen gibt Tom durch sein Verhalten, durch inbrünstiges, voll konzentriertes Streichen und seine Äußerungen zu verstehen, daß er seine Arbeit anders sieht: nämlich als künstlerisch wertvolle, höchst anspruchsvolle Tätigkeit. Er leugnet nicht, daß es sich um Arbeit handelt, aber er nimmt nicht die Haltung ein, die einem Fronarbeiter zukommt und stellt den Wert der Arbeit so dar, daß es als eine Ehre erscheint, sie durchzuführen. Er weiß natürlich am besten, daß es sich tatsächlich um Fronarbeit handelt, aber er bemüht sich, die Verhältnisse anders darzustellen – mit Erfolg. Ben wird von Toms Interpretation so beeindruckt, daß er innerlich eine Umdefinition vornimmt und sich anders verhält (so, wie Tom sich das gewünscht hatte).

Beim ersten Mal hatte Tom mit seinen Versuchen, die Wirklichkeit anders zu interpretieren, weniger Erfolg. Jim war nicht so leicht davon zu überzeugen, daß Tante Polly nur ein Papiertiger sei. Das hängt damit zusammen, daß Tante Polly tatsächlich keiner ist (das weiß Jim genauso wie Tom, der deshalb auch gar nicht versucht, Jim einzureden, sie wäre harmlos. Seine letzte diesbezügliche Bemerkung hat eher den Charakter, in dieser Situation das Gesicht zu wahren). Deshalb zog er auch bald die Glaskugel aus der Tasche, um Jim zu bestechen, d.h. er bot ihm etwas, was (was Tom wußte) für Jim einen hohen „Tauschwert" hatte. Dies gelingt ihm auch fast. Tante Polly hatte jedoch damit gerechnet und schlug zu, sodaß Tom schnell wieder mit seinem Pinsel beschäftigt war. Was daran deutlich wird: Das Ganze spielt sich ab, auf dem Hintergrund von Erfahrungen, Vorstellungen und Erwartungen, die die Akteure haben. Jim wußte, daß Tante Pollys Drohungen ernst zu nehmen sind. Tom wußte, wo Jims schwacher Punkt war. Und Tante Polly wußte, daß Tom imstande war, Jim trotz eindringlicher Ermahnungen zu verführen. Daran wiederum hatte Tom nicht gedacht. (Falls Jim daran gedacht haben sollte, war dieses Wissen durch die Glaskugel geblendet). Aber es fiel ihm eine andere Möglichkeit ein, auf die Tante Polly nicht gefaßt war: Sie kam nicht auf die Idee, daß Tom eine Horde von „Hilfskräften" anheuern würde.

Soziales Gebrauchswissen

Interpretationen hängen in ihren Möglichkeiten von der Lebenssituation ab: jeder weiß (mehr oder weniger gut) Bescheid in seiner Lebenswelt. Jim „weiß", daß Tante Polly gefährlich ist; er hat es hinreichend erlebt und kennt sie zur Genüge. Tom „weiß", daß Jim einer weißen Glaskugel nicht widerstehen kann. Und Tante Polly „weiß", daß Tom versuchen würde, Jim zu bestechen. Dieses Wissen ist nicht intellektueller, sondern lebenspraktischer Art: **nicht logisch** begründet und hinterfragt, **aber praktisch** deshalb nicht weniger wahr bzw. gut. Dieses lebenspraktische Wissen hat jeder von seiner Welt: die Bereiche, in denen man tagtäglich lebt, kennt man gut (d.h. man weiß, was zu tun ist, um zurecht zu kommen); von ihnen hat man ein „Bild", welches alle möglichen (und unmöglichen) Ereignisse einordnet und interpretiert. Die Bereiche, die nur gelegentlich lebenspraktisch bedeutsam werden, sind weniger gut bekannt und entsprechend generalisiert bzw. vage sind die Interpretationen, mit denen man operiert. Die Bereiche, zu denen man keinen Kontakt hat, können auch nur aus zweiter Hand bzw. auf die Weise bedacht werden, die die eigene Lebenswelt nahe legt.

Dieses Wissen basiert auf individueller Erfahrung. Lebenserfahrungen sind zwar nie gleich, aber jede Sozialstruktur basiert auf einer gewissen Übereinstimmung lebenspraktischen Wissens und sozialer Interpretationen. Wer sie nicht teilt, steht außerhalb als Kind, als Außenseiter, Nichtzurechnungsfähiger, Irrer. Wer sie teilt, muß sich um ihre Begründung und Pflege wenig Sorgen machen: man bestätigt sich gegenseitig deren Korrektheit durch Gebrauch.

Daß dieses Wissen **„Gebrauchswissen"** ist, hängt auch damit zusammen, daß es in engem Zusammenhang steht mit dem Prozeß der **lebenspraktischen Entscheidungen** und **Zielfindungen,** die im Alltag unentwegt nötig sind. Ohne sie ist soziale Wirklichkeit „sinnlos". Wir sind ständig damit beschäftigt, Situationen danach einzuschätzen, was sie für uns bedeuten, was wir in ihnen wollen. Wir konstatieren also nicht einfach: „Tom muß als Strafarbeit am Samstag den Zaun streichen", sondern stellen dies mit Schadenfreude, Mitleid, Gleichgültigkeit oder sonstigen Gefühlen fest.

Und je nachdem, wie dieses Gefühl aussieht, werden Konsequenzen für das Handeln gezogen. Diese Einschätzung hängt vor allem mit dem **Erleben der eigenen Situation** zusammen. Tom ist kaum angetan von der Aussicht, den Zaun streichen zu müssen. Da erscheint ihm sogar noch das bis dato verachtete Wasserholen als attraktive Tätigkeit und er gibt sich äußerste Mühe, sie dem Sklaven abzuschwätzen.

Das „Gebrauchswissen" ist dabei nichts anderes als der (mehr oder weniger bewußte) Effekt von **Lebenserfahrung:** man hat praktisch gelernt, wie man mit Situationen umgeht, hat sich gemerkt, was passiert und kann Situationen, die auftauchen, mehr oder weniger genau einschätzen. Dieses Gebrauchswissen ist umfangreich: man „weiß" immens viel über seine Lebenswelt, sogar viel mehr als man weiß. Allerdings gibt es erhebliche Unterschiede im Erfahrungsvermögen und ungleiche Verteilungen von „Wissensmöglichkeiten". Jim und Ben sind die Bauern in dem Spiel, Tom und Tante Polly dagegen versierte Sozialspieler. Es handelt sich dabei um lebensgeschichtlich erworbene Differenzen, hinter denen jedoch soziale Strukturen stehen: Jim hat als Sklave wenig Zugang zu Wissen und noch weniger Möglichkeiten, durch soziale Praxis Fähigkeiten und Kenntnisse zu entwickeln. Tante Polly und Tom sind kampferprobt und verfügen entsprechend über viel Wissen und Strategien. Wie kommt es, daß es Sklaven, Tanten und Neffen mit sehr unterschiedlichen Möglichkeiten und Kompetenzen des Sozialverhaltens gibt? Worauf basieren diese Fähigkeiten und wieso sind sie möglich/nötig? Um diese Fragen zu beantworten, ist ein kurzer Blick auf die Rahmenbedingungen nötig.

1.2 Evolution, Kommunikation und Interaktion

Leben heißt: es gibt lebendige Subjekte, die eigenständig und aktiv sind. Sie treten in selbstgesteuerten Kontakt mit ihrer Umgebung, mit anderen Lebewesen, gleichen und fremden. Man liebt einander und frißt einander, man kooperiert und konkurriert. Leben ist stets: Zusammen-Leben. Und Zusammen-Leben heißt: es gibt einen permanenten Interaktionsprozeß und eine Verkettung von sozialen Situationen, in denen die beteiligten Subjekte (gemeinsam, aber nicht unbedingt im Konsens) Ziele verfolgen und Zwecke erfüllen.

Wie funktioniert Interaktion? Interaktion bedeutet, daß verschiedene Subjekte, ausgerüstet mit Verhaltensalternativen, situationsspezifische Verhaltensstrategien entwickeln/auswählen und sie realisieren, wobei sie sich auf die Besonderheiten/Reaktionen der anderen einstellen. In ihrer einfachsten Form ist dies wechselseitige (mechanische) Veränderung: Durch praktischen Einfluß wird beim Gegenüber ein bestimmtes Verhalten abgerufen. Bereits auf diesem Niveau stellen sich jedoch zwei Probleme, die die Möglichkeiten dieses Modus begrenzen: zum einen müssen die Subjekte handlungsfähig sein, d.h. über einen internen Prozeß der Verarbeitung von Realität verfügen; zum anderen ist die Möglichkeit der Beeinflussung durch unmittelbaren Kontakt erheblich begrenzt.

Sowohl die interne Verarbeitung von Realität als auch die Überbrückung von Distanzen bzw. die Vermittlung von komplexeren Einflüssen erfordert Kommunikation: die Möglichkeit, den Umgang mit einem Thema mit Hilfe eines Mediums anderen mitzuteilen bzw. zu verstehen. Ein wesentliches Medium der Kommunikation, dessen sich fast alle Lebewesen bedienen, bietet die Chemie: von Anfang an experimentierte die Natur mit Möglichkeiten, Molekülen eine bestimmte Bedeutung zuzuweisen und auf diese Weise intra- und intersubjektive Prozesse zu steuern – mit großem Erfolg. Auf diese Weise ließen sich auch komplexe innere Abläufe, aber auch das Zusammenspiel verschiedener Subjekte erfolgreich erzeugen und zuverlässig garantieren. Im Laufe der Evolution entstanden auf dieser Basis wahre „Meisterwerke" der Verhaltenssteuerung und Interaktion. Mehr noch: es entwickelten sich perfekte soziale Systeme. Millionen von Ameisen können auf diese Weise in „Staaten" zusammenleben, ohne daß es zu den für humane Gesellschaften so typischen Problemen kommt – es gibt keine Arbeitslosigkeit, Jugendkriminalität, fundamentalistische Sekten.

So perfekt dieses System funktioniert, es hat seine Grenzen. Gerade weil es perfekt funktioniert, ist der Spielraum für differenzierte subjektive Verarbeitung von Realität und für Interaktionen, die über festgefügte Abläufe hinausgehen, gering. Als die Natur anfing, Lebewesen hervorzubringen, die weniger durch hochspezialisierte Angepaßtheit an ein bestimmtes ökologisches Milieu als vielmehr durch eigenaktives (Zusammen-) Handeln überleben, konnte dieses Prinzip keine Verwendung mehr finden. Diese Lebewesen müssen erfolgreich aus vielen Möglichkeiten die richtige aussuchen – und das muß praktisch gelernt werden. Lernen setzt aber voraus, daß es eine interne Instanz gibt, die nicht nur definierte Signale in definierte Aktionen umsetzt, sondern offene Gegebenheiten interpretiert, übersetzt und passende Formen des Umgangs auswählt. Dies konnte nicht mehr auf der Basis von chemischen Substanzen realisiert werden. Deswegen entstand im Zuge der Entwicklung von Gattungen mit einem höheren Maß an „Individualisierung" ihrer Subjekte ein neues Kommunikationssystem, welches auf zwei Innovationen basierte:

- auf der einen Seite auf der Entwicklung subjektiver Reflexionszentren, die Wirklichkeit in intern verarbeitbare Vorstellungen übersetzen und damit operieren können;
- auf der anderen Seite auf einem Kommunikationsmedium, welches geeignet ist, abstrakte Wirklichkeitsrepräsentationen zu übermitteln.

Das Gehirn ist das Organ, welches systematisch Wirklichkeit in symbolische Repräsentanzen übersetzen kann. Es ermöglicht interne und externe Kommunikation mit Hilfe symbolisierter (also nicht unmittelbarer) Realität. Dadurch ist es möglich, mit Realität umzugehen, ohne daß dies praktisch passieren muß: es ist „Probehandeln" möglich, es kann abstrahiert werden von (Teilen) der konkreten Realität, es kann etwas vorgestellt werden, was (noch) nicht existiert. Kurz: Symbolvermittelte Reflexion weitet den Spielraum des Umgangs mit Realität wesentlich aus und öffnet den Horizont für subjektive Eigenaktivitäten.

Chemisch codierte Kommunikation ist denotativ, d.h. unverwechselbar eindeutig. Das heißt auch: Abweichungen sind nicht möglich bzw. zerstören die Kommunikation. Sie ist auch nicht subjektiv willkürlich generierbar, sondern ist eingebunden in komplexe biochemische Abläufe. Das einfachste Medium, welches diese Grenzen überschreitet und quasi programmierbare Übertragungsleistungen erbringen kann, ist körpergebundener Ausdruck.

George Herbert Mead nannte die hier verfügbaren Ausdrucksformen **„Gesten"**; ihr syntaktisches Potential ist noch gering, wenn auch ihre semantische Deutlichkeit kaum zu wünschen übrig läßt. Paul Watzlawick spricht in diesem Zusammenhang von **„analoger" Kommunikation,** die (körperliches) Erleben bildlich „darstellen", symbolisieren und so vermitteln kann. Tierische Kommunikation ist (soweit sie über chemisch vermittelte hinausgeht) fast ausschließlich analog. Auf dieser Basis konnte sich eine Sozialstruktur entwickeln, die Arbeitsteilung wie soziale Organisation in ihrer einfachsten Form (soziale Hierarchie, Regelung der Zugehörigkeit, Anfänge von Arbeitsteilung) selbständig stabilisieren konnte. Auch erste Ansätze zu nicht determinierten Beziehungen können sich ergeben – Zuneigungen und Abneigungen, die nicht funktional in die Hierarchie eingebunden sind.

Damit sind jedoch bereits die Grenzen erreicht. Die Kommunikation ist nicht abstrakt genug, um eine wirklich eigenständige und eigendynamische Kommunikation zu ermöglichen. Erst „vokale Gesten“ (Mead), Äußerungen, die Wirklichkeit codiert repräsentieren (und nicht unmittelbar zum Ausdruck bringen), sind imstande, den Schritt in eine symbolische Wirklichkeit konsequent zu vollziehen. Denn erst durch die **sprachliche Codierung von Wirklichkeit** läßt sich über sie reflektieren: sie kann „zum Thema“ gemacht werden – und zwar auf (fast) jede Weise. Vergangenheit, Gegenwart, Zukunft, Abstraktes und Konkretes, Mögliches und Wirkliches, Erwünschtes und Unerwünschtes: alles das läßt sich jetzt erst oder jetzt systematisch zum Ausdruck bringen. Mit anderen Worten: durch Sprache wird individuelles Denken und ein System von gemeinschaftlichen Gedanken und Vorstellungen möglich. Das heißt aber auch: jedes Individuum muß imstande sein, mit Symbolen selbständig operieren zu können. Vorstellungen müssen entwickelt, gespeichert, aktualisiert, überprüft, korrigiert, kombiniert usw. werden können. Dazu bedarf es eines operativen Zentrums, in dem dies möglich ist.

Daher können Subjekte erst durch das Zusammenspiel von Sprache und Gehirn selbständige kognitive Bilder von Wirklichkeit (im doppelten Sinn: sie interpretieren sie und entwerfen alternative Modelle) entwickeln und sich in ihrem Handeln daran orientieren. Aus Verhalten wird **Handeln,** eine (mehr oder weniger) intendierte Aktivität, die auf individuellen Vorstellungen (von existierender und wünschenswerter Realität) basiert. Und im Zusammenspiel von Handlungen, durch Inter-Aktion, gewinnen Vorstellungen subjektunabhängige Bedeutungen und Formen; sie verobjektivieren sich als kollektive Vorstellungswelten, an denen sich dann das Individuum orientieren kann und muß.

Damit erweitert und verändert sich der Interaktionsprozeß qualitativ. Aktivitäten können jetzt signalisiert werden, müssen also nicht vollständig durchgeführt werden. Auf Ereignisse kann hingewiesen werden. Auf diese Weise konnten sich Beziehungen und Interpretationen **symbolisch verselbständigen.** Im Symbolsystem kann Wirklichkeit gespiegelt und bearbeitet werden, zugleich entstehen definitive Vorstellungen und Einstellungen, die für alle Mitglieder der Gemeinschaft verbindlich und orientierend sind. Auf diese Weise wirken sie formierend auf die praktische Interaktion und ermöglichen Interaktionsformen: typische Abläufe, die nicht genetisch bedingt sind, sondern aus der Situation der Lebensgemeinschaft und deren Weltverständnis stammen (und darauf abgestimmt sind). Diese vorgefundenen, geltenden Regeln treten als Handlungs- und Interpretationsgewohnheiten den einzelnen Subjekten gegenüber, bilden den Horizont, innerhalb dessen sie ihre eigenen Orientierungen entwickeln und den sie durch ihre Handlungen und Interpretationen wiederum bestätigen, kritisieren, weiterentwickeln. So entsteht im Austausch von Handlungen/Interpretationen und ihren Effekten eine **eigenständige soziale Realität.**

Seine volle Konsequenz hat diese Dynamik von Individualisierung und Sozialstruktur erst mit der Entstehung der Gattung homo sapiens entwickelt. Wir sind zwar nicht aus Biologie und Evolution „ausgestiegen", aber unsere Lebensweise hat dazu geführt, daß eine neue Zeit-Form entstanden ist: **Geschichte.** Geschichte ist die Entwicklungsdimension von Gesellschaften. Jede Gesellschaft hat eine eigene Biographie, die geprägt wird von den Resultaten der Aktivitäten jeder Generation, aus denen sich die jeweiligen Bedingungen für weitere Entwicklungen erst ergeben. Damit wird aber auch in jeder Generation Bewußtsein weiterentwickelt; jede individuelle Weltinterpretation, jeder individuelle Umgang mit Welt ist gewissermaßen das Pendant von Mutation und Selektion – was wesentlich schneller geht, aber auch widersprüchlicher und komplexer ist. Dieser akkumulative, sich selbst steuernde Prozeß bringt deshalb zwangsläufig ein Maß an Differenzierung mit sich, welches den Rahmen der Evolution sprengt: jedes Individuum ist anders, jede Gesellschaft ist verschieden. Das „Experimentieren" mit Individuen und Sozialstruktur ist nicht auf den „Umweg" über die Gene angewiesen, hat ein wesentlich höheres Tempo und erzeugt lauter Singularitäten, deren Zusammenspiel wiederum ein neues, Subjektivität steigerndes Milieu erzeugt.

Auf diesem Hintergrund wird deutlich, woher die Möglichkeit und die Notwendigkeit von individuellem Bewußtsein stammt. Das soziale Milieu verlangt die Fähigkeit zur Selbststeuerung und zur Selbsteinschätzung, zur Anpassung an das (und zur Auseinandersetzung mit dem), was vorhanden ist. Ein „nicht festgelegtes" Lebewesen in einer sowohl offenen als auch „synthetischen" Welt kann nicht mit definitiv festgelegten Verhaltensprogrammen operieren. Zwischen handelndem Subjekt und sozialer Welt muß Reflexion möglich sein und stattfinden von beiden Seiten. Die soziale Welt formiert subjektives Bewußtsein, welches sich diese Welt eigenständig aneignet. Dazu bedarf es entsprechender Orientierungsmöglichkeiten und eines Typs von Bewußtsein, welches auf flexible Weise diese Leistung kontinuierlich erbringt. Diesen stetigen Bewußtseinsfluß, der Subjekt und Welt in Verbindung hält, soll der Begriff „Alltagsbewußtsein" bezeichnen.

1.3 Sozialwissenschaftliche Theorie

1.3.1 Möglichkeiten und Grenzen des Alltagsbewußtseins

Wir sind also individuell mit der Fähigkeit zu Bewußtsein und Kommunikation und gesellschaftlich mit offenen Strukturierungs- und Entwicklungsmöglichkeiten ausgestattet. Damit erweitert und verändert sich der Interaktionsprozeß qualitativ.

Individuelles Bewußtsein – „bewußtes Sein" – und entwickelte soziale Struktur sind zwei Seiten derselben Medaille: Die Herauslösung aus engen und hochpräzisen biologischen Determinationen und die Abhängigkeit von sozialen Leistungen verlangen und ermöglichen einen eigenständigen psychischen Reflexionsprozeß, der Interaktionsformen und soziale Symbolsysteme erzeugt und voraussetzt.

Damit fangen jedoch auch Probleme an, die auf den bisherigen Niveaus von Evolution unbekannt waren. Aus dem Zusammenspiel von Mutation und Selektion ergibt sich, wie erwähnt, ein genetisch verankertes System von passenden Verhaltensweisen (inklusive der dazugehörigen Kommunikations- und Wahrnehmungsleistungen). Dieser Zusammenhang ist nicht nur sicher im Ablauf, er ist zudem ökologisch balanciert, d.h. er paßt genau. Ein Wurm kann sich nicht „irren". Entweder er ist erfolgreich oder nicht – am fehlenden Wissen und Fehlinterpretationen liegt es nicht. Der Grund: sowohl sein kognitives Potential als auch seine Welt sind stabil.

Genau dies gilt für den Menschen nicht mehr: sein kognitives Potential ist ebenso wie seine Welt instabil. Bewußtsein (als Sonderfall von kognitiven Systemen) muß über viele riskante Entwicklungsstufen erst entstehen und kann an jedem Punkt beeinträchtigt, gestört, deformiert werden. Außerdem ist es im Dauerbetrieb keineswegs „sicher": wir irren uns, täuschen uns. Und das teils unabsichtlich, teils absichtlich, teils individuell, teils gegenseitig. Wir können zwar mit rein logischen Symbolsystemen arbeiten und auf diese Weise Objektwissen gewinnen, aber dies setzt besondere Bedingungen voraus und ist nicht in jeder Hinsicht beliebig möglich. Gerade die Subjekt- und Sozialabhängigkeit macht Bewußtsein zu einem komplexen und unsicheren Prozeß.

Gleichzeitig ist die Welt unsicher, weil sie immer und überall anders ist und sich ständig auf nicht vorhersehbare Weise ändert. Eine solche Welt ist begrifflich nicht genau zu fassen; sie entzieht sich einer definitiven symbolischen Reproduktion. Das heißt auch: ein „objektives" Bild von sozialer Realität wäre selbst dann nicht möglich, wenn unser Bewußtsein stabil wäre. Das kognitive Gesamtbild schwankt zwischen unverbindlichen Allgemeinheiten und partikularen Besonderheiten.

Es gibt also nichts umsonst auf dieser Welt: wir erkaufen unsere Möglichkeiten mit den Risiken des Scheiterns, der Verzerrung, der Pathologie. Aber: für unser alltägliches Handeln ist dies nicht notwendig ein Problem. Denn unser Alltagsbewußtsein muß auch gar nicht objektiv angemessen sein, sondern es muß uns Handlungsfähigkeit ermöglichen. Das heißt: unser Bewußtsein muß subjekt- und situationsangemessen sein. Dazu gehört nicht notwendig ein umfassendes, „objektives" Wissen – zu wissen, in welchem weltgeschichtlichen Kontext konkrete Ereignisse stehen, ist keine notwendige Voraussetzung von Handeln.

Auch die konkreten sozialen Bedingungen der Situation müssen nicht vollständig und schon gar nicht logisch einwandfrei analysiert werden. Gebraucht wird praktisches Orientierungswissen. Deshalb hat uns die Natur auch nicht mit einem (letztlich ohnehin unrealisierbaren) perfekten Bewußtsein ausgerüstet, sondern mit einem psycho-ökonomisch und -ökologisch funktionierenden Modell: unsere Handlungen werden gesteuert von einem Verbund von situations- und kontextbezogenen Vorstellungen – eben jenem „Gebrauchswissen", von dem die Rede war. In manchen Theorien wird dieser kognitiv-emotionale Komplex auch **„Alltagsbewußtsein"** genannt, weil er die Grundlage des dauerhaften psychosozialen Geschehens darstellt. Alltagsbewußtsein ist also ein Begriff für die Art und Weise, wie wir im täglichen Leben unsere Welt verstehen und auf sie reagieren. Es schließt „Erleben", „Wissen", „Interpretation" ein und trennt sie ausdrücklich nicht, während in anderen, thematisch spezifizierten Formen von Bewußtsein zwischen Glauben und Wissen Welten liegen. Dieses Alltagsbewußtsein schließt alle möglichen (und unmöglichen) Modi ein, mit denen Bewußtsein arbeitet. Und es schließt alle Zustände ein, die Bewußtsein im Laufe eines Tages, im Laufe einer Biographie erlebt und entwickelt. Alltagsbewußtsein stellt sich auf den ersten Blick dar als eine Ansammlung von Vorstellungen, mit deren Hilfe wir die unablässige Folge von Situationen, in denen sich der Alltag vollzieht, ordnen und einstufen. Materielle und soziale Realität wird analysiert und interpretiert anhand von erworbenen und ad hoc entwickelten Mustern. Durch Lebenserfahrung verfügen wir dann über eine Vorstellung von (und eine Beziehung zu) Pommes frites, Kleiderordnungen, Atomkraftwerken usw. Es liegt auf der Hand, daß diese vielen Vorstellungen nicht immer sonderlich differenziert und treffend sind. Ob Pommes frites ernährungsphysiologisch bedenklich sind oder nicht, wie sie hergestellt und verarbeitet werden, wissen wir selten; ebenso wissen wir zumeist nicht, warum man in dieser Saison wieder leicht und locker, blau und pink trägt, oder auch nicht, wie Atomkraftwerke funktionieren und was hinter deren Mauern alles so vor sich geht. Nicht alle Informationen sind zugänglich, für viele Dimensionen der Realität fehlt das nötige Wissen und Können – und manche wollen wir überhaupt nicht zur Kenntnis nehmen. Trotzdem entwickeln wir jene Vorstellungen, und zwar aus lebenspraktischen Gründen: wir müssen in allen Situationen **handlungsfähig** sein und das heißt: wir müssen die Gegebenheiten interpretieren und einschätzen.

Der Begriff „Alltagsbewußtsein" bezeichnet jedoch nicht nur die Resultate dieser Art, Wirklichkeit zu verarbeiten, sondern auch die Art und Weise selbst: die Mechanismen, mit denen sie zu einem Bild überarbeitet wird. Es handelt sich dabei um lebensgeschichtlich erworbene Methoden, deren Spektrum von analytischer Präzision bis zu paranoider Verzerrung reicht. Welche Möglichkeiten wir haben, hängt von dem ab, was wir lebensgeschichtlich erwerben. Welche der Möglichkeiten, über die wir verfügen, Verwendung findet, hängt weitgehend von unserer jeweiligen „Tagesform" ab: davon, was wir in einer bestimmten Situation und aufgrund bestimmter psycho-sozialer Umstände mit Realität anfangen können und wollen.

Alltagsbewußtsein ist also nicht primär an Wahrheit, sondern an **Pragmatik** orientiert. Die subjektiven Erkenntnisbedürfnisse dominieren den Prozeß des Verstehens und der Interpretation. Dieses Erkenntnisinteresse ist immer einseitig und verkürzt. Selbst dort, wo wir zu „objektiven" Vorstellungen fähig sind, entwerfen wir Bilder, die „primitiv" sind, wenn wir nicht mehr brauchen. Und oft genug sind diese Bilder auch „verzerrt", nämlich dann, wenn wir uns die Verhältnisse nicht so vorstellen können oder wollen, wie sie sind – wer gerade „rot sieht", reagiert auf das gleiche Ereignis anders als jemand, der gerade die ganze Welt umarmen könnte. Außerdem sind Perspektiven des Alltagsbewußtseins egozentrisch und dabei „parteilich". Unsere Ansprüche erscheinen uns stets legitimer als fremde. Generell beurteilen wir je nach Zugang zur Situation: Ein Glas Rotwein auf der Abendgarderobe beurteilen wir außerordentlich verschieden, je nachdem, ob es das eigene Kind oder ein Fremder, der beste Freund oder der beste Feind, der Chef oder ein Untergebener verschüttet hat.

Die besondere Leistung des Alltagsbewußtseins liegt also darin, dem Einzelnen zu erlauben, situativ handlungsfähig zu sein – was keine Theorie kann. Die simultane Konzeptualisierung der Wirklichkeit und die Aktualisierung der relevanten Einschätzungen ist die Bedingung dafür, in Situationen wissen zu können, was man tun will, soll, kann. Das Alltagsbewußtsein ist damit das Medium, das die **Vermittlung von innerem Erleben und Außenwelt** leistet, es „übersetzt" und hält in Verbindung. Dazu muß es naturgemäß die Wirklichkeit auf die eigene Identität ausrichten: Alltagsbewußtsein ist „egozentrisch", weil und wo es dafür sorgt, daß Identität und Situation erhalten bleiben. Und zu dem Zweck werden andere mögliche Positionen abgewertet, wird Wirklichkeit verzerrt und zerstückelt, werden unliebsame Tatsachen geleugnet usw. Auf der anderen Seite ist das Alltagsbewußtsein in den Bereichen, in denen es „zu Hause" ist, nicht nur hervorragend informiert (dauernder intensiver Kontakt sorgt für ausgeprägtes praktisch-empirisches Wissen), es kann auch eine analytische Schärfe entwickeln, zu der ein theoretischer Zugang „von außen" kaum imstande ist. Langjährige Betriebszugehörigkeit bedeutet meistens, daß man Bescheid weiß. Nicht nur über die formelle Organisation, sondern auch über die vielfältigen informellen Prozesse im Betrieb: wer mit wem wie konkurriert, was sich sonst so abspielt – und wie man was hinbiegen kann.

Kurz: Unser Alltagsbewußtsein besitzt zugleich in erheblichem Umfang **soziale Kenntnisse** und praktiziert **parteilichen Umgang mit Wirklichkeit.** Es stellt die Verbindung zwischen handelnden Subjekten und ihrer sozialen Welt dar; Verbindungen zwischen Subjekten, die flexibel und innovativ sind und sein müssen, und einer Realität, die erst dadurch entsteht und auch dadurch erhalten/entwickelt wird.

Das Besondere daran: dieses Bewußtsein ist in Richtung Objektverständnis spezialisierbar. Es ist zur Entwicklung und Erhaltung von objektspezifischen Wissensbeständen fähig und kann mit deren Hilfe die materielle und soziale Wirklichkeit erfassen und entwickeln. Dies hat u.a. zur Folge, daß Bewußtsein auf verschiedenen Niveaus arbeiten kann (und muß) – und daß es verschiedene Niveaus von Wissensbeständen gibt.

1.3.2 Wissenschaftliche Theorie und Alltagserfahrung

Max Weber hat in seiner Begründung einer sinnverstehenden Soziologie das Verstehen als zweistufigen Prozeß beschrieben: „Verstehen kann heißen: 1. das *aktuelle* Verstehen des gemeinten Sinnes einer Handlung (einschließlich einer Äußerung). Wir ‚verstehen' z.B. aktuell den Sinn des Satzes 2 x 2 = 4, den wir hören oder lesen (rationales aktuelles Verstehen von Gedanken) oder einen Zornausbruch, der sich in Gesichtsausdruck, Interjektionen, irrationalen Bewegungen manifestiert (irrationales aktuelles Verstehen von Affekten), oder das Verhalten eines Holzhackers oder jemandes, der nach der Klinke greift, um die Tür zu schließen, oder der auf ein Tier mit dem Gewehr anlegt (rationales aktuelles Verstehen von Handlungen). Verstehen kann aber auch heißen: 2. *erklärendes* Verstehen. Wir ‚verstehen' *motivationsmäßig*, welchen Sinn derjenige, der den Satz 2 x 2 = 4 ausspricht, oder niedergeschrieben hat, damit verband, daß er dies gerade jetzt und in diesem Zusammenhang *tat*, wenn wir ihn mit einer kaufmännischen Kalkulation, einer wissenschaftlichen Demonstration, einer technischen Berechnung oder einer anderen Handlung befaßt sehen, in deren Zusammenhang nach ihrem uns verständlichen *Sinn* dieser Satz ‚hineingehört', das heißt: einen uns verständlichen Sinnzusammenhang gewinnt (rationales Motivationsverstehen)" (Weber 1966, 3f).

Weber sieht also das Verstehen eingebettet in das Verstehen des Kontextes. Auf diesen Zusammenhang übertragen heißt dies: auch das Alltagsbewußtsein muß über interpretierende Modi verfügen, muß Zusammenhänge nachvollziehen und herstellen. Auch hier gilt jedoch: diese Interpretationen müssen subjekt- und situationsbezogen passen, was nicht notwendig heißt, daß sie objektiv richtig und angemessen sind. Auch Interpretationen auf dem Niveau des Alltagsbewußtseins sind parteilich und perspektivisch vereinseitigt. Aber es sind bereits analytische Rekonstruktionen. Was Weber mit „erklärendem Verstehen" bezeichnet, ist der **Doppelcharakter von Interpretationen im Alltagsbewußtsein:** sie sind einerseits dessen Funktionsprinzipien verpflichtet, andererseits haben sie den Status einer logischen Erklärung des Geschehens. Insofern sind sie gewissermaßen das „missing link" zwischen reinen Orientierungsleistungen und **Theorie.** Denn Theorie unterscheidet sich von Alltags-Interpretationen in der Systematik der Begründung und in der Herauslösung aus den Funktionsprinzipien. Es geht nicht darum, daß ein(e) Handelnde(r) in einer Situation zu einem Verständnis kommt, welches (trotz oder gerade wegen seiner Beschränktheit) unmittelbar Handeln ermöglicht, sondern um eine möglichst weitgehende **Korrektheit des Objektverständnisses.** Theorie heißt daher zweierlei:

- Erkenntnis „um ihrer selbst willen", d.h. nicht (unmittelbar) praxis- bzw. interessensgebundene Reflexion, sowie
- Systeme von Aussagen über eine Ordnung der Realität, die deren Logik erfassen, sodaß Explikation und Prognose möglich sind.

In unserer Gesellschaft ist die wichtigste Instanz der Erzeugung und Überprüfung von Theorien die Wissenschaft. Sie dient – ihrem Selbstverständnis nach, aber nicht immer auch real – ausschließlich der Entwicklung und Kontrolle objektiver Erkenntnis. Eine wissenschaftliche Theorie muß **allein dem Gegenstand** gerecht werden.

Wissenschaftliche Erkenntnis basiert demnach – idealiter – darauf, daß nur das Objekt zur Sprache kommt und das erkennende Subjekt sich gänzlich zurücknimmt. Praktische Interessen und Prämissen werden neutralisiert; Handlungszwänge des Alltags werden ausgeblendet; es entstehen spezielle Situationen, die ausschließlich auf Erkenntnisgewinn ausgerichtet sind. Mit Hilfe eines elaborierten Symbolsystems überschreitet diese Art der Reflexion den Rahmen des Alltagsbewußtseins (auch wenn sie dort ihre Wurzeln hat), rekonstruiert Wirklichkeit logisch und bringt so einen qualitativ neuen Modus des Umgangs mit Realität hervor – durch Praxis-Abstinenz wird Praxis revolutioniert.

Wissenschaftliche Erkenntnis hat typischerweise eine „nomothetische“ Gestalt, d.h. sie wird in Form von gesetzmäßigen Zusammenhängen dargestellt. Darin drückt sich zunächst das Prinzip einer subjektunabhängigen, situationsunabhängigen, eindeutigen Erkenntnis in nicht-alltäglicher Sprache aus. Dem entspricht die Prämisse, daß Realität ein gesetzmäßiger, in formalen Regeln abbildbarer Prozeß ist. Sind Erkenntnisse jedoch formuliert, kann jede(r) (im Rahmen der gesellschaftlichen Zugänglichkeit und Nutzungschancen) sie für entsprechend definierte Zwecke anwenden. Solche Nutzungschancen sind festgelegt durch die Objektlogik: durch das, was die objektive Realität vorgibt, und können nur in der Art der Ausführung variieren (so wie sich Automotoren in der Ausführung, aber nicht im Prinzip unterscheiden).

Dieses Wissen ist jedoch typischerweise beschränkt. Die Formulierung in Form von Gesetzmäßigkeiten bezieht sich im allgemeinen auf **partikulare und isolierbare Einzelheiten.** Bestimmte Aspekte werden aus ihrem Kontext herausgelöst und für sich behandelt. Das daraus resultierende Wissen erfaßt die entsprechenden Teilbereiche systematisch und erlaubt deren Nutzung zum Aufbau neuer Wirklichkeiten, ist aber **nur begrenzt fähig, den gesamten Prozeß der empirischen Realität zu erfassen.** Die herkömmlichen Naturwissenschaften haben viel erreicht im Verständnis von Einzelheiten der Natur, erweisen sich jedoch mehr und mehr als ungeeignet, das spontane Zusammenspiel, die wechselseitige Beeinflussung der Bestandteile eines natürlichen Zusammenhangs zu erfassen.

Die sogenannte „Chaos-Theorie“ folgt dieser Einsicht. Sie geht davon aus, daß die Interferenz, das natürliche Zusammenspiel der vielen verschiedenen Momente unvermeidlich den Rahmen linearer theoretischer Modelle sprengt. Es ist vor allem das Moment der Rückkoppelung, welches Unberechenbarkeit – was nicht heißt: Unstrukturiertheit – zur Folge hat. Ob die Katze die Maus fängt, hängt davon ab, ob sie mit dem vorletzten Sprung sich in eine Situation begibt, in der der letzte erfolgreich sein kann – und ob die Maus mit ihrem vorletzten Schritt sich in eine Situation begibt, aus der sie mit dem letzten nicht mehr fliehen kann. Beides hängt vom spontanen Zusammenspiel vieler Faktoren ab und ist nicht vorhersagbar; erst recht kann man nicht wissen, welche Alternative in der nächsten Situation bestehen wird, weil man nicht wissen kann, was dies für eine Situation sein wird. Wo die möglichen Entwicklungsalternativen vom Ergebnis des letzten Schrittes abhängen, geraten wir kognitiv an Grenzen: weder „chaotische" Ereignisse noch unvorhersehbare Ereignisse sind für uns kalkulierbar.

Es gibt also Grenzen exakter nomothetischer Theorie auch in den Naturwissenschaften. Dies setzt jedoch das Verhältnis von Theorie und Gegenstand nicht außer Kraft: es werden zwar systematische Grenzen der Vorhersagbarkeit erreicht; es gilt jedoch auch hier das Prinzip exakter Zuordnung und Abgrenzung. Außerdem ergibt sich in der Summe der Einzelfälle ein wiederum nomothetisch darstellbares stochastisches Profil: Man kann zwar nicht vorhersagen, wann und wo genau es regnen wird, aber daß und wie es dazu kommt, ist im Modell rekonstruierbar. Und daß Regen von unten nach oben oder in Oktaedern fällt, ist – solange die strukturellen Bedingungen gleich bleiben – ausgeschlossen. Für die Stimmigkeit der auf dieser Basis möglichen Naturerkenntnis liefert die Technik tagtäglich Beweise.

1.3.3 Sozialwissenschaftliche Theorie und soziale Realität

In den meisten genannten Punkten unterscheiden sich Natur- und Sozialwissenschaften zunächst nicht. Denn auch in den Sozialwissenschaften geht es wie bei jeder Wissenschaft nicht unmittelbar darum, praktisch etwas zu erreichen (auch wenn praktische Fragen meist der Ausgangspunkt von Forschung sind), sondern darum, zu begreifen. Dazu müssen diese Funktionen suspendiert werden. Forschung heißt auch hier praktisch: man wendet sich reflexiv der Wirklichkeit zu, d.h. man bedenkt die Eigenlogik von Gegenständen und Zusammenhängen. Dazu verzichtet man auf zunächst jeden Nutzen, analysiert und synthetisiert Wirklichkeit theoretisch, in der Logik unserer kognitiven Muster.

Es ist jedoch ein Unterschied, ob man sich mit natürlicher oder sozialer Realität beschäftigt. Ein Stein ist (für uns) etwas anderes als beispielsweise ein „peinlicher Vorfall". Ersterer ist Teil einer uns gänzlich fremden und prinzipiell „unerkennbaren", aber rekonstruierbaren Wirklichkeit. Sie existiert unabhängig und unveränderbar von uns. Sie besitzt in unserem lebensweltlichen Horizont Konstanz; wir können davon ausgehen, daß Steine auch noch im Jahr 3000 mit der Geschwindigkeit $g/2t^2$ zur Erde fallen und schon 3000 vor unserer Zeitrechnung sich nicht anders „verhalten" haben. Dagegen ist „Peinlichkeit" ein soziales Phänomen, welches es möglicherweise unter anderen Umständen nicht gab, geben wird und welches in verschiedenen Gesellschaften auch unterschiedlich definiert, erlebt, verarbeitet wird. Was als „peinlich" betrachtet wird, ist sicher nicht willkürlich, aber sicher auch nicht ewig – im Sinne unveränderbarer „Natur" definiert und festgelegt. Das bedeutet auch, daß es nicht nur in der Definition von „Peinlichkeit", sondern auch in der sozialen Dynamik viele Möglichkeiten gibt. Ein und dasselbe Ereignis wird nicht immer gleich erlebt/definiert: Ein Betrunkener in einem Nachtlokal ist etwas anderes als im Supermarkt oder auf dem Opernball. „Peinlichkeit" setzt nicht nur ein bestimmtes, sozial geprägtes Empfinden von Beteiligten, sondern auch eine Situation voraus, die durch den Betrunkenen in ihrem Ablauf empfindlich gestört wird: Es ist die Situation, die Peinlichkeit erzeugt.

Auch die situative „Verarbeitung" ist potentiell verschieden: man kann Peinlichkeiten ignorieren, nachsichtig belächeln, verachtungsvoll auf die Schuldigen herabblicken, sie aggressiv ausgrenzen (woraus sich jeweils sehr verschiedene Weiterungen ergeben). Keine der Reaktionen ist sozial und individuell zufällig. Aber sie ergeben sich erst „vor Ort", im Zusammenspiel der jeweiligen Bedingungen, wobei unser praktisches Handeln und, damit eng verbunden, unsere Bedürfnisse, Interessen, Vorstellungen von entscheidender Bedeutung sind. Wir sind nicht nur (direkt und indirekt) die Erzeuger (wie die „Opfer") solcher Phänomene; wir betrachten sie mit praktischen Interessen und (damit) unter normativen Vorzeichen.

„Peinlichkeit" wird also erst zur „Peinlichkeit", wenn sie von Menschen so gelebt und genannt wird. Das bedeutet für sozialwissenschaftliche Theorie zweierlei:

– Ihr **Gegenstand entwickelt und verändert sich:** keine Situation, keine Gesellschaft gleicht der anderen; jede Situation und Gesellschaft kann anders (und auch widersprüchlich) konstruiert sein; jede Situation und Gesellschaft kommt durch Aktivitäten von Menschen zustande, die nach ebenfalls veränderlichen

Normen und Vorstellungen handeln; hinter Normen und Vorstellungen stehen soziale Verhältnisse, die Normen und Vorstellungen direkt und indirekt erzeugen, indem sie als Gegenstand und als Quelle der Kategorien fungieren.

– Das heißt auch: **Gegenstand und Theorie sind** zwar verschieden, aber **unterschiedliche Momente desselben Universums.** Die soziale Wirklichkeit und Theorien der Gesellschaft bedingen sich – auf verschiedene Weise – gegenseitig. Das Modell der Realität, welches ihre Mitglieder entwickeln, gehört zu den wesentlichen Steuerungsmechanismen dieser Realität. Umgekehrt sind Vorstellungen von Wirklichkeit mehr oder weniger intensiv in deren Prozeß verstrickt: sie werden auf bestimmte Weise produziert, mischen sich ein, werden genutzt und bewirken Veränderungen.

Eine katholische Interpretation von Peinlichkeit wird sich daher von einer marxistischen nicht nur unterscheiden – die erstere würde in ihr vielleicht eine Mahnung Gottes, die andere ein Herrschaftsinstrument sehen –, sie wird auch zu ganz anderen praktischen Perspektiven kommen und andere Formen des Umgangs zur Folge haben. Beide Positionen bleiben an ihren Ursprung gebunden und nehmen Wirklichkeit verengt und verzerrt wahr. Dies sollte Theorie zu vermeiden wissen; sozialwissenschaftliche Theorie fängt erst an, wenn es keine unmittelbaren ideologischen Abhängigkeiten gibt. Deshalb fragt jede Theorie nach Voraussetzungen und danach, welche Positionen warum wovon abhängig sind und sie versucht, ihre eigenen Voraussetzungen und Sichtweisen zu begründen.

Aber: latente Abhängigkeiten bleiben bestehen und können nicht ohne weiteres aufgehoben werden – mit irgendwelchen Maßstäben, etwa Vorstellungen von wahr und falsch müssen auch Theorien arbeiten. Auch darüber kann nachgedacht werden (was Bibliotheken einschlägiger Literatur demonstrieren), aber eine definitive Unabhängigkeit ist unerreichbar. Vor allem ist aber die Begrenztheit und „Einseitigkeit" von Perspektiven nicht aufhebbar. Auch sozialwissenschaftliche Theorien interpretieren denselben Vorgang jeweils anders. Aber wo Ideologien – blind parteiliche Interpretationen – sich darauf konzentrieren, ihre einseitige Perspektive zu verteidigen, müssen sich Theorien darum bemühen, ihre eigenen Bedingungen ständig zu überprüfen und sie immer wieder neu zu suchen. Daher die aufwendigen Diskussionen über die Bedingungen von Theorie, zu denen Naturwissenschaften (so) nicht gezwungen sind.

Das Problem liegt jedoch nicht nur in der Verschiedenheit von Perspektiven. Die Wirklichkeit selbst ist aus einer unendlichen Vielzahl von verschiedenen Situationen „zusammengesetzt", d.h. es gibt zwar typische Strukturen, aber keine Isomorphie; jede Familie entsteht, entwickelt sich anders. Das Besondere an Familien ist mit dem, was man zuverlässig an Allgemeinem sagen kann, (noch) nicht erfaßt und auch nicht daraus allein ableitbar. Es kann, muß aber nicht Streit zwischen Eltern und Kindern geben. Und wenn es Streit gibt, dann kann er ganz verschiedene Formen annehmen und zu unterschiedlichen, vielleicht völlig neuen „Ergebnissen" führen. Für jede Theorie heißt das, daß sie nicht nur imstande sein muß, die Systematik möglicher Ereignisse und Entwicklungen erfassen und erklären zu können. Sie muß zusätzlich imstande sein, ihr Paradigma zur Situation hin zu öffnen, um jeweils das Besondere erfassen zu können. Dies verlangt einen Übersetzungsprozeß ins Konkrete, der die jeweiligen spezifischen Formen der abstrakten Strukturen erfaßt. Die „Theorie der Familie" muß also übersetzbar sein in die ganz besondere Situation bestimmter Familien, einer bestimmten Familie; d.h. sie muß anschlußfähig sein an die situative Konstellation und deren Eigendynamik (die nicht identisch ist mit der allgemeinen Dynamik von Familienstrukturen) nachvollziehen können.

Das Problem geht jedoch noch weiter: Möglicherweise lassen sich die Methoden der „Übersetzung" von Familienstruktur in Familienrealität und umgekehrt begrifflich standardisieren. Damit ist dieser Modus jedoch lange nicht (in dieser Form) auf Schulen, Betriebe, informelle Gruppen, Religionsgemeinschaften usw. übertragbar – in jedem Zusammenhang stellt sich die Frage des Zusammenhangs und der Vermittlung auf besondere Weise und muß entsprechend neu durchgespielt werden. Mit einem Wort: das Problem des theoretischen Begreifens und der praktischen Anwendung von Theorie stellt sich jedes Mal aufs Neue und muß in jedem Zusammenhang neu gelöst werden. Man kann nicht mit Formeln arbeiten, die sich auf alle Themen anwenden lassen, sondern muß gewissermaßen eine persönliche, besondere „Formel" jeweils selbst entwickeln – und mit denen sich auseinandersetzen, die andere zum Thema benutzen.

1.4 Theorie und Alltagsbewußtsein

Die Entwicklung sozialwissenschaftlicher Theorie ist also aus zwei Gründen besonders schwierig. Zum einen hat sie einen Gegenstand zum Thema, der sich aus den genannten Gründen einer linearen und monologischen Analyse und Bearbeitung entzieht, der sich deshalb auch nicht in einem denotativen (eindeutig abbildenden) Symbolsystem wiedergeben läßt. Zum anderen sind Theorie und Gegenstand untrennbar verbunden, bedingen und beeinflussen sich (auf jeweils verschiedene Weise) gegenseitig und sind Teil eines komplexen und widersprüchlichen Prozesses. Das hat für das Verhältnis von Alltagsbewußtsein und Theorie erhebliche Folgen.

Da ist zunächst das Problem der Überschneidung und Konkurrenz. Während das Alltagsbewußtsein zu den Gegenständen und Methoden naturwissenschaftlicher Theorie nur begrenzt Kontakt hat, so daß sich nur minimale Überschneidungen ergeben, ist zumindest die thematische „Schnittmenge" von Alltagsbewußtsein und Sozialwissenschaften qualitativ bedeutsam: wir sind – zumindest in unserem Lebenshorizont – an vielem interessiert, was auch die Sozialwissenschaften (theoretisch) beschäftigt. Und dies nicht „neutral", sondern – wie skizziert – egozentrisch, d.h. ganz anders als theoretisch. Wir wollen zwar (auch) wissen, wie was funktioniert, aber es geht vorrangig um die Aufrechterhaltung unserer Handlungsfähigkeit, um die Balance unserer Identität. Und dazu ist nicht immer (nur) „objektives" Wissen, sondern häufig partikulares Wissen und feste Überzeugung wichtig. Genau dies versucht sozialwissenschaftliche Theorie in dieser Unmittelbarkeit zu vermeiden.

Daraus ergibt sich notwendig eine besondere Art von Konkurrenz zwischen Alltagsbewußtsein und sozialwissenschaftlicher Theorie – und zwar auf doppelte Weise: innerhalb der (und zwischen den) Theorien, weil und wo sie von Menschen entwickelt und angewendet werden (die von sich selbst und ihrer sozialen Situation nicht beliebig abstrahieren können) und zwischen der Welt der Theorie und dem gesellschaftlichen Alltagsbewußtsein, welches notwendig mit den Verfahren und Befunden der Sozialwissenschaften nicht einverstanden ist oder nichts anfangen kann. Dem Alltagsbewußtsein ist oft die Art des Wissens, welches angeboten wird, fremd. Eine sozialwissenschaftliche Theorie beispielsweise über Jugendkriminalität ist weit entfernt von den Selbstverständlichkeiten und Vorstellungen, mit denen im Alltag operiert wird, sodaß sie dort als unverständlich, weit weg erlebt werden. Da ist von „altersspezifischen Kriminalitätsbelastungsziffern", vom „Verhältnis von Delinquenz und Statusstrukturen", von „Anomie", „differentieller Assoziation", von „primärer" und „sekundärer" Devianz, von Etikettierung usw. die Rede, wenn es darum geht, daß Jugendliche im Supermarkt klauen. Auseinandersetzungen im Alltag über ein solches Thema pflegen sich eher an normativen Einschätzungen und praktischen Regulierungen (von Supermarktbesitzern, Jugendlichen, Eltern jeweils verschieden) zu orientieren. Ob es sich um primäre oder sekundäre Devianz handelt, spielt dabei keine besondere Rolle und ist als Information kaum verwendbar, möglicherweise sogar störend. Nämlich dann, wenn es die erforderliche Sicherheit im Handeln irritiert (wenn man davon überzeugt ist, daß nur harte Strafen weiterhelfen, interessiert man sich nicht für strukturelle Bedingungen und Differenzen) oder wenn es als gefährlich für die eigenen Grundüberzeugungen erlebt wird. In diesem Fall muß mit heftigem Widerspruch, um nicht zu sagen Widerstand, gerechnet werden. Das heißt: der sozialwissenschaftlichen Theorie wird Zuständigkeit, Relevanz, Angemessenheit abgesprochen, es wird unter Umständen sogar ihre Richtigkeit in Frage gestellt.

Dies kann einer naturwissenschaftlichen Theorie – in dieser Form – kaum passieren: daß vom Standpunkt des Alltagsbewußtseins ihre Legitimität und Korrektheit kritisiert wird. Seit sich die Naturwissenschaften von der Bevormundung durch Religion, Philosophie und Politik gelöst haben, sind sie intern unabhängig und unumstritten. Es gibt sehr wohl erhebliche Unterschiede bezüglich der Richtung, in die geforscht werden soll und bezüglich der Verwendung der Ergebnisse (und hier mischen sich Politik, Wirtschaft und Öffentlichkeit erheblich ein). Aber niemand käme auf die Idee, die Korrektheit einer chemischen Formel zu bestreiten, wenn sie intern akzeptiert ist. Genau damit aber müssen Sozialwissenschaften immer rechnen: nicht nur, daß ihre Ergebnisse intern umstritten sind, sie werden auch extern nicht ohne weiteres akzeptiert, weil und wo sie dem common sense und/oder spezifischen Interessen nicht entsprechen.

Von daher muß sozialwissenschaftliche Theorie eine Art Mehr-Fronten-Krieg führen: mit einem widerborstigen Gegenstand, der sich nicht eindeutig und abschließend begrifflich fassen läßt; mit Schwierigkeiten der Stabilisierung eines komplizierten Diskurses; mit Wissensbeständen und -formen, die ihr zugleich sehr nahe stehen und fremd sind. Vertrackt daran ist nicht nur, daß es keine Apriori-Gewißheit darüber gibt, wer „Recht hat" – ein differenzierteres Alltagsbewußtsein ist einer bornierten sozialwissenschaftlichen Theorie vielleicht nicht methodisch, aber inhaltlich mit hoher Wahrscheinlichkeit überlegen. Vertrackt ist auch, daß dieser „Krieg" zugleich Kooperation erforderlich macht. Denn nach allem, was gesagt wurde, ist klar, daß sozialwissenschaftliche Theorie nicht einfach eine eigene Welt für sich – getrennt von der Wirklichkeit, in der sie lebt – aufbauen kann, sondern sich aus dieser Welt heraus entwickeln und zu ihr Kontakt halten muß. Der lebenspraktische Bezug zur „Peinlichkeit“ wird nicht aufgegeben, wenn das Thema theoretisch behandelt wird. Er bleibt die Grundlage der Beschäftigung. Sozialwissenschaftliche Theorie kann sich also nicht so „selbständig“ machen, wie dies naturwissenschaftlichen Theorien möglich ist, weil sie quasi mit einer anderen Welt und mit ganz anderen Methoden arbeiten.

Nun ist es gerade die spezifische Leistung von Theorie, daß sie nicht in dem Zirkel von Erleben, Wahrnehmung und Interpretation, der für das Alltagsbewußtsein typisch ist, „hängenbleibt“, sondern dessen Beschränkungen überwindet (und dabei auf dessen Leistungen verzichtet). Sowohl dieses Heraustreten als auch eine „Rückübersetzung“ der auf diese Weise gewonnenen Erkenntnisse ist jedoch kein konfliktfreier, automatischer Prozeß, sondern verlangt eine spezifische „Transformationsarbeit“. Während die Erkenntnisse der Naturwissenschaften im Alltag als Technik mit bestimmten Nutzungsmöglichkeiten und -regeln erscheinen, ist dies bei sozialwissenschaftlichen Interpretationen anders.

Das objektive „Wissen“ vom Typ „Menschen haben Vorurteile“ kollidiert beispielsweise mit dem eigenen Selbstbild – wer hat schon gerne Vorurteile? Gewißheiten etwa der Art „Beamte sind spießig“, „Deutsche sind gründlich“, „Studenten sind faul“, hält man selbst schlicht für wahr (oder unwahr, was hier dasselbe bedeutet). Hier bedarf es erst eines entsprechenden Verarbeitungs- und Integrationsprozesses. Kaum jemand trennt sich gern von seinen liebgewonnenen Selbstverständlichkeiten, auch wenn sie als Vorurteile identifiziert werden. Häufig „wehrt“ sich das Alltagsbewußtsein gegen die Zumutungen der Reflexion – und dies meist erfolgreich: Vorurteile sind gegen bloße „Aufklärung“ resistent. Und zwar vor allem, weil für das Alltagsbewußtsein der „Tausch“ von objektivem Wissen gegen Vorurteile nicht attraktiv ist, da dies zunächst eine Reihe von Unsicherheiten mit sich bringt. Erst wenn es gelingt, interaktiv wie individuell ein Arrangement zu entwickeln, welches die Funktionsprinzipien des Alltagsbewußtseins mit denen der sozialwissenschaftlichen Theorie vermittelt, hat letztere die Chance, sich von der Dominanz des ersteren zu lösen.

Sozialwissenschaftliche Theorien müssen also im Alltagsbewußtsein angeeignet werden und können nicht einfach als technische Regel „übernommen“ werden. Auf der anderen Seite ist sozialwissenschaftliche Theorie auf die „Mitwirkung“ des Alltagsbewußtseins angewiesen. Empirisches Wissen, aber auch Theorien, sind und bleiben gebunden an die Auseinandersetzung mit der Realität und die läuft stets über praktische alltägliche Erfahrung und

Verarbeitung. Der Wirklichkeitskontakt ist sowohl Grundlage als auch Korrektiv von sozialwissenschaftlichen Interpretationen. Ohne diesen Bezug bleibt sie mit hoher Wahrscheinlichkeit steril oder mündet in reine Selbstgenügsamkeit.

Dieses doppelte Kunststück: **Emanzipation vom Alltagsbewußtsein bei gleichzeitiger produktiver Bindung** gelingt der Theorie und denen, die sich mit ihr beschäftigen, selten vollständig und kaum spontan. Das macht einen längeren Übergangsprozeß erforderlich. Anders als die Umsetzung naturwissenschaftlichen Wissens, welches überholte Vorstellungen ersetzt oder einfach neue Horizonte eröffnet und dazu letztlich nur ein entsprechend aufnahmefähiges kognitives System voraussetzt, muß sozialwissenschaftliches Wissen sich mit dem Alltagsbewußtsein auseinandersetzen und arrangieren; ein Vorgang, der Zeit braucht und nicht ohne Widersprüche und Risiken abläuft. Es muß sich also erst ein Zugang zu den spezifischen Erfordernissen, Schwierigkeiten und Nöten der Sozialwissenschaften und ein Verständnis für das eigene Wirklichkeitsverständnis entwickeln. Wo dies nicht gelingt, bleibt es häufig bei unreflektierter Abgrenzung („was reden die da so geschwollen über Selbstverständlichkeiten?“) oder ebenso unreflektierter Idealisierung von bestimmten Elementen (etwa, wenn alles ausschließlich aus einem bestimmten Blickwinkel betrachtet wird).

1.5 Der nützliche Streit der Theorien

Die angesprochenen Probleme haben einen gemeinsamen praktischen Nenner: keine Theorie kann Wirklichkeit vollständig erfassen und wiedergeben und insbesondere sozialwissenschaftliche Theorie steht vor dem Problem, eine hochgradig heterogene und komplexe Realität verarbeiten zu müssen; eine Wirklichkeit, die sich immer ähnlich und verschieden, strukturiert und unstrukturiert, subjektiv und objektiv zugleich darstellt. Deshalb konnte sozialwissenschaftliche Theorie auch nicht allein mit dem Modus, über den naturwissenschaftliche Theorie verfügt, arbeiten: naturwissenschaftliche Modelle können sich behelfen, indem sie ihren Gegenstand radikal vereinfachen und auf abgrenzbare Einzelheiten reduzieren. Auf diese Weise kann ein differenziertes und zugleich eindeutiges und logisches Modell von Realität entstehen. Auch Sozialwissenschaften operieren mit Vereinfachungen, aber hier sind sie riskant. Denn es besteht stets die Gefahr, daß wichtige Aspekte der sozialen Realität, in der stets die verschiedenen Momente sich gegenseitig bedingen, beeinflussen, ineinander übergehen, abgespalten und isoliert werden.

In dieser Situation half und hilft genau das weiter, was das Problem ist. Denn die Unvermeidlichkeit verschiedener Reflexionsmethoden bringt (wenn dies gesellschaftlich möglich ist, also nicht durch Restriktionen des Denkens verhindert wird) auch theoretische Vielfalt mit sich. Und theoretische Vielfalt bedeutet ein System von sich meist **streitenden,** insgesamt aber **dadurch (!) kooperierenden** Theorien: es entsteht ein heterogenes Ganzes, in dem verschiedene Perspektiven die Möglichkeit haben, sich zu entwickeln und (miteinander und gegeneinander) ihren partikularen Beitrag zu leisten.

Selbstverständlich handelt es sich dabei nicht um das geplante Tun eines vernünftigen Subjekts. Entsprechend läuft dieser Prozeß auch nicht „rational", sondern „chaotisch", mit Irrungen und Wirrungen, Umwegen, Mehrdeutigkeiten und Unsicherheiten. Da gibt es Theoriemoden, d.h. bestimmte Denkweisen werden plötzlich populär (oder unpopulär), da gibt es Tendenzen zur Überspezialisierung und Abschottung der einzelnen Theorien und vieles mehr. Trotzdem hat sich das Nebeneinander verschiedener theoretischer Ansätze als sinnvoll erwiesen. Wirklichkeit aus verschiedenen theoretischen Perspektiven zu thematisieren ist quasi eine Art von Strategie, aus der Not eine Tugend zu machen. Dadurch ist es möglich, daß einem vielschichtigen Sachverhalt jeweils verschiedene Seiten abgewonnen werden können. Jedes Modell kann gewissermaßen seine Sicht spezialisieren und ausbauen und auf diese Weise einen spezifischen Blick intensivieren (ohne die vielen anderen möglichen Gesichtspunkte mitthematisieren zu müssen).

Auf diese Weise kann sich ein möglichst vielfältiges Bild der Realität entwickeln. Die Nachteile liegen jedoch auf der Hand: die verschiedenen Theorien entwickeln sich eigensinnig in verschiedene Richtungen; gehen von verschiedenen Prämissen aus und sprechen verschiedene Sprachen. Der Effekt ist, daß sozialwissenschaftliche Theorien auf den ersten Blick das Bild einer wahrhaft babylonischen Sprachverwirrung bieten. Sie benutzen andere Denksysteme, interpretieren denselben Sachverhalt verschieden, scheinen sich zu widersprechen. Dies verwirrt zunächst und ist nur schwer in den Sinnkategorien des Alltagsbewußtseins unterzubringen. Beschäftigen sie sich nicht auf unnötig umständliche Weise mit ganz Selbstverständlichem? Drücken sie nicht kompliziert aus, was auch einfacher geht? Streiten sie sich nicht auf unverständliche Weise dauernd um Dinge, die praktisch völlig uninteressant sind und auf eine Weise, die völlig unverdaulich ist? Das (Alltags-)Urteil, die

Soziologen seien Spinner, scheint sich geradezu aufzudrängen und wird zwar nicht immer direkt so ausgedrückt, aber oft gedacht.

Dazu ist zu sagen, daß dies stimmt und auch nicht stimmt. Sozialwissenschaftler „spinnen" zunächst nicht mehr und nicht weniger als alle Wissenschaftler, die ja Realität – im Vergleich zum Alltagsbewußtsein – „exzentrisch" behandeln und bedenken. Der Eindruck des besonderen Spinnens ergibt sich aus der erwähnten Konkurrenz; daraus, daß die Wirklichkeit, mit der sie sich beschäftigen, auch die ist, zu dem sich im Alltagsbewußtsein mehr oder weniger elaborierte Vorstellungen bilden – mit den erwähnten Konsequenzen. Außerdem sind dem Alltagsbewußtsein die Legitimationszwänge sozialwissenschaftlicher Theorie fremd, da es sich nicht im Hinblick auf wissenschaftliche Standards und Regeln rechtfertigen muß.

Aber das Balancieren mit verschiedenen, sich (scheinbar) widersprechenden Theorien gehört zu den unvermeidlichen Zumutungen sozialwissenschaftlicher Reflexion, ebenso wie der Zwang zur **ständigen Neuaneignung.** Dies ist jedoch auch eine Chance: auf diese Weise sind individuelle, kreative Umgangsweisen nicht nur möglich, sie werden geradezu unumgänglich. „Von allein" arbeitet keine Theorie, verlangt ist persönliche Aktivität und das heißt immer auch: ein individueller Lernprozeß (mit allen Zumutungen und Möglichkeiten, die damit verbunden sind).

1.6 Zurück zu Tom Sawyer

Nach allem, was gesagt wurde, ist eines klar: Tom Sawyer war in der beschriebenen Situation nicht nur lebenspraktisch klüger, er hatte es wesentlich leichter als Sozialwissenschaftler, die sich mit ihm beschäftigen. Er weiß, was er will und was nicht, kann aus dieser Perspektive die Situation einschätzen, Handlungsstrategien auswählen, ausprobieren und sich zum Schluß genüßlich an seinen Erfolgen laben. So einfach haben es Sozialwissenschaftler nicht. Sie müssen zunächst auf Distanz zu unmittelbaren praktischen Interessen gehen, also nicht für (oder gegen) Tom Partei ergreifen (und sein Handeln entsprechend gut oder schlecht, clever oder unfair, unverschämt oder legitim zu finden). Dazu gehört auch, sich klar zu machen, ob und in welcher Weise man sich selbst innerlich beteiligt bzw. sozial beteiligt ist: Identifikationen hängen (auch) davon ab, ob man in einer vergleichbaren Situation ist und welche Beziehungen sich daraus ergeben. Aus traditionell pädagogischer Sicht ist Toms Tun sicher verwerflich (weil er Tante Pollys Strafmaßnahmen unterläuft), aus der Sicht der modernen Pädagogik dagegen hochintelligent (weil er eigenständig Strategien entwickelt, aus einer mißlichen Lage herauszukommen). Sozialwissenschaftliche Forschung setzt daher als erstes voraus, sich klarzumachen, warum man sich mit welchen Positionen wie (positiv, negativ) identifiziert. Und dies, um sich davon (ein Stück weit) zu lösen und um etwas über den „Identifizierungssog", der vom Thema ausgeht, zu erfahren. Denn Identifizierungen sind auch Informationen über das Beziehungssystem und können daher als Material weiterer Reflexion genutzt werden. Wer sich beispielsweise mit Ben identifiziert, versteht u.U. direkter, wie es passieren kann, daß man sich von einer fremden Situationsdeutung „überzeugen" läßt und hat auf diese Weise einen direkteren Zugang zur Wirkungsweise solcher Strategien.

Es geht also zunächst darum, die Unmittelbarkeit des Alltagsbewußtseins zu überwinden und zu nutzen. Damit fängt die Distanzierung vom jeweiligen Thema jedoch erst an. Denn es geht darum, die Thematik in ihrem Ablauf und ihrer inneren Logik zu rekonstruieren und in Zusammenhang mit ähnlichen Situationen zu bringen. Eine solche Rekonstruktion ist aufwendig und überschreitet das Interesse desjenigen, der (nur) praktisch beteiligt ist, erheblich. Tom selbst wäre sehr wahrscheinlich von einer ausführlichen Analyse seines Tuns und Lassens gelangweilt. Es handelt sich jedoch nicht um bloß umständliche Beschreibungen dessen, was ohnehin offenkundig ist, sondern um eine Aufbereitung, die weitere Arbeit mit dem Material ermöglicht. Dazu muß genauer untersucht werden, wie beispielsweise die einzelnen Sequenzen aufeinander folgen und sich bedingen bzw. durch die jeweilige Konstellation bedingt werden. Welche Bedingungen führten zu dieser Situation und dieser Entwicklung? Hätte Tante Polly eine andere Strafe verhängen können und welche Auswirkungen hätte dies gehabt? Auf welche Reaktionen von Tom war Tante Polly gefaßt, auf welche (warum) nicht? Warum funktionierte ein Verführungsversuch von Tom, ein anderer nicht? Wie liefen die jeweiligen Phasen der „Verhandlung" ab und welche „Schachzüge" wären möglich gewesen bzw. wurden warum vollzogen? Hätte eine andere Strategie schnelleren oder überhaupt keinen Erfolg gehabt? Wie hätte Ben zu einer anderen Tages-/Jahreszeit reagiert? Was für „Abwehrmöglichkeiten" hätte Ben gehabt und warum hat er sie nicht genutzt? Was wurde genau gesagt, was schwang mit? Was wurde wie dargestellt und womit wurde der Interpretation der Wirklichkeit Geltung verschafft?

Sozialwissenschaftliche Reflexion interessiert sich jedoch genauso für den Kontext von Ereignissen und für das Zusammenspiel von Ereignis und Kontext. Wie laufen sonst Interaktionen ab, wenn Tom Regeln verletzt und Tante Polly sanktioniert? Welche Beziehung besteht sonst zwischen Tom und Jim, zwischen Tom und Ben? Inwiefern ergibt sich die Situation aus der Beziehungsgeschichte, inwiefern wird sie fortgesetzt und/oder verändert? Da Sozialwissenschaften einen Einzelfall nur rekonstruieren können, wenn sie wissen, was ihn von anderen unterscheidet und mit anderen verbindet, geht es jedoch auch darum, die Situation mit anderen zu vergleichen: was passiert in ähnlichen Situationen, was unterscheidet sie von dieser und wo liegen Gemeinsamkeiten? Also: wie wird in anderen Zusammenhängen sanktioniert, wie werden woanders Regeln gebrochen? Und wie werden ansonsten Situationsdefinitionen ausgehandelt?

Dabei ergeben sich gewissermaßen gestufte **Vergleichsmöglichkeiten** bzw. Differenzierungen des jeweiligen Bezugssystems. Man kann Toms Geschichte beispielsweise in Bezug setzen mit

- ähnlichen Abläufen in der spezifischen Subkultur zur gleichen Zeit und zu anderen Zeitpunkten;
- ähnlichen und/oder anderen Abläufen in anderen Subkulturen der gleichen Gegend und der gleichen Zeit;
- ähnlichen und/oder anderen Abläufen in anderen Subkulturen anderer Regionen und Zeiten;
- ähnlichen und/oder anderen Abläufen in anderen Gesellschaften usw.;
- schließlich: allen (denkbaren) gleichen und ähnlichen Abläufen in allen (denkbaren) Gesellschaften.

Es gibt jedoch nicht nur diese Vergleichs-/Verbindungsmöglichkeiten bzw. -erfordernisse. Es stellen sich weitere Fragen, wenn man versucht, das Verhältnis dieses Themenkomplexes zu anderen zu bestimmen: was hat Abweichung, Kontrolle, Sanktion und deren „Unterlaufen“ beispielsweise zu tun mit bestimmten Komplexen wie etwa Wirtschaft, Politik, Kultur, Wissenschaft? Es würde den Rahmen dieser Problemskizze sprengen, die vielfältigen Möglichkeiten und Erfordernisse solcher Perspektiven auch nur anzudeuten. Es kann schließlich allgemein gefragt werden, was Toms Raffinesse mit der Gesellschaft, in der er lebt, direkt wie indirekt zu tun hat. Basiert sie auf solchen Definitionsstrategien? Ermöglicht sie sie? Duldet sie sie? Muß sie sie zulassen? Wird sie durch sie charakterisiert? Darüber hinaus muß eine konsequente Analyse sich auch noch damit beschäftigen, wie dieses Ereignis bzw. Ereignisse dieser Art zu Gesellschaft überhaupt (also jeder Gesellschaft) stehen – handelt es sich um soziale „Universalien“, um notwendige

Leistungen, um kontingente Möglichkeiten, um riskante und/oder produktive Konstituentien?

Kurz: es stellen sich Fragen über Fragen. Es liegt auf der Hand, daß

- sie nicht alle „induktiv", durch bloße Beschäftigung mit dem, was (scheinbar) der Fall ist, gelöst werden können;
- es Strategien geben muß, aus der Fülle möglicher Fragen die relevanten herauszusuchen und aus der Fülle möglicher Antworten die herauszusuchen, die als richtig anerkannt werden.

Und hier liegt nun die wichtige, unverzichtbare Funktion von Theorie bzw. Theorien. Wenn sich die Meta-Frage stellt, welche Aspekte und welche Relationen wie hervorgehoben und kombiniert werden sollen, dann sind Theorien quasi Anleitungen, die (begründete) methodische und interpretative Vorgehensweisen anbieten. Aus dem, was weiter oben diskutiert wurde, ergibt sich, daß sie jedoch keineswegs als Formeln zu verstehen sind, sondern, salopp gesagt, als Kochrezepte: wer sich an sie hält, kann sicher sein, daß ein antizipierbares Resultat erreicht werden kann. Kochen muß man jedoch selbst und die Kunst liegt nicht (allein) in der Fähigkeit, die Anweisungen korrekt auszuführen, sondern vor allem im kreativen, den jeweiligen Bedingungen angemessenen Umgang mit den Anleitungen. Ein entscheidender Unterschied zu Kochrezepten muß allerdings noch einmal ausdrücklich betont werden: während wir beim Kochen über hinreichendes Wissen verfügen, um Eier von Mehl zu unterscheiden, muß das, was sozialwissenschaftliche Theorien an Interpretationen anbieten, erst zugeordnet und definiert werden. Vielleicht ist noch leicht nachvollziehbar, was die Norm war, gegen die Tom verstieß und was als Sanktion erfolgte. Aber was nun alles genau zur Umdefinition der Situation gehört und was nicht, wo eine leichte Akzentuierung der Definition endet und massive Uminterpretation anfängt, ist nicht ohne weiteres zu bestimmen. Vielleicht muß man daher, um im Bild zu bleiben, davon sprechen, daß gewissermaßen das Rezept jeweils beim Kochen neu geschrieben werden muß.

Die sozialwissenschaftlichen Interpretationsvorschläge sind also insofern anspruchsvoll, als sie selbst bestimmte Leistungen verlangen und voraussetzen. Dazu kommt die bereits erwähnte Besonderheit, daß es nicht ein „richtiges" Rezept gibt, sondern eine Fülle von Rezepten, die zu verschiedenen, oft kaum vergleichbaren Ergebnissen führt. Es gibt nicht „den" Pflaumenkuchen, sondern eine ganze Reihe von (für verschiedene Geschmäcker verschieden wohlschmeckende...) Rezepten, die sich nicht in ihrer

Verwendbarkeit ausschließen, die dennoch nicht immer gleich gut und beliebig verwendbar sind.

Auch dies will gekonnt sein: man muß eben eine gewisse Küchenerfahrung haben, um absehen zu können, welche Rezepte zu welchem Thema, zu welchem Material „passen“ (und selbst dann kann man sich immer noch täuschen). Es reicht also nicht, meta-theoretische Anleitungen zu kennen; es ist darüber hinaus noch erforderlich, Kriterien zu haben, wie auf dieser Ebene vorzugehen ist – man braucht quasi eine Meta-Meta-Strategie; sozusagen die Fähigkeit zur Kritik der Rezepte, Kritik des Kochens, Kritik der Küche, um jeweils zu entscheiden, was in welchem Zusammenhang sinnvoll ist. Geht diese Spirale der Reflexion endlos weiter? Ja und nein. Theoretisch ist jede Begründungsebene selbst begründet und begründungsbedürftig. Dies ist die Sisyphus-Arbeit der Theoretiker. Auf der Ebene der praktischen Verwendung von Theorien läßt sie sich jedoch (pragmatisch) abbrechen: man kann für jeden Zusammenhang die Begründungsschärfe selbst festlegen, wenn man sich der damit verbundenen Grenzen bewußt ist.

Dieser Weg der pragmatischen Nutzung sozialwissenschaftlicher Erkenntnisse steht jeder/jedem offen. Moderne Gesellschaften sind hochgradig reflexiv, sie erzeugen unentwegt Selbsterkenntnis und Selbstinterpretationen auf allen möglichen (und unmöglichen) Niveaus. Sozialwissenschaftliche Theorien sind vergleichsweise leise Stimmen in diesem Chor. Sie haben im Grunde nur dem etwas zu sagen, der sich konsequent mit sozialer Realität beschäftigen möchte. Wer nur daran interessiert ist, Gehorsam, Absatz oder Motivation zu erhöhen, ist besser bedient, wenn er die bewährten Sozialtechniken übernimmt oder neue Angebote ausprobiert. In denen können mehr oder weniger intensive Forschungen und theoretische Vorstellungen stecken, aber sie besitzen nicht die Systematik und unmittelbare praktische Indifferenz, die Theorien kennzeichnen. Sozialwissenschaftliche Theorien nehmen unmittelbar keine Rücksicht auf Interessen, sondern betrachten sie als Teil des Themas selbst. Damit sind sie notwendig „kritisch“ gegenüber jeder partikularen, interessensgebundenen Position. Was man von ihnen lernen kann, ist vor allem: sich überraschen zu lassen, soziale Wirklichkeit ohne Präformationen anzusehen und dabei eigene Positionen und Vorstellungen (neu, anders) zu bedenken.

So erscheint Ökonomen der Umgang mit soziologischer Theorie möglicherweise uninteressant, solange sie nur nach praktischen Formeln für bestimmte Zweck-/Mittel-Relationen suchen. Wenn es jedoch darum geht, Zusammenhänge zu verstehen, Einzelheiten in Verbindung zu bringen, das Woher und Wohin der Wirklichkeit, ihre Widersprüche und Konflikte zu begreifen, dann bieten diese Theorien Möglichkeiten, die sonst nicht zu finden sind. Solange man also damit zufrieden ist, in den gewohnten Kategorien zu denken und die Welt, wie sie ist, hinzunehmen, braucht man Soziologie nicht. Wer jedoch daran interessiert ist, systematisch zu begreifen (und damit allgemeinere Perspektiven – auch der Veränderung – zu gewinnen), kommt an ihr (und den Mühen, sich mit ihr auseinanderzusetzen) nicht vorbei.

2. Soziologische Theorieansätze im Überblick

Eine Darstellung der gegenwärtig prominentesten soziologischen Theorien muß auf den ersten Blick irritieren. Es handelt sich um Denkmodelle, die von sehr verschiedenen Grundvorstellungen methodischer und konzeptueller Art ausgehen, die jeweils eine eigene Sprache verwenden und den gleichen Gegenstand auf jeweils gänzlich verschiedene Weise sehen und interpretieren. Das wirkt nicht gerade vertrauenserweckend, wenn man gewohnt ist, daß es eine (richtige) Theorie über Sachverhalte gibt (und alle anderen falsch sind). Dies stimmt zwar bereits in den Naturwissenschaften so nicht, aber es gibt dort doch verläßliche, eindeutige und exklusive Theorien – es gibt z.B. keine ernsthafte Konkurrenz zum Gesetz der kommunizierenden Gefäße.

Dagegen gibt es in der Soziologie problemlos zu jedem beliebigen Thema verschiedene Vorstellungen und Einordnungen. Der Hauptgrund für die Tatsache, daß Sachverhalte auf unterschiedliche Weise dargestellt werden (müssen), wurde bereits genannt: Gesellschaften bestehen aus vielfältigen Logiken und Zusammenhängen. Da die Möglichkeiten von theoretischen Modellen begrenzt sind (durch ihre Sprache, durch die Argumente, mit denen sie operieren), reicht ein einzelnes selten aus. Es kommt jedoch noch ein Gesichtspunkt hinzu: die verschiedenen Theorien können den gleichen Sachverhalt (mit mehr oder weniger Erfolg) in ihrer Sprache, in ihren Denkschemen formulieren. Es werden dann nicht nur verschiedene Aspekte der gleichen Sache, sondern die gleichen Aspekte verschieden formuliert.

Wie gesagt: dies irritiert zunächst. Allerdings stellt sich bei näherem Hinsehen meist heraus,

- daß sich die verschiedenen Perspektiven nicht widersprechen, sondern ergänzen bzw.

– daß sie die Dinge in ihrer jeweiligen Sprache ausdrücken (was sich verschieden anhört), sich in ihren zentralen Aussagen jedoch so sehr nicht unterscheiden.

Dies hängt nicht zuletzt damit zusammen, daß die Möglichkeiten der Begründung von Theorien und die verwendbaren Perspektiven begrenzt sind. Es ist nicht möglich, unbegrenzt neue Theorien zu generieren. Die Vielfalt der Strukturen des Gegenstandes bedeutet nicht, daß sie unendlich wären und schon gar nicht, daß uns beliebig viele (verschiedene) theoretische Ansätze möglich wären. Viele Differenzen sind daher eher oberflächlicher Art; in der konkreten Arbeit tauchen gleiche oder ähnliche Argumente und Denkfiguren immer wieder auf.

Es gibt also sehr verschiedene Theorien (und es muß sie geben), aber die **Zahl der möglichen Paradigmen** – so nennt man die prinzipiellen Muster der Theoriekonstruktion und der inhaltlichen Orientierung – ist **begrenzt.** Man kann mit Theorien daher auch das tun, was sie mit ihrem Gegenstand tun, nämlich sie typisieren. Man kann Theorien z.B. daraufhin untersuchen, wie sie arbeiten, welche klassifikatorischen Verfahren sie verwenden und wie sie zu Aussagen kommen. Damit beschäftigt sich die Wissenschaftstheorie. Darauf näher einzugehen würde in diesem Kontext zu weit führen. Ein möglicher Ordnungsgesichtspunkt könnte dabei die Frage sein, welches der **inhaltliche Bezugspunkt** der Theorien ist.

Dann bietet sich als eine grundlegende Differenz die Unterscheidung zwischen mikrosoziologisch und makrosoziologisch orientierten Theorien an.

Mikrosoziologische Ansätze sind dadurch gekennzeichnet, daß sie vom handelnden Menschen ausgehen und entweder in individuellen Handlungen oder im Zusammenspiel von Handlungen – in Interaktionen – ihren primären methodischen und analytischen Bezugspunkt sehen. Zu den mikrosoziologischen Theoriemodellen in der Soziologie gehören die handlungstheoretischen Ansätze: **Utilitarismus, Ethnomethodologie, Interaktionismus,** aber auch Max Webers **sinnverstehende Soziologie, Konstruktivismus** und **„Rational Choice"-Konzepte.** Mikrosoziologische Ansätze beschäftigen sich dabei vor allem mit zwei Fragenkomplexen. Sie fragen nach der Logik von Handlungen, also nach Motiven und Mustern des Handelns und sie fragen nach Bedingungen und Möglichkeiten des Zusammen-Handelns von verschiedenen Akteuren. Den ersten Fragenkomplex hat Max Weber als erster systematisch behandelt und hervorgehoben, daß Menschen mit ihrem Handeln einen subjektiven Sinn verbinden, der sich logisch rekonstruieren läßt (auch wenn er häufig durch Irrtümer, Fehler, Abweichungen entstellt und hinter Unkenntnis „verborgen" ist). Enger gefaßt wird das Problem der Logik von Handlungen in den nutzentheoretischen Konzepten. Hier wird davon ausgegangen, daß Handeln sich stets – wie indirekt auch immer – an einem erwarteten Nutzen orientiert. In Reinform findet sich dieses Denken im Modell des „homo oeconomicus", welches den Menschen theoretisch als rational handelnden Nutzenmaximierer behandelt. Variiert wird diese Ausgangsposition im „Rational-Choice"-Konzept, welches sich u.a. mit der Frage beschäftigt, wie Handeln unter bestimmten Zwängen und Alternativen aussieht. Im Symbolischen Interaktionismus taucht die Nutzenorientierung zumindest als Hintergrundmotiv auf, wenn es um die Fragen der Definition und des „Aushandelns" von Situationen geht. Eine andere motivationstheoretische Ausgangsposition argumentiert eher mit einem Konzept erlernter bzw. erworbener Handlungsmuster und -orientierungen. Dies ist vor allem im Behaviorismus der Fall, aber auch andere Theorien beziehen sich auf die Vorstellung, daß Verhaltensorientierungen von der Umwelt übernommen werden. Dagegen betonen phänomenologische und konstruktivistische Ansätze die aktiven Konstitutionsleistungen der Handelnden, indem sie die Leistung der Herstellung einer eigenen Welt unterstreichen. Dabei wird davon ausgegangen, daß die unendliche Vielzahl von Informationen und Sachverhalten, aus denen die Welt besteht, erst subjektiv geordnet und selektiert werden muß, damit daraus ein Sinnzusammenhang wird.

Das Problem der Möglichkeit des Zusammenlebens stellt sich auf unterschiedliche Weise. Max Weber geht davon aus, daß im Leben der Handelnden die anderen selbstverständliche Bezugspunkte sind und daher ein Großteil des Handelns soziales Handeln ist, in dem sich wechselseitige Orientierungen und daraus Beziehungen ergeben. Im Modell des „Homo oeconomicus" erscheint das Zusammenleben der Einzelnen als ein bloßes Nebeneinander von Egoisten, die ihre Ziele verfolgen (und sich dabei als Zwecke und Mittel in die Quere kommen). Vor allem die Spieltheorie hat stärker berücksichtigt, daß jeder vom anderen abhängt und daher Handlungen im Kontext anderer – gleichartiger – Handlungen untersucht. Grundsätzlicher wird die Frage nach der Möglichkeit von Zusammen-Handeln verschiedener Individuen im Symbolischen Interaktionismus und der Ethnomethodologie behandelt. Ersterer untersucht vor allem den Prozeß der Äußerung und des Interpretierens signifikanter Symbole als Grundlage jeder Verständigung, letztere geht einen Schritt weiter und analysiert, wie die (als prinzipiell unvollständig und verzerrt erachteten) „sozialen Texte" codiert und entziffert werden und auf diese Weise Normalität erzeugt wird.

Makrosoziologische Ansätze gehen dagegen nicht vom einzelnen Individuum, sondern von der sozialen Struktur, vom Aufbau des gesellschaftlichen Ganzen aus und beziehen sich auf deren Bedingungen, Logik und Konsequenzen. Beispiele dafür sind der **Historische Materialismus, Funktionalismus, Systemtheorie,** aber auch die **Kritische Theorie.** In diesen Theorien wird vorrangig die Frage behandelt, wie soziale Wirklichkeit aufgebaut ist und wie sie funktioniert. Der historische Materialismus stellt Produktionsverhältnisse (als Ursache gesellschaftlicher Macht) und die damit verbundenen Klassenkonflikte in den Vordergrund. Dabei wird vom Vorrang der Ökonomie (als materielle Grundlage des gesellschaftlichen Geschehens) ausgegangen. Die Kritische Theorie knüpft hier an, sieht gesellschaftliche Konflikte jedoch wesentlich komplexer und betont stärker die Rolle von subjektiver Identität und Kultur. Das führt zu einem abstrakteren Begriff von Herrschaft und gesellschaftlichen Widersprüchen. Im Funktionalismus geht es allgemein um die Frage des Zusammenspiels der Elemente des gesellschaftlichen Ganzen. Grundgedanke ist dabei, daß die Teilbereiche in einem Abhängigkeitsverhältnis zum Ganzen stehen – vorrangig durch die Leistungen, die sie erbringen (müssen). Soziale Einrichtungen werden deshalb vorrangig im Zusammenhang mit Erfordernissen der gesellschaftlichen Arbeitsteilung und den damit verbundenen Anpassungszwängen und Konfliktquellen gesehen. Noch abstrakter fragt die moderne Systemtheorie nach den Bedingungen des Bestands von sozialen Systemen. Als dominantes Problem erscheint dabei die erforderliche „Reduktion von Komplexität" sowie die Frage, wie autonome Subsysteme über Medien der Kommunikation im Austausch stehen (können).

Aus diesen Vorgaben ergeben sich auch die jeweils verwendeten Vorstellungen von der steuernden Logik sozialer Prozesse. Für den Historischen Materialismus sind es vor allem Herrschaftsverhältnisse, hinter denen allerdings als Movens der Geschichte Produktivkräfte und Produktionsverhältnisse stehen. Die Kritische Theorie sieht die Dinge gleichzeitig differenzierter und abstrakter. Ihr Blick auf insgesamt als problematisch bis fatal eingeschätzte gesellschaftliche Verhältnisse sieht die Gründe in der (bisherigen) Unbeherrschbarkeit der Geschichte, die nicht zuletzt aus dem „Zauberlehrling"-Syndrom stammt: daß die Lösungsmittel historischer Probleme – wie die Technik – diese noch verstärken. Dadurch wird Herrschaft ubiquitär und löst sich von klassenspezifischen Interessen. Im funktionalistischen Denken dominiert über weite Strecken die Vorstellung, aus der funktionalen Verknüpfung der gesellschaftlichen Teilbereiche resultiere ein Integrations- und Anpassungssog, dem (letztlich) so etwas wie soziale Rationalität innewohne. In der Systemtheorie erscheinen dagegen vor allem moderne Gesellschaften als nur noch aus der Dynamik und dem Zusammenspiel ihrer Subsysteme gesteuert und steuerbar; die funktionalistische Hoffnung hat sich hier aufgelöst, die Systemstrukturen sind autonom und übermächtig.

Diese schematische Unterteilung deutet auch schon an, daß es eine Entwicklungsgeschichte der Paradigmen gibt: eine Abfolge, in der Kritik des Vorherigen, Anknüpfen an das Bisherige, Reformulierung und Innovationen sich auf komplexe Weise mischen. Auch dieses Thema wird in speziellen Diskursen über Theorien und Theoriegeschichte behandelt und kann hier nicht dargestellt werden. Nur zur Groborientierung sollen einige der Zusammenhänge und Verbindungen skizziert werden (siehe Schema 1).

Dieses Schema 1 ist ebenso wie die Unterteilung in mikro- und makrosoziologische Theorien vereinfachend. Es hat daher nur pragmatische Orientierungsfunktion. Schon die Zuordnung zu (eher) mikro- und (eher) makrosoziologischen Paradigmen würde von den meisten Vertretern der Theorien abgelehnt. Und dies zurecht, denn bei näherem Hinsehen stellen sich die Verbindungen als wesentlich komplizierter als hier darstellbar heraus. Außerdem ist die paradigmatische Zentrierung der Theorie nicht identisch mit ihrer thematischen Ausrichtung. Alle Theorien beschäftigen sich mit dem gesamten Spektrum gesellschaftstheoretischer Themen.

Das jedoch mit unterschiedlichem Erfolg, weil mit den spezifischen Ausrichtungen der Theorien auch verschieden verteilte Stärken und Schwächen verbunden sind. Das kann, nach allem, was gesagt wurde, nicht anders sein. Jeder Ansatz kann zu jedem Thema etwas bieten, aber da, wo Theorie und Thema quer zueinander liegen, reicht die Thematisierungszone und -tiefe nicht allzu weit. Im Folgenden werden einige der wichtigsten gegenwärtigen Theoriemodelle skizziert. Es handelt sich dabei nicht um eine chronologische Darstellung. Das dritte Kapitel ist den Anfängen der Soziologie gewidmet. Die folgenden Kapitel sind themenbezogen aufgebaut und enthalten eine kurze Übersicht über die Entstehung und Entwicklung des jeweiligen Konzepts. Bei der Darstellung wurde vor allem Wert auf Verständlichkeit gelegt (was nicht heißt, daß die Themen dadurch ganz einfach werden). Daher soll(te) das Ergebnis auch kein umfassendes Lehrbuch, sondern ein Arbeitstext sein, in dem – nach den langen Begründungen, warum es sozialwissen-

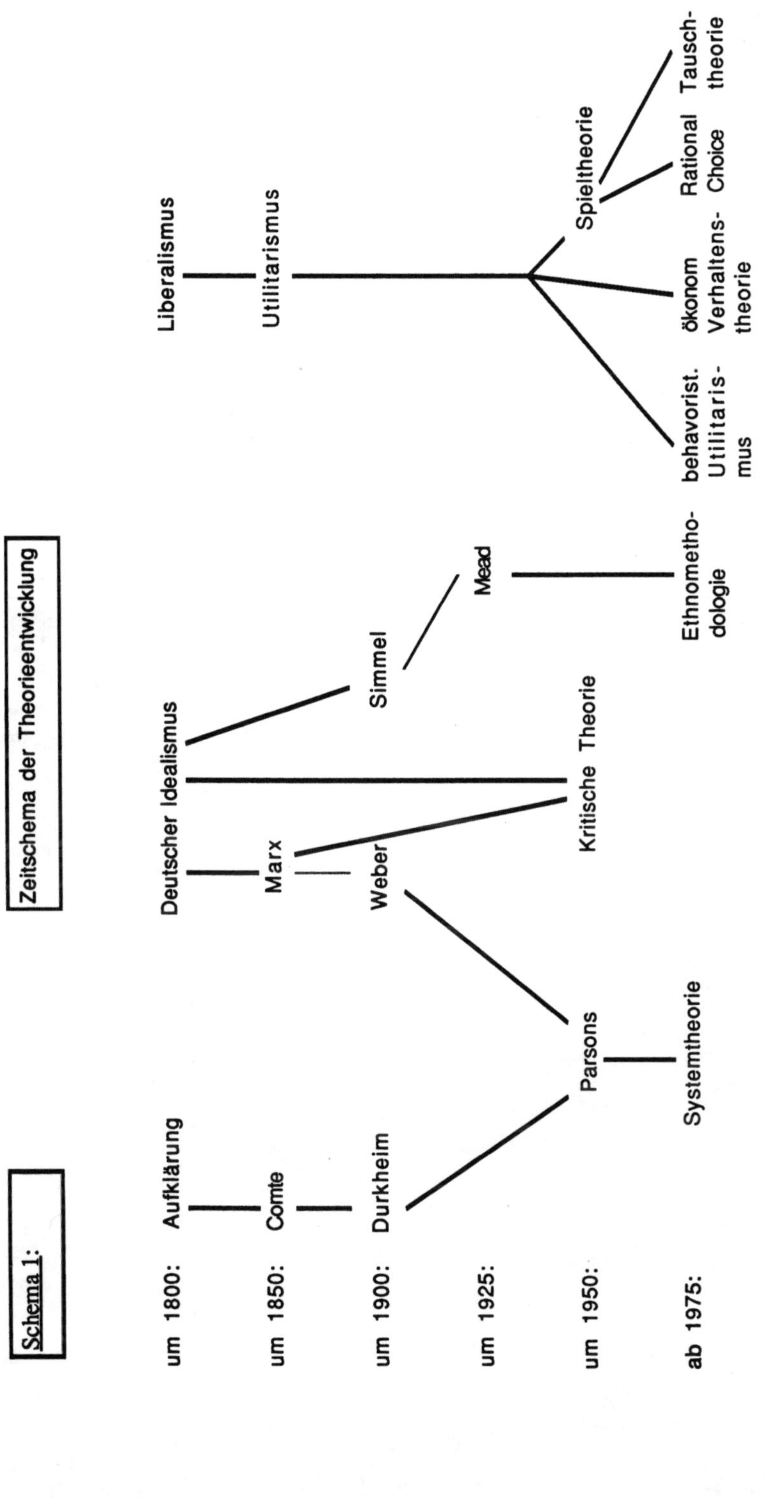
Schema 1:
Zeitschema der Theorieentwicklung
um 1800:
Aufklärung
Deutscher Idealismus
Liberalismus
um 1850:
Comte
Marx
Utilitarismus
um 1900:
Durkheim
Weber
Simmel
um 1925:
Mead
um 1950:
Parsons
Kritische Theorie
Spieltheorie
ab 1975:
Systemtheorie
Ethnomethodologie
behaviorist. Utilitarismus
ökonom Verhaltenstheorie
Rational Choice
Tauschtheorie

schaftliche Theorien so schwer mit sich und ihrem Gegenstand haben – erkennbar sein soll, was man mit den theoretischen Instrumenten anfangen kann – wenn man sich intensiver damit beschäftigt.

3. Die Anfänge der modernen Soziologie

3.1 Die Professionalisierung der Soziologie

Bis zur Mitte des 19. Jahrhunderts war Soziologie – genau wie die Psychologie oder die Nationalökonomie – noch keine eigenständige Wissenschaft. Die Interpretation von gesellschaftlicher Realität lag bis dahin vor allem in den Händen der offiziellen Ideologen des jeweils herrschenden Systems bzw. den traditionellen Welt-Erklärern (vor allem der Kirche). Hierbei ging es nicht um eine objektive Welterklärung, sondern um die Legitimation von Herrschaftsverhältnissen und Glaubenssystemen. Erst das Bürgertum hatte – als soziale Klasse, welche ihren Lebensunterhalt durch individuelle Leistung und Organisation gewährleistete – einen Schritt in Richtung auf eine objektive Analyse von gesellschaftlichen Verhältnissen unternommen. Auch wenn Marx (nicht ohne gute Gründe) darauf verwies, daß die bürgerliche Theorie ihrerseits ideologisch verzerrt sei: mit der Entstehung der kapitalistischen Marktwirtschaft und den Ansätzen zur Demokratisierung des politischen Prozesses war ein Emanzipationsschub des rationalen und kritischen Denkens einhergegangen.

Allerdings blieb das gesellschaftstheoretische Denken zunächst noch „unprofessionell“. Teils fand es unter der Obhut von Sozial- und Moralphilosophie statt (und konnte sich nur in deren Vorstellungen ausdrücken), teils wurde es von Amateuren im Rahmen von Diskussionszirkeln betrieben. „Amateure“ heißt hier, daß es sich durchwegs um interessierte Privatgelehrte, Beamte, Lehrer handelt, die mit eher improvisierten Mitteln auf der Basis ihrer Sozialerfahrungen bzw. -vorstellungen Konzepte entwickeln und kritisieren. Die verschiedenen Beiträge reichen von genial bis dilettantisch, von weitsichtig bis bizarr. Auf alle Fälle handelt es sich um individuelle Entwürfe von (mit allen Vor- und Nachteilen) „ungeschulten“ Autoren, die sich nicht auf gemeinsame methodische, empirische und theoretische Grundlagen beziehen, sondern jeweils für sich, mit mehr oder weniger divergierenden Prämissen und Argumenten arbeiten. Es dominiert quasi die improvisierte „Ein-Mann-Soziologie" (Frauen hatten zu dieser Zeit nicht die Möglichkeit, mitzureden).

Dies änderte sich in der zweiten Hälfte des 19. Jahrhunderts. Mit der Emanzipation der Wissenschaft von politischen und religiösen Bevormundungen entwickelte sich die Universität zum Zentrum des theoretischen Diskurses. Das hatte erhebliche Veränderungen zur Folge. Der „Professor" löste den „Privatgelehrten" ab. Er hat ein einschlägiges Studium absolviert, beschäftigt sich hauptberuflich mit seinem Fach und tut dies auf der Grundlage des jeweiligen Standards seines Faches. Das heißt umgekehrt: das Thema selber verwandelt sich in ein methodisch, theoretisch und inhaltlich codifiziertes „Fach", in eine Spezialdisziplin mit festen Regeln des Zugangs und der Arbeit am Thema. Das heißt auch: die Diskussion verliert den Charakter des Improvisierten, verdichtet sich und bekommt (mit allen Vor- und Nachteilen) professionelle Züge.

Das bedeutet auch, daß nunmehr festere Diskussionszusammenhänge entstehen, die sich um bestimmte akademisch formatierte „Paradigmen" gruppieren. Das Wort Paradigma stammt aus dem Griechischen und bedeutet so viel wie Beispiel. Es wird in der wissenschaftstheoretischen Diskussion als Bezeichnung für die eine bestimmte Theorie charakterisierenden methodischen Merkmale und inhaltlichen Voraussetzungen verwendet. Die Institutionalisierung von Sozialwissenschaften in Form von universitären Fächern führte daher zur Bildung von „Schulen", an denen sich die weitere Arbeit (positiv oder negativ) orientiert(e). Schulen müssen jedoch begründet werden – durch Theoretiker, die den Grundentwurf liefern, an den angeknüpft, der weiterentwickelt wird. Zu den herausragenden Gründerfiguren der europäischen Soziologie gehören Emile Durkheim, Max Weber und Georg Simmel.

3.2 Emile Durkheim

Neben dem Marxismus ist der Positivismus eines der herausragenden theoretischen Systeme des 19. Jahrhunderts. Als sein Begründer gilt Auguste **Comte** (1798–1857). Er war zunächst Schüler und Sekretär von Henri de Saint-Simon, einem Pionier der Sozialwissenschaften, den man meist als „Frühsozialisten" bezeichnet, weil er als Formel für das Ziel der gesellschaftlichen Entwicklung definierte: „Jeder nach seinen Fähigkeiten, jedem nach seinen Bedürfnissen". Mit Saint-Simon überwarf sich Comte bald und gründete eine eigene Schule, die er als „philosophie positive" bezeichnete. Ihr Kern war eine radikale Absage an jede Metaphysik und die Forderung, daß jede theoretische Aussage positiv zu begründen sei, d.h. auf empirischen Beobachtungen basieren müsse. Dies, so Comte, gelte nicht nur für die Naturwissenschaften, sondern auch für die Analyse gesellschaftlicher Verhältnisse. Er schlug daher ein Programm der auf empirischen Befunden begründeten theoretischen Gesellschaftstheorie vor und nannte dieses Projekt „Soziologie" – Gesetze des Sozialen. Er unterschied zwei Gesetzestypen:

- **soziale Statik:** die „Mechanik", d.h. der gesetzmäßige Aufbau und das gesetzmäßige Funktionieren einer bestimmten Gesellschaft sowie
- **soziale Dynamik:** die gesetzmäßige Form der Veränderung und Entwicklung von Gesellschaften.

Damit Gesellschaften stabil sein können, muß die Statik dem Niveau der Entwicklung entsprechen und die Dynamik in einen passenden Aufbau gefaßt sein. Geschichte stellt sich ihm dar als eine Abfolge von Perioden der Ordnung und des Umbruchs, die insgesamt einen Prozeß des Fortschritts darstellen: vom metaphysischen über das religiöse Zeitalter zur Durchsetzung der rationalen Erkenntnis und Einsicht in objektive Verhältnisse – dem „positiven Zeitalter". Comte selber entwickelte aus seiner positivistischen Soziologie eine eigene Religion: Wenn die die Gesellschaft beherrschenden Gesetze einmal erkannt sind, müssen sich alle ihnen unterwerfen und die daraus resultierende „positive Politik" sei zu gewährleisten durch eine alle vereinende „universelle Religion der Menschlichkeit" (als deren Begründer er sich selbst sah).

Diese „Religion" ist heute vergessen. Der von Comte entworfene programmatische Positivismus dagegen erlebte einen Siegeszug sondergleichen: er wurde in weiten Kreisen der Wissenschaft begeistert aufgenommen und zum Leitmotiv des Selbstverständnisses ganzer Disziplinen. In diesem Umfeld empfing Emile **Durkheim** (1858–1957) seine wichtigsten Anregungen. Er befreite Comtes Denken von dessen politischen und metaphysischen Ambitionen und widmete sich ausschließlich seinem Projekt der Begründung von Soziologie als eigene Wissenschaft. Seine Schlüsselüberlegung ist, daß Soziales nur durch Soziales erklärbar sei. Daraus folgt, daß soziale Sachverhalte als eigene Wirklichkeit zu verstehen sind – als soziale „Dinge": „Die erste und grundlegendste Regel besteht darin, die soziologischen Tatbestände wie Dinge zu betrachten" (Durkheim 1965, 115). Damit will er einerseits mit Comtes empirischer Begründung von Soziologie Ernst machen und sich statt mit Begriffen mit der Realität selbst beschäftigen. Alle Vor-Urteile, Identifikationen, Empfindungen müssen systematisch ausgeschaltet werden; die Aufmerksamkeit darf sich nur den sozialen Sachverhalten selbst zuwenden. Auf der anderen Seite wird damit betont, daß soziale Sachverhalte nicht reduzierbar seien – nicht auf Psychologie, nicht auf Ökonomie, nicht auf Philosophie. Soziale Realität muß nach Durkheim analytisch vom Denken und Handeln der Subjekte völlig getrennt werden, um als solche verstanden werden zu können. Denn das naive Bewußtsein bildet sich ein, soziale Realität werde durch Subjekte „gemacht" – in Wirklichkeit tritt sie den Subjekten als „soziale Tatsache" gegenüber, an der sie sich orientieren, nach der sie sich richten (müssen). Daraus ergibt sich **Durkheims Definition des Gegenstands der Soziologie:** „Ein soziologischer Tatbestand ist jede mehr oder minder festgelegte Art des Handelns, die die Fähigkeit besitzt, auf den Einzelnen einen äußeren Zwang auszuüben; oder auch, die im Bereiche einer gegebenen Gesellschaft allgemein auftritt, wobei sie ein von ihren individuellen Äußerungen unabhängiges Eigenleben besitzt" (ebd., 114).

Für Durkheim geht es also um die **Analyse sozialer Sachverhalte** – „faits sociaux". Er stellt dafür analytische Regeln auf. Soziologisches Vorgehen heißt für ihn zunächst, daß von allen (politischen, moralischen, religiösen u.ä.) Vor-Beurteilungen abgesehen wird. Als nächstes geht es darum, eine klare Definition des Gegenstandes zu entwickeln, die sich an empirischen Merkmalen orientiert. Die Untersuchung des Gegenstandes soll sich dabei von „ihren individuellen Manifestationen" lösen. Bei der Bestandsaufnahme der „faits sociaux" stößt der Soziologe, so Durkheim, auf „normale" und „pathologische" Phänomene. Da es dafür, anders als in der Biologie, keine unmittelbaren Maßstäbe gibt, greift Durkheim zu einem relativen Kriterium: „Ein soziales Phänomen ist für einen bestimmten sozialen Typus in einer bestimmten Phase seiner Entwicklung normal, wenn es im Durchschnitt der Gesellschaften dieser Art in der entsprechenden Phase ihrer Evolution auftritt" (ebd., 155).

Damit stellt sich das Problem der Klassifizierung von Gesellschaften. Durkheim bezieht sich dabei auf das, was er **„soziale Morphologie"** nennt. Dabei geht er davon aus, daß die konstitutiven Bestandteile von Gesellschaften einfachere Gesellschaftsformen sind. Entsprechend gibt es für ihn so etwas wie ein Gesellschafts-„Atom", „ein soziales Aggregat, das in seinem Inneren kein elementareres Aggregat umfaßt (...) und das unmittelbar in Individuen zerfällt" (ebd., 170). Diese Gesellschaft nannte er „monosegmentär" – nur ein Element enthaltend. So sind für ihn Nomaden-Stämme monosegmentär: alle arbeiten auf die gleiche Weise und sind für alle wichtigen Arbeiten gleich zuständig. Eine Typologie aller Gesellschaften muß daher „die Gesellschaften nach dem Grade ihrer Zusammengesetztheit (...) klassifizieren, wobei die vollkommen einfache oder monosegmentäre Gesellschaft als Grundlage zu nehmen ist“ (ebd., 173). Den Aufbau von Gesellschaften analysiert Durkheim unter zwei Gesichtspunkten: zum einen fragt er nach der Ursache der Entstehung von „faits sociaux“, zum anderen fragt er nach ihrer Funktion. Die Entstehung von sozialen Sachverhalten folgt nicht der Logik von subjektiven Zwecken: Ein Brauch wie Exogamie – eine Heiratsregel, die bestimmt, daß der Partner aus einer Fremdgruppe stammt – entwickelt sich nicht, weil Menschen der Ansicht sind, daß es vernünftig wäre, sie zu haben, sondern weil auf diese Weise der Kontakt innerhalb und zwischen sozialen Gruppen strukturiert wird. Soziale Sachverhalte stehen jedoch im funktionalen Zusammenhang mit den „allgemeinen Bedürfnissen des sozialen Organismus“, d.h. Exogamie erbringt gewisse Leistungen im sozialen Kontext (etwa eine Ordnung von Beziehungen). Aber weder entsteht Exogamie, weil sie als Beziehungsordnung „gebraucht“ wird, noch ist eine Beziehungsordnung auf Exogamie angewiesen – sie kann auch ganz anders aussehen.

Bezieht sich der Begriff der Funktion auf das Verhältnis zum sozialen Kontext (durch die auch seine Bedeutung bestimmt ist), so sieht Durkheim im „inneren sozialen Milieu“ eine weitere wichtige Dimension eines sozialen Sachverhalts. Damit meint er die (materiellen und sozialen) Dinge und Personen, die für ihn konstitutiv sind: für Exogamie beispielsweise Regeln, Rituale, Hochzeitskleidung und -essen, die Rollenverteilung usw. Für Durkheim geht es nun darum, soziale Kausalitätsbeziehungen herauszuarbeiten. Er geht davon aus, daß die Zahl der Möglichkeiten der Typologie, der Funktionen und des „sozialen Milieus“ beschränkt ist. Es finden sich immer wieder die gleichen Konfigurationen. Deshalb ist es möglich, durch eine Strategie des Vergleichs von verschiedenen „faits sociaux“ auf basale Grundmuster und typische Muster ihrer Kombination zu schließen.

Seine Methode hat Durkheim selbst an einigen Beispielen durchexerziert. Berühmt geworden sind vor allem seine Studien über die Arbeitsteilung und über den Selbstmord. In seiner Arbeit „De la division du travail social“ (1893) untersucht er **Arbeitsteilung als soziales** (nicht technisches) **Phänomen.** Er stellt fest, daß es zwei verschiedene Arten der „Solidarität“ (d.h. des sozialen Zusammenhangs) gibt, die sich aus Unterschieden der „dynamischen Dichte“ – der Konzentration von Personen – ergeben. Einfache Gesellschaften bestehen aus einer geringen Zahl von Mitgliedern, die sich alle ähnlich sind. Sie werden allein durch den Zwang der Umstände und die unmittelbare Abhängigkeit zusammengehalten. Durkheim spricht von **„mechanischer Solidarität".** Wenn die Zahl und die Konzentration der zusammenlebenden Menschen zunimmt, ist dieses Muster nicht mehr aufrechtzuerhalten. Eine große Zahl von gleichen Menschen würde zu einer destruktiven Konkurrenz führen. Deshalb ist ein höheres Maß an Verschiedenheit erforderlich. Es kommt daher zur Entwicklung von Unterschieden, die gleichzeitig mehr Abhängigkeit voneinander bedeuten: in seiner Spezialisierung ist jeder auf die Spezialisierung der anderen angewiesen. Deshalb spricht Durkheim hier von **„organischer Solidarität".** Der daraus resultierende Zwang ist „innerlich", stammt aus dem sozialen Aufbau selbst.

Seine Studie über den **Selbstmord** geht methodisch ähnlich vor. Er abstrahiert von allen moralischen Beurteilungen, betrachtet das empirische Material „unpersönlich" und vergleichend und unternimmt auf dieser Basis soziale Typisierungen. Er zeigt, daß es falsch oder zumindest unzulänglich ist, wenn man Selbstmord einfach als psychischen Defekt betrachtet. Generell hängt Selbstmord ab vom Verhältnis des Individuums zu seiner Gesellschaft. Es gibt dabei jedoch drei typische Formen: den **egoistischen,** den **altruistischen** und den **anomischen** Selbstmord. Egoistischer Selbstmord beruht auf zu geringer sozialer Integration – heute würde man sagen: auf Sinndefizit. Jemand bringt sich um, weil er nicht genügend stabilisiert wird durch soziale Bindungen. Altruistischer Selbstmord bedeutet, daß jemand zu stark integriert ist und daher soziale Imperative wichtiger sind als das eigene Leben. Durkheim nennt als Beispiele den Fanatiker, der für seine Idee stirbt, aber auch den Kapitän, der mit seinem Schiff untergeht. Diese beiden Typen sind in jedem Gesellschaftstyp in bestimmter Häufigkeit und auf bestimmte Weise „normale" Ereignisse. Dagegen tritt anomischer Selbstmord dann auf, wenn die Diskrepanz zwischen Sein und Sollen unerträglich wird – was vor allem in Krisenzeiten der Fall ist. Dies gilt zum Beispiel für die Selbstmorde am „Schwarzen Freitag" des Jahres 1929: Als das durch Spekulation destabilisierte Wirtschaftssystem plötzlich zusammenbrach, stieg die Zahl der Selbstmorde (von wirtschaftlich Ruinierten) sprunghaft an. Man kann daher umgekehrt von der Zahl der anomischen Selbstmorde auf eine Krise des Gesellschaftssystems schließen.

Durkheims striktes Prinzip, „faits sociaux" als eigenständige Realität zu behandeln und Soziales nur durch Soziales zu erklären, gehört zu den wichtigsten Emanzipationsschritten der Soziologie von anderen Erklärungsprinzipien. Sein methodisches Konzept der Analyse von Typen und Funktionen regte viele weitere Arbeiten an. So ist der

Strukturfunktionalismus von Talcott Parsons auch ein Ergebnis der Auseinandersetzung mit Durkheims Konzept (vgl. dazu Kapitel 5).

3.3 Max Weber

Im deutschsprachigen Raum ist die Entstehung der Soziologie als eigenständige Wissenschaft untrennbar mit dem Werk von Max **Weber** (1864–1920) verbunden.

Weber (seiner Ausbildung nach Wirtschaftshistoriker und Sozialökonom) widmete sich ausführlich methodischen Fragen. Er vertrat eine radikal „wertfreie" Position, d.h. er trat für eine konsequente Trennung von praktischem Handeln (Politik) und theoretischer Analyse (Wissenschaft) ein. Das richtete sich gegen Marx (für den Parteilichkeit ein Prinzip der Theoriebildung war), aber auch gegen den sog. „Kathedersozialismus", d.h. Bestrebungen, aus wissenschaftlichen Analysen, die in gesamtgesellschaftliche Ordnungsvorstellungen eingebettet sind, sozialpolitische Forderungen abzuleiten. Weber setzte dagegen, daß praktische Interessen niemals „objektiv" sein könnten und daß Objektivität der Erkenntnis absolute Unabhängigkeit von jedwedem Interesse voraussetze.

Auch in seinem Konzept der Soziologie ist die Abgrenzung gegen „materialistische" und „metaphysische" Konzepte erkennbar. Weber entwirft eine **„sinnverstehende" Soziologie.** In seinem erst nach seinem Tode erschienenen Hauptwerk „Wirtschaft und Gesellschaft" beschreibt er Soziologie als „eine Wissenschaft, welche soziales Handeln deutend verstehen und dadurch in seinem Ablauf und seinen Wirkungen ursächlich erklären will. ‚Handeln' soll dabei ein menschliches Verhalten (einerlei ob äußeres oder innerliches Tun, Unterlassen oder Dulden) heißen, wenn und insofern als der oder die Handelnden mit ihm einen subjektiven *Sinn* verbinden" (Weber 1966, 3). Ausgangs- und Bezugspunkt ist für Weber also das Handeln der Akteure. Und für jedes Handeln gilt, daß es einen subjektiv gemeinten (also keinen objektiven oder metaphysischen) Sinn hat, eine Bedeutung, die die Akteure mit ihm verbinden. Ausgeschlossen ist damit rein reaktives Verhalten (etwa der Lidschlag, wenn man etwas ins Auge bekommt). Sinnhaftes Handeln ist verstehbar, d.h. rational oder emotional evident nachvollziehbar. Dies gilt auch für die Interpretation von Artefakten: „Eine Maschine ist lediglich aus dem Sinn deutbar und verständlich, den menschliches Handeln (...) der Herstellung und Verwendung dieses Artefakts verlieh" (ebd., 5). Verstehen bedeutet also, richtig zu interpretieren, was es bedeutet, wenn mir jemand die rechte Hand hinhält, wenn sich jemand mit dem Finger an die Stirn tippt, wenn jemand auf den Startknopf seines Computers drückt.

„Verstehen" findet im Alltag dauernd statt. Wissenschaft geht jedoch darüber hinaus: sie will „erklären". Im Ansatz tut dies auch schon das Alltags-Verstehen: es arbeitet mit ad-hoc-Erklärungen (warum jemand grüßt, warum jemand andere beleidigt, warum jemand seinen Computer benutzen will). Systematische Erklärungen müssen jedoch mehr leisten. Sie sollen entweder einen Einzelfall in seinem tatsächlichen Sinnzusammenhang oder aber typische Abläufe in ihrem „logisch reinen" Sinnzusammenhang darstellen. Weber interessiert sich vor allem für letzteres und entwickelt ein Konzept, wie systematische Erklärungen methodisch zu erreichen sind. „Für die *typen*bildende wissenschaftliche Betrachtung werden nun alle irrationalen, affektuell bedingten, Sinnzusammenhänge des Sichverhaltens, die das Handeln beeinflussen, (...) als ‚Ablenkungen' von einem konstruierten rein zweckrationalen Verlauf desselben erforscht und dargestellt" (ebd., 5). Der Kern von Webers Vorgehen ist die Herausarbeitung eines **logischen Modells von Handlungen:** so wie es stattfände, wenn es nicht durch sinnfremde Einflüsse – wie Affekte etc. – „gestört" würde. Dieses Verfahren ist „rationalistisch", weil es im ersten Schritt ein völlig rationales Konzept der Handlung konstruiert. „Bei einer politischen oder militärischen Aktion (wird) zunächst zweckmäßigerweise festgestellt: wie das Handeln bei Kenntnis aller Umstände und Absichten der Mitbeteiligten und bei streng zweckrationaler, an der uns gültig scheinenden Erfahrung orientierter, Wahl der Mittel verlaufen *wäre*. Nur dadurch wird alsdann die kausale Zurechnung von Abweichungen davon zu den sie bedingenden Irrationalitäten möglich" (ebd., 5). Erst durch den rein logischen Entwurf einer Handlung wird für Weber sichtbar, wo der empirische Ablauf davon abweicht. Die Bestimmung eines „Ideals" vom Handeln ist damit nicht gemeint. „Die Konstruktion eines streng zweckrationalen Handelns also dient in diesen Fällen der Soziologie und seiner evidenten Verständlichkeit und seiner – an der Rationalität haftenden – Eindeutigkeit wegen, als *Typus* (‚Idealtypus'), um das reale, durch Irrationalitäten aller Art (Affekte, Irrtümer) beeinflußte Handeln als ‚Abweichung' von dem bei rein rationalem Verhalten zu gewärtigenden Verlaufe zu verstehen" (ebd., 5).

Die Konstruktion eines **Idealtypus** dient also nicht der Aufstellung einer Norm, wie Menschen sich verhalten sollen, sondern einer Norm, wie ein den Zwecken und Mitteln entsprechendes Handeln aussähe. Der Idealtypus eines Bankraubs würde also eine perfekte Vorbereitung, präzise Durchführung und unauffallige Verwertung des Ertrags umfassen. Und der Idealtyp einer polizeilichen Aufklärung eines Bankraubs beschriebe genaue Spurensicherung, treffsichere Recherchen und zweifelsfreie Ermittlung der Täter. Bekanntlich sieht beides empirisch oft ganz anders aus: Bankräuber hinterlassen Spuren am Tatort und schmeißen mit Geld um sich; Polizisten übersehen wichtige Spuren und vergessen, ihren Funkverkehr zu verschlüsseln. Die Realität hält sich also nicht immer an die Rationalität der Idealtypen, aber die Idealtypen sind nichts anderes als die Herausarbeitung ihrer Logik. Mit Webers Methode läßt sich nun zweierlei erreichen:

– man kann die typischen Strukturen der empirischen Vielfalt begrifflich erfassen und
– man kann die Systematik der Abweichungen vom Idealtypus bestimmen und analysieren, warum bestimmte Abweichungen regelmäßig auftreten.

Die Konstruktion von Idealtypen ist für Weber das zentrale Instrument der sinnverstehenden Soziologie. Er entwickelt mit ihrer Hilfe die begrifflichen Grundlagen seines Denkens. Zunächst widmet er sich der **Analyse des Handelns.** Idealtypisch unterscheidet er vier Arten, durch die Handeln bestimmt sein kann:

„1. *zweckrational:* durch Erwartungen des Verhaltens von Gegenständen der Außenwelt und von anderen Menschen und unter Benutzung dieser Erwartungen als ‚Bedingungen' oder als ‚Mittel' für rational, als Erfolg, erstrebte und abgewogene eigene *Zwecke,* –
2. *wertrational:* durch bewußten Glauben an den – ethischen, ästhetischen, religiösen oder wie immer sonst zu deutenden – unbedingten *Eigenwert* eines bestimmten Sichverhaltens rein als solchen und unabhängig vom Erfolg, –
3. *affektuell,* insbesondere *emotional:* durch aktuelle Affekte und Gefühlslagen, –
4. *traditional:* durch eingelebte Gewohnheit" (ebd., 17).

Wer ein Auto kauft, handelt beispielsweise, wenn er ein möglichst preiswertes Auto kaufen möchte, dann zweckrational, wenn er alle Preise vergleicht; zweckrational handelt aber auch, wer seine Nachbarn beeindrucken will und genau überlegt, womit dies am besten gelingt. Ein „wertrationaler Autokauf" eines engagierten Ökologen würde möglicherweise die Umweltfreundlichkeit des Autos um jeden Preis in den Vordergrund stellen. Affektuelles Handeln hieße hier: ein Impulskauf – man sieht eine Anzeige, ist hingerissen und stürzt sofort los, um das Auto zu kaufen. Ein traditioneller Autokauf bedeutet, daß man die Marke kauft, die man immer kauft.

Wenn Handelnde sich gegenseitig aneinander orientieren, spricht Weber von einer **„Sozialen Beziehung“.** Dies bedeutet vor allem, daß das Handeln der Beteiligten nicht nur gelegentlich oder zufällig, sondern systematisch sozial ist. Sozial heißt für Weber nicht: human, solidarisch oder sonst irgendwie moralisch bestimmt. Gemeint ist nur die Orientierung an anderen Handelnden. Und dies ist für ihn die Substanz aller sozialer Realität. Alle makrosozialen Zusammenhänge sind für Weber nichts anderes als Beziehungsmuster. „Ein ‚Staat‘ hört z.B. soziologisch zu ‚existieren‘ dann auf, sobald die *Chance,* daß bestimmte Arten von sinnhaft orientiertem sozialen Handeln ablaufen, geschwunden sind“ (ebd., 19).

Weber lehnt also jede Art von Betrachtung ab, die „dem Staat“, „der Kirche“ so etwas wie eine eigene Existenz zuschreibt. Es handelt sich für ihn um Muster von sozialen Beziehungen, d.h. Konfigurationen von sozialen Handlungen. Die Analyse von typischen Beziehungsmustern ist daher die eigentliche Aufgabe der Soziologie: „Es lassen sich innerhalb des sozialen Handelns tatsächliche Regelmäßigkeiten beobachten, d.h. in einem typisch gleichartig *gemeinten Sinn* beim gleichen Handelnden sich wiederholende oder (eventuell auch: zugleich) bei zahlreichen Handelnden verbreitete Abläufe von Handeln. Mit diesen *Typen* des Ablaufs von Handeln befaßt sich die Soziologie, im Gegensatz zur Geschichte als der kausalen Zurechnung wichtiger, d.h. schicksalhafter, Einzelzusammenhänge“ (ebd., 20). Es geht also nicht um die eine oder die andere Familie, sondern um das, was für eine bestimmte Familiengruppe typisch ist. So läßt sich eine typische Familie der städtischen Mittelschicht in modernen Industriegesellschaften beschreiben: Zahl der Kinder, durchschnittliches Einkommen, Ausbildung und Berufstätigkeit der Eltern, politische Einstellungen, Freizeitorientierungen, moralische Überzeugungen usw. Das daraus resultierende Bild ist unrealistisch – welche Familie hat schon 1,4 Kinder –, aber es hebt wesentliche Merkmale scharf hervor. Und darum geht es Weber vor allem, weil auf diese Weise der logische Sinnzusammenhang deutlich wird.

Weber widmet sich dann der Frage, wie denn regelmäßige Beziehungen – von der Familie bis zum Staat – erhalten bleiben. Als wesentliche Typen dauerhafter sozialer Beziehungen unterscheidet er zunächst:

- **„Brauch“** (wenn etwas eben so gemacht wird, wie es gemacht wird – beispielsweise in der Mode),

- **„Sitte“** (wenn es sich um „eingelebte“ Formen der Beziehung handelt, z.B. Höflichkeit) und
- **„Interessensbeziehungen“** (die auf gemeinsamen Interessen basieren).

Handlungen wie soziale Beziehungen basieren darauf, daß die Handelnden sie als Teil einer „geltenden Ordnung“ sehen. Das heißt für Weber, daß die Handelnden sich an einem System von „Maximen“ und Regeln orientieren. Wer bei Rot an der Kreuzung hält, orientiert sich an der Straßenverkehrsordnung, aber auch, wer bei Rot (vorsichtig, nachdem er sich überzeugt hat, daß kein Polizist in der Nähe ist) weiterfährt, tut es.

Eine „geltende Ordnung“ ist also ein Komplex von Normen. Wie wird sie erzeugt bzw. am Leben gehalten? Weber nennt dies die Frage der **„Legitimität“ einer Ordnung.** Die Legitimität – die Anerkennung seitens der Beteiligten – basiert entweder auf „inneren“ Gründen (darauf, daß die Handelnden sie für richtig halten) oder auf „äußeren“ Gründen (wenn sie sich wegen positiver oder negativer Erwartungen – Nutzen oder Strafen – an ihr orientieren). Idealtypisch unterscheidet Weber vier mögliche „innere“ Gründe der Anerkennung einer Ordnung: der Glaube

- an Traditionen;
- aufgrund von Affekten;
- an Werte;
- und an die Legalität einer positiven Satzung.

Wenn eine soziale Beziehung „auf subjektiv *gefühlter* (affektueller oder traditionaler) Zusammengehörigkeit der Beteiligten beruht“ (ebd., 29), spricht Weber von **„Vergemeinschaftung“.** Darauf basieren Familien, Liebesbeziehungen, Cliquen. Diese Grundlage kann jedoch da nicht funktionieren, wo Menschen wegen ihrer Interessen zusammenkommen (zum Beispiel am Markt) und wo sie nur die Notwendigkeit, miteinander auszukommen, verbindet (im Straßenverkehr). Hier findet **„Vergesellschaftung“** statt: die Herstellung von Gemeinsamkeit auf Grund von Interessensausgleich bzw. rationaler „Vereinbarung“.

Webers sehr präzise (und daher auch etwas trockene) Definitionen werden erst lebendig in seinen empirischen Untersuchungen. Berühmt ist seine Studie „Die Protestantische Ethik und der Geist des Kapitalismus“ (Weber 1972), in der er sein methodisches Konzept umsetzt: Er geht von einem nachweisbaren empirischen Phänomen aus (daß nämlich in Ländern, in denen der Protestantismus dominierte, sich der moderne Kapitalismus wesentlich früher und leichter durchsetzte) und destilliert dann aus den (teilweise sehr verschiedenen) protestantischen Dogmen wesentliche Merkmale heraus:

– die Norm der „innerweltlichen Askese" (d.h. der Verzicht auf weltlichen Luxus und auf das Verbrauchen des Erwirtschafteten);
– die besondere Berufsethik (die hohe Bewertung der Berufstätigkeit und die Hingabe an die Arbeit);
– das Prinzip der „Gnadenwahl" (die Lehre, daß Gott den erlöst und belohnt, der sich dauernd bemüht).

Damit wird deutlich, wie sehr die protestantische Ethik mit den Erfordernissen der kapitalistischen Ökonomie übereinstimmte. Es ist offenkundig, daß Menschen mit diesen Orientierungen wesentlich besser mit den Erfordernissen des neuen kapitalistischen Wirtschaftssystems zurecht kamen.

Auf diese Weise erklärt sich für Weber zumindest teilweise jener radikale Wandel vom Mittelalter zur Neuzeit, den er mit dem Stichwort **„Rationalisierung"** bezeichnet. Im Mittelalter gab es für alles und jeden traditionelle Regeln und Muster, die selbstverständlich galten, auch wenn sie – wie wir sagen würden – „unsachlich" und „unvernünftig" waren. So wurde beispielsweise jahrhundertelang an der Zweifelderwirtschaft festgehalten, obwohl die Dreifelderwirtschaft objektiv ertragreicher war. Die Neuzeit beginnt und setzt sich durch mit Hilfe des Prinzips der zweckrationalen Behandlung von Themen. Dieses grundlegende Prinzip beruht darauf, daß der Umgang mit Themen aller Art nur noch von der Sache selbst her begründet wird und zugleich die Gründe, warum man sich mit ihnen beschäftigt, ebenfalls „versachlicht" werden. Wichtigste Kriterien dieser Rationalität sind **Objektivität** und **Effizienz.** Weber zeigt nun nicht nur, daß und wie die protestantische Ethik – also ein religiöses Prinzip! – dazu beitrug, daß sich die Rationalisierung der Lebensführung durchsetzte. Er untersuchte auch die weitere Dynamik dieses Prozesses und stellte fest, daß die fortschreitende Rationalisierung auch ihren Preis hat. Denn je mehr die Gesellschaft „durchrationalisiert" wird, desto mehr werden alle anderen Bezüge zur Welt als scheinbar „irrational" abgespalten und ausgegrenzt. Glauben, Gefühle, Empfindungen, Sehnsüchte – alles dies wird, so Weber, im Zuge der Rationalisierung „marginalisiert", an den Rand gedrängt, bleibt deswegen ohne angemessene Berücksichtigung. Weber spricht von einer „Entzauberung der Welt" und verweist auf die damit verbundenen Folgeprobleme wie Orientierungsdefizite, emotionale Krisen usw.

In diesem Zusammenhang nahm Weber auch einen Gedanken vorweg, der später in der Kritischen Theorie ausführlich entwickelt wurde (vgl. Kapitel 9): daß nämlich diese Tendenz zur Rationalisierung zwar alle Formen traditioneller Herrschaft unterminiert und ablöst, daß sie aber zugleich eine neue, abstraktere Form von Herrschaft hervorbringt. In einer durchrationalisierten Welt sind die Menschen von der Logik der Technik und der Organisation abhängig und müssen sich ihr unterwerfen. Weber sprach deshalb von einem „Gehäuse der Hörigkeit", in dem sie sich befinden.

Er entwickelte jedoch auch – unabhängig von historischen Entwicklungstendenzen – eine systematische **Theorie der Herrschaft.** Anders als Marx (der Herrschaft auf die Verfügung über die Produktionsmittel reduzierte) entwirft Weber ein Spektrum von Herrschaftstypen, wobei er auf sein Beziehungskonzept zurückgreift. Unter Macht versteht er jede Möglichkeit, sich in einer sozialen Beziehung durchzusetzen – egal wie. Macht kann also auf Bestechung, Verführung, Brutalität basieren. Herrschaft ist dagegen „die Chance, für einen Befehl bestimmten Inhalts bei angebbaren Personen Gehorsam zu finden" (ebd., 38). Sie ist also ein Typus von Beziehung mit klarer Hierarchie und festgelegten Abhängigkeiten. Unter Rückgriff auf seine Vorstellungen von der Legitimität einer geltenden Ordnung unterscheidet er drei Typen von Herrschaft:

- **Traditionale Herrschaft:** Diese Form der Herrschaft stützt sich im wesentlichen darauf, daß sie bisher gültig war und ist (z.B. eine Monarchie);
- **Charismatische Herrschaft:** Hier ergibt sich die Bereitschaft, Befehlen zu folgen, aus der Fixierung auf eine dominante Führungspersönlichkeit (z.B. eine religiöse oder politische Sekte);
- **Legale Herrschaft:** Sie basiert auf der Existenz einer „gesatzten Ordnung", also auf gesetzlichen Regelungen (als Prototyp nennt Weber die Bürokratie).

Weber untersucht mit diesen Kategorien verschiedene empirische Herrschaftsformen. Empirische Formen der Herrschaft sind stets „Mischformen". So sind moderne Demokratien für Weber Herrschaftssysteme, in denen Aspekte des legalen Typus sich mit denen des charismatischen mischen. Legal sind sie, weil es feste Regeln der Gesetzgebung, Verwaltung usw. gibt; charismatisch sind sie, wenn Personen wichtiger werden als politische Programme. Im nächsten Schritt könnte nun beispielsweise untersucht werden, woher die deutliche Verschiebung zugunsten des charismatischen Aspekts von Herrschaft in modernen Demokratien stammt. In diesem Zusammenhang spielt vor allem der Einfluß der modernen Massenmedien eine entscheidende Rolle.

Weber sieht das Besondere seiner Methode darin, daß sie über die „funktionale" Perspektive hinausgeht. Die Analyse von Funktionen kann „dasjenige soziale Handeln herausfinden helfen, dessen deutendes Verstehen für die Erklärung eines Zusammenhangs *wichtig* ist. Aber an diesem Punkt *beginnt* erst die Arbeit der Soziologie (...) Wir sind ja bei ‚sozialen Gebilden' (im Gegensatz zu ‚Organismen') in der Lage: *über* die bloße Feststellung von funktionalen Zusammenhängen und Regeln (‚Gesetzen') *hinaus* etwas aller ‚Naturwissenschaft' (im Sinn der Aufstellung von Kausalregeln für Geschehnisse und Gebilde und der ‚Erklärung' der Einzelgeschehnisse daraus) ewig Unzugängliches zu leisten: eben das *‚Verstehen'* des Verhaltens der beteiligten *Einzelnen,* während wir das Verhalten z.B. von Zellen *nicht* ‚verstehen', sondern nur funktionell erfassen und dann nach *Regeln* seines Ablaufs feststellen können" (ebd., 11). Da soziale Beziehungen sich nicht auf Funktionen reduzieren lassen, geht es darum, ihre Eigen-Dynamik zu erfassen – und das ist die Aufgabe der verstehenden Soziologie.

„Schulenbildend" hat Weber nicht gewirkt; „Weberianer" gibt es kaum. Aber er hat enorm zur Entwicklung der Theorie beigetragen. Seine methodischen Überlegungen, das Konzept der „Idealtypen" und seine vielfältigen konkreten Analysen sind immer noch Ausgangs- und Bezugspunkt soziologischer Studien. Außerdem hat er eine Fülle von Themen, die erst später genauer durchdacht wurden, vor-gedacht.

3.4 Georg Simmel

Emile Durkheim ging von der subjektunabhängigen Eigenständigkeit sozialer Sachverhalte aus, Max Weber betonte den subjektiven Sinn, den die Handelnden mit ihren Handlungen verbinden. Georg **Simmel** (1858–1917) wählte einen anderen Weg, der in gewisser Weise beide Perspektiven verbindet.

Sein Ausgangspunkt ist die aus seiner Sicht grundlegende Einsicht, daß „der Mensch (...) in seinem ganzen Wesen und allen Äußerungen dadurch bestimmt ist, daß er in Wechselwirkung mit anderen Menschen lebt" (Simmel 1992, 15). Er beginnt also weder mit dem handelnden Subjekt noch mit den sozialen Tatsachen, mit denen Handelnde konfrontiert sind, sondern mit der fundamentalen Tatsache der Inter-Aktion und versteht Soziologie als die wissenschaftliche Methode, jene „Wechselwirkungen" zu verstehen. „Gesellschaft (...) existiert, wo mehrere Individuen in Wechselwirkung treten. Diese Wechselwirkung entsteht immer aus bestimmten Trieben heraus oder um bestimmter Zwecke willen. Erotische, religiöse oder bloß gesellige Triebe, Zwecke der Verteidigung wie des Angriffs, des Spieles wie des Erwerbes, der Hilfeleistung wie der Belehrung und unzählige andere bewirken es, daß der Mensch in ein Zusammensein, ein Füreinander-, Miteinander-, Gegeneinander-Handeln, in eine Korrelation der Zustände mit andern tritt, d.h. Wirkungen auf sie ausübt und Wirkungen von ihnen empfängt" (ebd., 17f).

Die Ursache von Gesellschaft liegt also in den individuellen Bedürfnissen, in Triebimpulsen, Interessen, Abhängigkeiten. Daraus ergeben sich notwendig interaktive Muster, die die Beteiligten miteinander verbinden: „Wechselwirkungen bedeuten, daß aus den individuellen Trägern jener veranlassenden Triebe und Zwecke eine Einheit, eben eine ‚Gesellschaft' wird" (ebd., 18). Gesellschaft als besonderer Gegenstand wird also durch das Zusammenspiel der Elemente gekennzeichnet. Sie besteht in der sozialen Formierung des „Ausgangsmaterials". Daraus ergibt sich für Simmel eine Unterscheidung zwischen **„Inhalt"** und **„Form":** „Ich bezeichne nun alles, was in den Individuen, den unmittelbar konkreten Orten aller historischen Wirklichkeit, als Trieb, Interesse, Zweck, Neigung, psychische Zuständlichkeit und Bewegung derart vorhanden ist, daß daraus oder daran die Wirkung auf andre und das Empfangen ihrer Wirkungen entsteht – dieses bezeichne ich als den Inhalt, gleichsam die Materie der Vergesellschaftung" (ebd.). Aber: diese bloßen Inhalte sind noch nichts „Soziales". „Weder Hunger noch Liebe, weder Arbeit noch Religiosität, weder die Technik noch die Funktionen und Resultate der Intelligenz bedeuten, wie sie unmittelbar und ihrem reinen Sinne nach gegeben sind, schon Vergesellschaftung: vielmehr, sie bilden diese erst, indem sie das isolierte Nebeneinander der Individuen zu bestimmten Formen des Miteinander und Füreinander gestalten, die unter den allgemeinen Begriff der Wechselwirkung gehören. Die Vergesellschaftung ist also die, in unzähligen verschiedenen Arten sich verwirklichende Form, in der die Individuen aufgrund jener – sinnlichen oder idealen, momentanen oder dauernden, bewußten oder unbewußten, kausal treibenden oder teleologisch ziehenden – Interessen zu einer Einheit zusammenwachsen und innerhalb deren diese Interessen sich verwirklichen" (ebd., 18f).

„Inhalt" – alle Themen, die sich aus der menschlichen Existenz ergeben – und „gesellschaftliche Form" sind für Simmel empirisch nicht zu trennen: ökonomische Interessen können ohne Wirtschaftssystem nicht existieren, während die bloße Form (z.B. „Markt") nichts ist ohne die sich darin realisierenden Interessen.

Simmel sieht die Aufgabe der Soziologie nun vor allem darin, die **Logik von Wechselwirkungen** – der Form, in der die Inhalte sozial existieren – zu untersuchen. Zunächst weist er mit Nachdruck auf die konstitutiven und konstruktiven Leistungen dieser Wechselwirkungen hin. Was auf den ersten Blick als „Gesellschaft“ erscheint – „Gebilde“ wie Staat, Kirche, Wirtschaft, Politik, Kultur -, ist für Simmel bei genauerem Hinsehen erst das Resultat einer „unermeßlichen Zahl von kleineren, in den einzelnen Fällen geringfügig erscheinenden Beziehungsformen und Wechselwirkungsarten zwischen den Menschen (...) Ohne die Dazwischenwirkung unzähliger, im einzelnen weniger umfänglicher Synthesen (...) würde (die Gesellschaft) in eine Vielzahl diskontinuierlicher Systeme auseinanderbrechen“ (ebd., 32f).

Interaktion ist die Form, in der individuelle Bedürfnisse Gestalt gewinnen, ist der Kitt, der die Individuen aneinander bindet und zugleich das Gewebe, aus dem komplexere Systeme bestehen. Ein fixes Verhältnis von Inhalten und Formen gibt es dabei für Simmel jedoch nicht. Tatsache sei, „daß die gleiche Form der Vergesellschaftung an ganz verschiedenem Inhalt, für ganz verschiedene Zwecke auftritt, und umgekehrt, daß das gleiche inhaltliche Interesse sich in ganz verschiedene Formen der Vergesellschaftung als seine Träger oder Verwirklichungsarten kleidet“ (ebd., 20f). Gruppenbildung, Arbeitsteilung, Hierarchien gibt es also: beim Militär, bei der Mafia, in Wirtschaftsunternehmen, in Staaten, in religiösen Sekten, in Familien. Aber: keine dieser Einrichtungen ist notwendig auf eine solche Organisationsform unausweichlich festgelegt. Selbst die Militärgeschichte zeigt eine hochgradige Spannbreite von Formen.

Formen sind dementsprechend etwas von den jeweiligen Inhalten Getrenntes. Sie führen ein Eigenleben. Dies ist für Simmel eine der Aufgaben der Soziologie: Wenn es um soziale Ungleichheit und um soziale Gegensätze geht, interessiert sie sich – themenunabhängig – zunächst dafür, „wie sich die verschiedenen Stadien der Über- und Unterordnung (...) aneinanderreihen, bis zu welchem Maße eine Überordnung in einer bestimmten Beziehung mit Gleichordnung in anderen Beziehungen verträglich ist und von welchem Maße der Übermacht an sie diese letztere vernichtet; ob die Frage der Verbindung, die Möglichkeit der Kooperation, in dem früheren oder in dem späteren Stadium solcher Entwicklung eine größere ist usw. Oder es wird festgestellt, daß Gegnerschaften dann am erbittertsten sind, wenn sie sich auf der Grundlage einer früheren oder noch irgendwie fühlbaren Gemeinsamkeit und Zusammengehörigkeit erheben“ (ebd., 37f).

Ein Beispiel für Simmels Versuch, die Eigendynamik sozialer Formen zu bestimmen, ist seine Auseinandersetzung mit dem Verhältnis von Gruppenstruktur und Gruppengröße. Eine Gruppe beginnt logisch mit zwei Mitgliedern: „Die *methodisch* einfachste soziologische Formation (ist) die zwischen *zwei* Elementen wirksame. Sie gibt das Schema, den Keim für unzählige mehrgliedrige ab" (ebd., 100). Das Besondere an einer Dyade – einer Beziehung zwischen zwei Personen – ist die vollständige Ausrichtung am anderen: „Ganz im allgemeinen (...) wird der Unterschied der Zweierverbindung zu den mehrgliedrigen dadurch bestimmt, daß jenes Verhältnis, als Einheit aus seinen Individuen, zu jedem der Teilnehmer anders steht, als mehrgliedrige Gebilde zu den ihrigen (...) Das Sozialgebilde ruht unmittelbar auf dem einen und auf dem anderen" (ebd., 101). Gerade deshalb sind Dyaden nicht nur davon abhängig, daß jeder für sich Qualitäten hat, sie müssen auch zusammenpassen bzw. sie müssen die Fähigkeit zur Aufrechterhaltung der sozialen Struktur einschließen – zwei nette Menschen sind noch keine Garantie für eine gute Beziehung. Das macht die besondere „Anfälligkeit" von Dyaden aus. Auf der anderen Seite sind sie jedoch auch der soziale Ort von „Intimität" und „Geheimnissen".

Anhand vieler Beispiele zeigt Simmel, daß und wie die Zahl Zwei eine besondere soziale Form mit besonderen, themenunabhängigen Eigenheiten darstellt. Das Hinzutreten eines/einer Dritten ändert die Konstellation prinzipiell. Zeitgemäß verdeutlicht er dies zunächst am Beispiel von Hausfrau und Dienstboten: wenn sie nur eine(n) hat, ist das Verhältnis abhängiger und persönlicher, als wenn es sich um zwei oder mehrere handelt. Und er zitiert – ebenso zeitgemäß – den Volksmund: „Wer ein Kind hat, ist sein Sklave, wer mehr hat, ist ihr Herr". Auch für die Triade gilt, daß sie typische Struktureigenschaften hat. Simmel nennt u.a. „dreierlei typische Gruppierungsformen (...), die einerseits bei zwei Elementen nicht möglich sind, andrerseits bei einer Mehr-als-drei-Zahl entweder gleichfalls ausgeschlossen sind oder sich nur quantitativ erweitern, ohne ihren Formtypus zu ändern" (ebd., 125). Dies sind

- der Unparteiische und der Vermittler (die im Falle von Dissens zwischen zwei Mitgliedern schlichten oder entscheiden und auf diese Weise Zusammenhalt stiften);
- der „tertium gaudens" (der „lachende Dritte", der vom Dissens der anderen zwei profitiert);
- das Prinzip „divide et impera" („Teile und Herrsche" – die Möglichkeit, die zwei anderen Gruppenmitglieder gegeneinander auszuspielen).

Schließlich untersucht Simmel die Folgen des Schritts von der kleinen Zahl zur großen, von der Kleingruppe zur Großgruppe. Auch hier zeigen sich wiederum unverwechselbare Effekte, die für jede Großgruppe – unabhängig von ihren Themen – eigen sind. So nennt er etwa die größere Tendenz zur Ungleichheit und Uneinheitlichkeit. Eine Clique hat vielleicht noch einen einheitlichen Kleidungsstil und teilt die Vorliebe für die gleiche Musik; für eine ganze Bevölkerung ist dies ausgeschlossen. Ebenso ist für ihn „Sozialismus" – soziale Gleichheit und gerechte Verteilung – in einer kleinen, nicht aber in einer großen Gruppe denkbar.

Auf der anderen Seite sieht er Differenzen und Dissonanzen nicht per se als soziales „Problem". Im Gegenteil: er geht davon aus, daß auch Konflikte eine wichtige integrative Funktion haben. Da die „Inhalte" der sozialen Wirklichkeit – Bedürfnisse, Interessen – immer wieder Anlaß zu Auseinandersetzungen sind, bestehen Gesellschaften aus Formen der „Vereinigung" und der „Entzweiung": Jede Gesellschaft braucht „irgend ein quantitatives Verhältnis von Harmonie und Disharmonie, Assoziation und Konkurrenz, Gunst und Mißgunst, um zu einer bestimmten Gestaltung zu gelangen. Aber diese Entzweiungen sind keineswegs bloße soziologische Passiva, negative Instanzen, so daß die definitive, wirkliche Gesellschaft nur durch die andern und positiven Sozialkräfte zustande käme (...) Diese gewöhnliche Auffassung ist ganz oberflächlich; die Gesellschaft, wie sie gegeben ist, ist das Resultat beider Kategorien von Wechselwirkungen, die insofern beide völlig positiv auftreten" (ebd., 286). Streit ist, so gesehen, kein Risiko. Streit bindet Kontrahenten, regelt Dissens, führt ihn zu einem sozial berechenbaren Ablauf und Ende. Vor allem aber können Konflikte eine indirekt integrative Wirkung haben. Simmel schreibt: „In Wirklichkeit aber braucht, was zwischen Individuen (...) etwas Negatives, Abträgliches ist, innerhalb der Totalität der Beziehung keineswegs ebenso zu wirken; denn hier gibt es – wie es vielleicht am einfachsten die Konkurrenz der Individuen innerhalb einer Wirtschaftseinheit zeigt – mit andern, von dem Konflikt nicht berührten Wechselwirkungen zusammen ein ganz neues Bild, in dem das Negative (...) seine durchaus positive Rolle spielt" (ebd., 288). Das heißt beispielsweise: Ein Streit zur rechten Zeit vermeidet Konflikteskalationen. Oder: Ein (klärender) Streit zwischen Politikern sorgt für einen politischen Kompromiß.

Simmel zeigt auf diese Weise auch, wie wichtig für jedes System Opposition ist: Gerade weil Makrostrukturen immer einseitig orientiert sind, bestimmte (Mehrheits-)Interessen vertreten, ist aktive Kritik ein notwendiges Korrektiv. Die „Reife" einer Gesellschaft mißt sich also nicht am Grad ihrer Harmonie, sondem an dem Niveau von Opposition, die sie verträgt. Simmel unterstreicht aber auch, daß es dabei nicht nur um die reale, sondern auch um die mentale Integration geht: Die (theoretische) Möglichkeit von Opposition intensiviert auch bei den Schlechtergestellten die Identifikation mit dem Ganzen. Man könnte auch sagen: Sie haben zwar nicht unbedingt die wirkliche Chance, aber das Gefühl, mitwirken zu können. Wie am Beispiel „Konflikt" bemüht sich Simmel immer wieder, nicht nur die Logik und die Relevanz jener vielen „Einzelsynthesen" herauszuarbeiten, sondern auch zu zeigen, wie gerade aus scheinbar nebensächlichen oder gar auf den ersten Blick asozialen „Wechselwirkungen" sozialer Zusammenhalt entsteht. So geht die Verwendung von Schmuck zunächst zurück auf individuelle Eitelkeit – der/die Einzelne will sich hervorheben, will sich von anderen unterscheiden, indem er/sie sich mit exklusivem, wertvollem, ungewöhnlichem Schmuck ausstattet. Aber: dafür muß es Kriterien geben. Die kann keine(r) allein für sich selbst definieren. Man orientiert sich – ob man dies will oder nicht – an dem, was in der eigenen Gesellschaft als exklusiv, wertvoll, originell gilt, also: an sozialen Normen. Und außerdem: was nützt der schönste Schmuck, wenn es keine Bewunderer, keine Neider, keine Kritiker gibt? Deshalb ist Schmuck trotz seines egoistischen Ursprungs so etwas wie ein sozialer Kitt: er bindet alle Beteiligten ein in ein Netz von Regeln und Kontakten.

Georg Simmels Entwurf einer soziologischen Theorie steht zwischen Durkheims Betonung des „objektiven" Charakters sozialer Realität und dem Konzept des Analyse des subjektiven Sinns bei Weber. Zwar geht auch er vom Einzelnen aus, aber er betont, daß sich gerade durch die Realisierung individueller Bedürfnisse, Interessen usw. Inter-Aktion ergibt: ein Zusammen-Handeln, bei dem die Form vom Inhalt unabhängig ist und ein (die Inhalte erst sozialisierendes) Eigenleben führt. Dabei geht es ihm immer wieder um die synthetischen Leistungen von Interaktion, durch die Unterschiedliches zusammengehalten wird.

Simmels Arbeiten haben vor allem indirekt anregend gewirkt. Er hat in vielerlei Hinsicht den Interaktionismus vorweggenommen und zu seiner Entwicklung angeregt. Er kann auch als einer der Begründer einer „Soziologie des Alltags" gelten. Wo die meisten seiner Kollegen sich vorrangig mit den imponierenden makrosozialen Strukturen und Veränderungen – in der Wirtschaft, der Politik, der Kultur – beschäftigen, geht Simmels Blick oft auf scheinbare Nebensächlichkeiten, an denen er die Logik und Dynamik von Formen vorführt.

3.5 Professionelle Soziologie und Gesellschaftstheorie

Durkheim, Weber und Simmel sind einige der bedeutendsten Pioniere der modernen Soziologie. Sie haben entscheidend dazu beigetragen, daß das Nachdenken über Gesellschaft sich von den Einflüssen und Bevormundungen von Religion, Philosophie und Politik emanzipiert und eine eigenständige, professionelle Form bekommt. Sie (und weitere, hier nicht vorgestellte Autoren) haben wichtige Themen einer systematischen Gesellschaftstheorie behandelt, haben grundlegende Modelle entworfen und auf diese Weise die Voraussetzungen für weitere Entwicklungen geschaffen. Auch heute noch wird immer wieder Bezug genommen auf die von diesen Autoren erarbeiteten Positionen und Modelle.

„Erfunden" haben sie gesellschaftstheoretisches Denken jedoch nicht. Wie bereits erwähnt: das Nachdenken über Gesellschaft hat eine lange Tradition, viele wichtige Perspektiven und Konzepte sind viel älter als die professionelle Soziologie. Was durch sie beginnt und sich in der Folge dynamisch entwickelt, ist die Systematisierung der bereits vorhandenen Vorstellungen in Form von eigenständigen Gesellschaftstheorien und die Herausarbeitung von neuen Vorstellungen, die möglich und nötig werden, weil nun Gesellschaft als eigenständiges Thema behandelt wird.

Dies hat die Konsequenz, daß jetzt die bereits bestehenden Diskussionen innerhalb der Soziologie professionell fortgeführt werden. So entsteht beispielsweise aus der utilitaristischen Tradition eine eigenständige soziologische „Schule", die diesem Konzept eine methodologisch begründete Form gibt. Gleichzeitig entstehen jedoch auch neue „Schulen", die teils durch die bestehenden Traditionen angeregt werden, teils aber auch aus der neuen Eigenständigkeit der Soziologie heraus sich entwickeln. Etwa der Interaktionismus, der erst auf der Basis einer professionell verselbständigten Soziologie entstehen konnte.

Dieses Mit- und Nebeneinander verschiedener Theorien läßt sich nun nicht logisch und zeitlich zwingend gliedern. Weder lassen sich die einzelnen Theorien in eine schlüssige Reihenfolge bringen, noch lassen sie sich zueinander in eindeutige Beziehungen setzen. Dies wurde in Kapitel 2 bereits angesprochen. Für die folgende Darstellung bedeutet dies, daß die verschiedenen Modelle einzeln dargestellt und dabei auf die jeweilige Vorgeschichte des Denkmodells zurückgegriffen wird. Es handelt sich also nicht um eine Reihung nach Wichtigkeit, sondern um ein Nacheinander unter Herstellung loser Verbindungen.

Literaturhinweise

Zitierte Literatur

Durkheim, Emile: Die Regeln der soziologischen Methode, Neuwied/Berlin 1965 (zuerst 1895)

Simmel, Georg: Soziologie, Frankfurt/M. 1993 (zuerst 1907)

Weber, Max: Die protestantische Ethik und der Geist des Kapitalismus, Gütersloh 1972 (zuerst 1920)

Weber, Max: Wirtschaft und Gesellschaft, Köln 1966 (zuerst 1921)

Weiterführende Literatur

Durkheim, Emile: Der Selbstmord, Frankfurt/M. 1983 (zuerst 1897)

Durkheim, Emile: Über die Teilung der sozialen Arbeit, Frankfurt/M. 1977 (zuerst 1893)

Simmel, Georg: Philosophie des Geldes, Frankfurt/M. 1989 (zuerst 1907)

Weber, Max: Soziologie – Weltgeschichtliche Analysen – Politik, Stuttgart 1968

4. Utilitaristische Soziologie: Nutzen, Rationalität und Handeln

4.1 Die Ausgangsfrage

Im 15. und 16. Jahrhundert kommt es auf vielfältige Weise zu einem fundamentalen „Umbau" der gesellschaftlichen Verhältnisse in Mitteleuropa. Das traditionelle Gesellschaftsmodell einer Agrargesellschaft, in der die überwiegende Mehrheit der Menschen eingebunden im engen Horizont dörflicher Lebensgemeinschaften existierte, fast ausschließlich für den Eigenbedarf (und für die Abgaben an den Grundherrn) und nur wenig für den Markt produzierte, in der die Sozialstruktur weitgehend auf dem feudalen Herrschaftsverband und der weltlichen und geistlichen Organisation der christlichen Kirche beruhte, wurde zunehmend abgelöst durch „moderne" Strukturen:

- Es entstanden **Städte,** in denen neue Formen des Zusammenlebens und der Selbstorganisation eine neue Klasse - das Bürgertum – hervorbrachten;
- Die Expansion von Handwerk und Handel werden nicht nur zur Existenzgrundlage dieser neuen Klasse, sondern auch zum Ausgangspunkt des (Früh-)**Kapitalismus;**
- An die Stelle persönlicher Herrschafts- und Abhängigkeitsverhältnisse tritt ein abstrakteres Herrschaftssystem: der **Territorial- und Nationalstaat;**
- Das Zusammenleben der Menschen wird differenzierter und eigenständiger, Interaktions- und Organisationsstrukturen verdichten sich zu einem eigenständigen Typ von **„bürgerlicher Gesellschaft".**

Diese Entstehung eines neuen Gesellschaftstyps vollzog sich keineswegs friedfertig und „vernünftig", sondern als ein gewalttätiger, eruptiver Prozeß; sowohl der Zusammenbruch des Feudalismus als auch die Entstehung der neuen Gesellschaftsform trugen chaotische Züge. Die daraus resultierenden Turbulenzen lösten bei vielen Zeitgenossen apokalyptische Ängste bis hin zu paranoidem Wahn aus (wenn man etwa an die Massaker an Juden und „Hexen" denkt), sie waren jedoch für das Bürgertum auch ein Anlaß, systematisch darüber nachzudenken, was vor sich ging und was Gesellschaft eigentlich zusammenhält. Bis dahin war das Nachdenken über Gesellschaft eingebettet in ein strikt theologisches Weltbild, d.h. Gott wurde selbstverständlich und undiskutierbar (wenn auch auf unterschiedliche Weise) als letzter Grund (causa finalis) angenommen. Außerdem war die Tradition der Scholastik wenig empirisch ausgerichtet – die Scholastiker arbeiteten weitgehend zurückgezogen hinter Klostermauern und bezogen sich auf überlieferte Texte, nicht auf das, was sich in der Welt praktisch abspielte. Das Bürgertum, dessen Lebenserhalt auf praktischer Arbeit und deren sinnvoller Organisation basierte, – das sich also mit der Welt realistisch auseinandersetzen mußte – konnte mit dieser Art des Denkens nicht mehr viel anfangen. Die Scholastik wurde abgelöst durch die „neuzeitliche" Wissenschaft, die auf empirischer Orientierung und nichttheologischer Theorie basierte; diese neue Wissenschaft wurde zugleich betrieben von einem neuen Sozialtypus: nicht mehr der Kleriker im Dienst der Kirche ist Träger des Denkens, sondern der weltliche, bürgerliche „Intellektuelle".

Diese fundamentale Veränderung in Grundlage und Art des Denkens vollzog sich sowohl in den Natur- als auch in den Geisteswissenschaften. Während Galilei, Kopernikus und Newton die Grundlagen der Physik revolutionierten, entwarf Thomas **Hobbes** (1588–1672) ein unerhört revolutionäres Bild von Gesellschaft, in dem Gott zwar noch vorkam, aber nur noch als ein eher indifferenter Bezugspunkt – wenn man so will: im Rahmen einer konstitutionellen Theokratie. Die Grundstruktur der Gesellschaft begründete Hobbes ganz anders. Er geht von der empirischen Tatsache aus, daß jeder Mensch auf dieser Welt damit beschäftigt ist, seine **Bedürfnisse** zu befriedigen, seinen **Interessen** nachzugehen, kurz: jeder handelt egoistisch und nutzt dazu die Mittel, die ihm zur Verfügung stehen. Dies sieht Hobbes als das natürliche Recht eines jeden an – ohne Rücksicht auf Stand und Klasse! Es zeigt sich jedoch, – so Hobbes – daß die Interaktion von Egoisten zum Problem wird: wenn jeder alle verfügbaren Mittel nutzt, um seine Eigeninteressen zu realisieren, geraten sich alle gegenseitig in die Quere, sei es weil jeder etwas anderes, sei es, weil alle das Gleiche wollen. Im „Naturzustand" ist jeder daher potentiell des anderen Feind - „homo homini lupus". Die Folge ist: wenn das Zusammenleben nicht wirkungsvoll geregelt wird, ist die Realität ein „bellum omnes contra omnium", ein Kampf aller gegen alle – eine zu Hobbes' Zeit durchaus realistische Einschätzung, wenn man bedenkt, daß er die größte Zeit seines Lebens in den Wirren von Revolution und Gegenrevolution verbrachte. Er zog daraus die Konsequenz, daß ein Zusammenleben von Menschen nur dann möglich sei, wenn jeder ein Stück seiner natürlichen Souveränität an eine Kollektivorganisation abgibt, die im Interesse aller die Regeln bestimmt und ihre Einhaltung kontrolliert.

Hobbes' Theorie wurde in der Folgezeit von vielen anderen Theoretikern zum Teil heftig kritisiert. Vor allem sein „pessimistisches" Menschenbild stieß auf Ablehnung. Dennoch knüpften viele der späteren Vorstellungen direkt oder indirekt an das an, was Hobbes entwickelt hatte. Denn er hatte einige wesentliche Fragen der Gesellschaftsanalyse aufgeworfen:

- was die Grundlage menschlichen Handelns sei;
- was erforderlich sei, damit Menschen zusammenleben können;
- woraus Gesellschaft besteht und was sie zusammenhält.

Dabei hatte er im Rahmen seiner Sozialphilosophie noch nicht zwischen soziologischen, psychologischen und ökonomischen Fragestellungen unterschieden, sondern sie zusammen behandelt. Dies war für die frühe bürgerliche Sozialtheorie noch selbstverständlich. Auch Hobbes' Nachfolger wie John Locke oder David Hume, die Stammväter der „liberalen" politischen Theorie, behandelten politische, ökonomische, psychologische und soziologische Fragestellungen noch im gleichen Atemzug, was sicher auch damit zusammenhing, daß der Entwicklungsstand der einzelnen Wissenschaften noch nicht so war, daß sie zur arbeitsteiligen Spezialisierung tendierten (und auch die Entwicklung der bürgerlichen Gesellschaft selbst noch in ihren Anfängen steckte).

4.2 Die utilitaristische Tradition

Einer der Theoretiker, der sich Gedanken über das Funktionieren, aber auch das Ziel von Gesellschaftsorganisation im Zeitalter des Aufkommens von Kapitalismus und Demokratie machte, war Jeremy **Bentham** (1748–1832). Er ging wie Hobbes davon aus, daß Menschen vor allem darum bemüht sind, ihre Interessen zu verfolgen. Anders als jener sah er in der Gesellschaftsorganisation jedoch keine Einrichtung, die durch Repression dafür zu sorgen hat, daß niemand sich destruktiver Mittel bedient, sondern er entwarf das Bild dessen, was man später „Wohlfahrtsstaat" nannte – gesellschaftliche Einrichtungen seien dazu da, möglichst vielen auf dem Weg zur Befriedigung ihrer Bedürfnisse zu helfen. Das „größtmöglichste Glück der größtmöglichen Zahl“ – so die griffige Formel dieses Programms – wurde von ihm zum Ziel von Gesellschaftspolitik ernannt. Die Bürger sind hier gewissermaßen nicht mehr jene potentiellen „Wölfe“, die Zwang und Kontrolle erforderlich machen; sie sind autonome Subjekte, die von ihrer Gesellschaft Unterstützung verlangen können. Gesellschaft und Staat waren dazu da, dem Bürger (positiv) zu nützen. In diesem Sinne setzte er sich vehement für Gesetzesreformen in Richtung auf mehr Gerechtigkeit und Freizügigkeit ein und forderte (im 18. Jahrhundert!) beispielsweise sexuelle Freizügigkeit, gleiche Rechte für Frauen, aber auch das Ende einer Justiz, die nur den Begüterten diente und Arme zum Tode verurteilte, wenn sie aus Not und Elend Nahrungsmittel stahlen. Dieses Modell, in dem sich das zunehmende Selbstbewußtsein des Bürgertums ausdrückt, wurde **„Utilitarismus“** genannt. Utilitarismus hieß hier vor allem: Menschen handeln bedürfnisorientiert und gesellschaftliche Einrichtungen haben dafür nützlich zu sein. Die Vorstellung, daß der Staat sich zu legitimieren habe und für alle da sei, ist ein zentrales Motiv.

Bentham war noch kein systematischer Wissenschaftler, eher ein für diese Zeit nicht untypischer Projektemacher, der sich auf vielfältige Weise dem praktischen Fortschritt widmete. Zur gleichen Zeit begannen andere Theoretiker, sich theoretisch mit dem Funktionieren von Gesellschaft auseinanderzusetzen. Adam **Smith** gilt zurecht als der Stammvater der modernen ökonomischen Theorie, weil er als erster ein umfassendes Modell des wirtschaftlichen Mikro- und Makroprozesses vorlegte. Die bis zu diesem Zeitpunkt vorgelegten Überlegungen zur Struktur von Wirtschaftssystemen waren theoretisch unzulänglich und einseitig am praktischen Interesse – „Geldvermehrung“ – ausgerichtet. So konzentrierten sich etwa die **Merkantilisten** ausschließlich darauf, wie Geldvorräte und Außenhandelsüberschüsse zu erreichen sind. Dabei wurden traditionalistisch gefärbte und wenig analytische Vorstellungen von Wertschöpfung vertreten (wie von den **Physiokraten,** die im Grundbesitz die Quelle des Reichtums sahen). Smith ging dagegen von den Leistungen der Arbeit, insbesondere der organisierten, funktional differenzierten Arbeit aus. Neben der Arbeitsteilung ist der systematische Austausch, der offene Markt, die zweite produktive Organisationsleitung: das Zusammenspiel von Angebot und Nachfrage erzeugt ein Fließgleichgewicht. Auf diese Weise sorgt eine „unsichtbare Hand“ dafür, daß aus den vielfältigen singulären Aktivitäten und Motiven ein funktionierendes Ganzes entsteht.

Auch Smith ging davon aus, daß Menschen aus (legitimen) Eigeninteressen heraus handeln. Dieses legitime Bedürfnis ist für ihn letztlich die Garantie für Fortschritt und Ausgleich. Smith sieht also die Interaktion von Egoisten als Modus der Integration. Er hat sich jedoch keineswegs ausschließlich auf den Markt verlassen. Neben dem Buch „Wealth of Nations" schreibt er noch ein zweites Werk („Theory of Moral Sentiments"), in dem er sich ausführlich damit beschäftigt, daß ein funktionierendes Gemeinwesen auch darauf angewiesen ist, daß es moralischen Konsens und moralische Integration gäbe. Der Egoismus des Einzelnen müsse durch einen zweiten Ausgleich, eine gewissermaßen natürliche Gerechtigkeit, begrenzt und gesteuert werden. In diesem Zusammenhang geht Smith auch ausführlich auf die Fähigkeit zur Sympathie (als zweite anthropologische Komponente neben dem Eigennutz) und deren Entstehung ein. Smith stellt zwar die Tauschlogik als Organisationsprinzip von Ökonomie und Gesellschaft in den Mittelpunkt und basiert den Tausch auf den jeweils partikularen nutzenorientierten Verhaltensweisen der Einzelnen. Er ist jedoch keineswegs ein Propagandist der völligen Autonomie des Marktes, sondern sieht die Notwendigkeit, die Rahmenbedingungen zu kontrollieren und zu beeinflussen. Damit hat er sowohl den (relativ autonomen) Systemcharakter von komplexen Zusammenhängen, als auch das schwierige Verhältnis von Subsystem und Ganzem thematisiert.

4.3 Der „Homo oeconomicus"

4.3.1 Der „klassische" Entwurf

Diese umfassende Perspektive verengte sich in der weiteren Entwicklung der „klassischen" Nationalökonomie. Inzwischen hatte sich der Industriekapitalismus auf breiter Front durchgesetzt und entwickelt, war das Bürgertum sozial (wenn auch nicht in gleichem Maß politisch) zur führenden Klasse aufgestiegen. Die Reflexion politischer, ökonomischer und sozialer Themen differenzierte sich zunehmend; die Diskussion wurde ebenfalls „arbeitsteiliger". Im Rahmen der (nunmehr akademisch verankerten und wissenschaftlich organisierten) nationalökonomischen Forschung zeigten sich deutliche Tendenzen zur engeren und abstrakteren Fassung der Thematik: einerseits wurden die ökonomischen Fragestellungen immer mehr von anderen Themen getrennt. In diesem Kontext entstanden die „klassischen" Vorstellungen vom Markt mit sinkender Nachfrage- und steigender Angebotskurve, aus der sich objektive

Gleichgewichtspunkte ergeben. Komplementär dazu entstand auch das Modell des „Homo oeconomicus“. Die Konstruktion eines idealen Marktmodells setzte einen rein rational handelnden Menschen voraus, was eine im Kern einfache Vorstellung ist: „Nach diesem Prinzip versucht ein *rational handelndes Individuum,* seine gegebenen Mittel so zu verwenden, daß ein Maximum an *Zweckerfolg* erreicht wird“ (Kirsch 1970, 27). Der „Homo oeconomicus“ ist also ein nüchtern kalkulierender Nutzenmaximierer. Unter der Voraussetzung, daß Ressourcen prinzipiell nicht unbegrenzt vorhanden, sondern knapp sind, besteht der Zwang zur Wahl zwischen möglichen Alternativen – der „Homo oeconomicus“ geht mit dieser Problematik eben „rational“ um, indem er die Alternative wählt, die den meisten Nutzen bietet.

Mitgedacht sind dabei allerdings eine Reihe von „Nebenannahmen“. „Rationales“ Entscheiden in diesem Sinn setzt voraus, daß alle notwendigen Informationen verfügbar sind: vollständige Information setzt wiederum ideale Zugänglichkeit und ideale Verarbeitbarkeit von Informationen voraus. Ein weiterer Punkt ist: unterschiedliche Güter, Sachverhalte etc. müssen prinzipiell vergleichbar sein, d.h. es muß einen gemeinsamen Wertmaßstab geben, an dem alles meßbar ist. Ohne einen gemeinsamen Nenner lassen sich keine „objektiven“ Präferenzen bestimmen. Gleichzeitig muß es eine stabile „Präferenzordnung“ geben, d.h. die Subjekte müssen an ihren Bewertungen festhalten, weil ein ständiger (unberechenbarer) Wechsel von Präferenzen die Rahmenbedingungen so verändert, daß stabile Beziehungen nicht identifizierbar sind. Schließlich muß darüber hinaus die Entscheidungsregel der Individuen gleich bleiben: Nutzenmaximierung als oberste Verfahrensregel darf nicht in Frage gestellt werden.

Nun war – auch schon zum Zeitpunkt der Entstehung des Modells – offenkundig, daß diese Unterstellungen empirisch (so) nicht stimmen. Vollständige Information, stabile Präferenzen, stabile Entscheidungsregeln sind eine (eher seltene) Ausnahme. Daher hat es eine Reihe verschiedener theoretischer Strategien gegeben, die versuchen, mit diesem Problem umzugehen.

Wie in den meisten Fällen gab und gibt es auch hier Versuche,

- das Modell durch Radikalisierung zu konservieren;
- das Modell durch Relativierung flexibler zu gestalten;
- das Modell durch neue Annahmen besser anzupassen; sowie
- das Modell in seinen Grundlagen zu kritisieren und weiterzuentwickeln.

4.3.2 Die „radikale" Position

Zu den „hardlinern" des ökonomischen Rationalismus gehört Gary S. **Becker.** Er sieht keinen Grund, die Gültigkeit des „Homo oeconomicus" in irgendeiner Weise einzuschränken, im Gegenteil: er sieht in ihm (und den damit verbundenen Modellvorstellungen) die Grundlage einer generellen Theorie sozialer Prozesse. Er geht davon aus, daß die Vorstellung, das Verhalten von „Nutzenmaximierern" (bei gleichbleibenden Präferenzen) führe zu einem Marktgleichgewicht, verallgemeinert werden kann: „Preise und andere Marktinstrumente steuern die Allokation der knappen Ressourcen in einer Gesellschaft, sie beschränken die Wünsche der Beteiligten und koordinieren ihre Handlungen (...) **Der ökonomische Ansatz** ist (...) nicht auf materielle Güter und Wünsche beschränkt, noch allein auf den Marktbereich. Preise, seien dies die Geldpreise des Marktbereichs oder die unterstellten ‚Schatten'-Preise des Nicht-Marktbereichs, messen die Opportunitätskosten des Einsatzes knapper Ressourcen, und der ökonomische Ansatz macht für die Reaktion auf ‚Schattenpreise' die gleichen Voraussagen wie für die Reaktion auf Marktpreise (...) Auch ohne die Existenz eines Marktes kann für jedes Gut, direkt oder indirekt, sinnvoll ein marginaler ‚Schatten'-Preis bestimmt werden, nämlich die Zeit, die benötigt wird, um eine zusätzliche Einheit dieses Gutes zu produzieren; im Gleichgewicht ist das Verhältnis dieser Preise gleich dem Verhältnis der Grenznutzen der jeweiligen Güter" (Becker 1982, 3f). Wenn also eine Gelegenheit nicht genutzt wird, heißt dies, „daß es – monetäre oder psychische – Kosten gibt, die mit der Nutzung dieser Gelegenheiten verbunden sind und deren möglichen Gewinn zunichte machen, Kosten, die möglicherweise von Außenstehenden nicht so leicht ‚gesehen' werden" (ebd., 6). Dabei ist es nicht nötig, nach der Art der „Güter" oder der Handelnden zu unterscheiden: „In der Tat bin ich zu der Auffassung gekommen, daß der ökonomische Ansatz so umfassend ist, daß er auf alles menschliche Verhalten anwendbar ist, sei es nun Verhalten, das monetär meßbar ist oder unterstellte ‚Schatten'-Preise hat, seien es wiederkehrende oder seltene Entscheidungen, handle es sich um emotionale oder nüchterne Ziele, reiche oder arme Menschen, Männer oder Frauen, Erwachsene oder Kinder, kluge oder dumme Menschen, Patienten oder Therapeuten, Geschäftsleute oder Politiker, Lehrer oder Schüler. Die Anwendungsmöglichkeiten eines so aufgefaßten ökonomischen Ansatzes sind (...) ebenso breit wie es der Reichweite der Ökonomie (...) entspricht, die auf knappe Mittel und konkurrierende Ziele abstellt" (ebd., 7).

Auf diese Weise geht Becker sehr verschiedene Themen an, etwa das Thema **„Ehe“**: „Entsprechend dem ökonomischen Ansatz heiratet ein Mensch, wenn der Nutzen, den er von einer Heirat erwartet, den Nutzen übersteigt, den er sich vom Alleinbleiben oder von weiterer Suche nach einem passenden Partner verspricht (...) Ebenso beendet eine verheiratete Person ihre Ehe, wenn der antizipierte Nutzen des Alleinlebens oder einer Ehe mit einem anderen Partner den Nutzenentgang übersteigt, der durch die Trennung entsteht, wobei Verluste, die durch die räumliche Trennung von den eigenen Kindern, durch die Teilung des gemeinsamen Besitzes, durch Anwaltsgebühren, usf. entstehen, eingeschlossen sind. Da sehr viele Menschen nach Partnern Ausschau halten, kann man davon sprechen, daß es einen *Heiratsmarkt* gibt: jeder bemüht sich, so gut er kann, unter der Bedingung, daß auch alle anderen Marktteilnehmer ihr Bestes geben“ (ebd., 10). Aus diesem Ansatz ergeben sich eine Reihe von logischen Konsequenzen. „Er impliziert beispielsweise, daß eher ‚ähnliche‘ Menschen einander heiraten, wenn man auf Intelligenz, Erziehung, Rasse, Herkunft, Größe und viele andere Merkmale abstellt, und daß eher ‚verschiedene‘ Menschen einander heiraten, wenn man auf Einkommen (...) abstellt“ (ebd., 10). Wegen der „Anpassungskosten“ an „fremde“ Intelligenz, Erziehung, Rasse etc. sind die Kosten niedriger, wenn man jemanden heiratet, der einem selbst ähnelt. Andererseits muß man, folgt man dieser Theorie, komplementär heiraten, wenn es um Geld geht, weil dann die Arbeitsteilung zwischen einem Partner, der arbeitet und Geld verdient und einem, der seinen Beruf aufgibt und den Haushalt führt, leichter funktioniert. Des weiteren ergibt sich, daß reiche Personen früher heiraten und weniger geschieden werden, weil sie von vornherein am Markt die besten Chancen haben.

Becker selbst sieht sich in diesen Schlüssen bzw. Prognosen empirisch bestätigt (ebd., 11, 225ff). Ob diese wirklich stimmen und ob sein Modell eine sinnvolle theoretische Erklärung darstellt, erscheint jedoch als fraglich. Zunächst fällt auf, daß Becker plötzlich (und unerläutert) mit Wahrscheinlichkeiten operiert (was etwas ganz anderes ist als eine logische Determination). Das heißt auch: es gibt andere Möglichkeiten und Zusammenhänge. Der sogenannte Volksmund wird dem mehr gerecht, indem er nicht nur „Gleich und Gleich gesellt sich gern“, sondern auch „Gegensätze ziehen sich an“ sagt (also sich nicht auf eindeutige, personen- und situationsunabhängige Nutzenvorstellungen festlegt). Auch die Vorstellung, Gut- und Schlecht-Verdienende heiraten mit Vorliebe, ist schwer nachvollziehbar. Becker argumentiert auch hier vorsichtig, indem er von „relativ hohen“ und „relativ niedrigen“ Einkünften spricht (und vermutlich bei sehr hohen Einkommensunterschieden sagen würde, daß dann, etwa durch Standesunterschiede, zusätzliche Kosten auftreten). Damit ist jedoch der Erklärungswert (gemessen an den eigenen Kriterien) gering. Mehr noch: das ganze Modell bleibt „tautologisch", bestätigt sich nur selbst, erklärt aber nichts. Außerdem ergeben sich empirische Vorhersagen, die nicht stimmen: so müßten etwa besserverdienende Frauen schlechterverdienende Männer heiraten. Schließlich kann das Modell historische Änderungen überhaupt nicht begreifen. Es bleibt beispielsweise unerklärlich, warum das traditionelle Beziehungsmodell mehr und mehr relativiert wird durch eine Tendenz zu doppelter Berufstätigkeit, Partnerschaftlichkeit usw.

4.3.3 Die „gemäßigte" Position

Beckers radikale Fassung des ökonomischen Rationalismus scheitert letztlich daran, daß er keine andere Perspektive zuläßt und alles in seine Sprache übersetzt, wodurch alles beschreibbar, aber nichts mehr erklärbar ist – wenn man davon ausgeht, daß Menschen strikt nach dem Prinzip der Nutzenmaximierung handeln, ist eben alles, was sie tun, Resultat von Nutzenmaximierung. Eine in ihrer Grundstruktur ähnliche, aber relativierende Position vertreten **McKenzie und Tullock.** Auch sie nutzen die Grundannahmen des Homo oeconomicus und der Marktlogik, dehnen sie aber nicht so aus, daß sie für alles Gültigkeit haben, sondern schränken ihren Geltungsbereich auf die Themen ein, die ökonomisch strukturiert sind und deshalb rational behandelt werden (was ihrer Meinung nach allerdings für die meisten gilt). So teilen auch McKenzie und Tullock Beckers Grundannahmen zum Thema Heirat, indem sie davon ausgehen, daß **Sexualität** als ein „Gut" betrachtet werden kann, welches Kosten und Nutzen verursacht, angeboten und nachgefragt wird, so daß sich ein Sexualitäts-Markt mit Tendenzen zum Gleichgewicht entwickelt. Aus dieser Sicht erklären sie, warum es beispielsweise Prostitution gibt – bestimmte Kosten sind niedriger, ein bestimmter Nutzen ist größer: „Der Preis der Prostituierten (...) kann viel niedriger sein als jene Kosten, die der Mann oder die Frau tragen muß, um ihren Sex aus ‚ehrbaren Quellen' zu beziehen. Der Mann zahlt einfach (...), und er muß sich nicht lange damit aufhalten, die Frau zu verführen (...) Ein anderer Grund, warum ein Mann lieber zu einer Prostituierten geht, kann darin bestehen, daß sie es einfach besser kann. Sie tut es ja berufsmäßig" (McKenzie/Tullock 1984, 95f). Deshalb können die Prostituierten auch Ausbildungs- und Investitionskosten pro Dienstleistung gering halten. Diese Betrachtungsweise ist nicht nur etwas „gewitzter“, sie ist auch insofern differenzierter, als McKenzie und Tullock die **Präferenzen** als **wählbar** betrachten und damit keine universelle Gültigkeit postulieren: „Zugegeben, es gibt Männer und Frauen, die streng der Regel folgen, daß sie Sex nur haben wollen, wenn sie entweder verheiratet sind oder eine enge Beziehung geknüpft ist. Sie haben tatsächlich rational *gewählt,* Kosten und Nutzen und die Veränderung von Kosten und Nutzen außer Acht zu lassen“ (ebd., 97). Wenn jedoch rational gewählt wird, Kosten und Nutzen zu beachten, ergibt sich daraus ein ökonomisches Marktgeschehen: „Obwohl es solche Leute gibt, und es sind wahrscheinlich eine ganze Menge, tut das unseren Aussagen über die fallende Nachfragekurve und die steigende Angebotskurve keinen Abbruch, solange es Leute gibt, die bei ihren Konsumentscheidungen die Kosten und Nutzen sexueller Erfahrungen gegeneinander abwägen“ (ebd.).

Während also Becker eher sagen würde: wenn jemand auf Sex vor der Ehe verzichtet, hat das für ihn einen (größeren) Nutzen, sehen McKenzie und Tullock im Bereich der Moral andere Entscheidungskriterien wirken als im Bereich der Ökonomie. Dort geht es berechenbar zu, wenn man Kosten und Nutzen definiert: Menschen gehen auf Partnersuche, wenn die Lust mehr wert ist als das Suchen, Mühe bedeutet und hinreichend attraktive Partner in Sicht sind; auf die Dauer spielen sich Partnersuche und Partnerangebot auf ein Gleichgewichtsverhältnis ein, dessen genauer Ort im Feld (mit)bestimmt wird durch Rahmenbedingungen (wie etwa Sexualstrafrecht, Beziehungsnormen, Aufwand für Mitgift...).

4.3.4 Relativierungen

Diesen Überlegungen kann man in ihrer Tendenz problemlos folgen. Aber auch Vertreter des Modells kamen bei genauerem Hinsehen auf Schwierigkeiten und Aporien, die sie dazu brachten, das Modell anders zu formulieren. Ein besonders heikler Punkt war die Unterstellung, daß Handelnde über vollständige Informationen verfügen. Empirisch war dies erkennbar Unsinn: es ist kaum denkbar, daß in irgendeiner Hinsicht irgendein Handelnder über alle Informationen verfügt – und wenn er sie hätte, käme er vor lauter Informationsverarbeitung nicht zum Handeln. Auf jeden Fall kann deshalb auch nicht von vollständiger Rationalität des Handelns ausgegangen werden. Herbert **Simon** zog schließlich die Konsequenz, nur noch von **„begrenzter Rationalität“** des Handelns zu sprechen: „The capacity of the human mind for formulation and solving complex is very small compared with the size of the problems whose solution is required for objectively rational behavior in the real world – or even for a reasonable approximation for such objective rationality (...) For the first consequence of the principle of bounded rationality is that the intended rationality of an actor requires him to construct a simplified model of the real situation in order to deal with. He behaves rationally with respect to this model" (Simon 1957, 198f). Wenn jedoch bezogen auf die eigene Weltsicht gehandelt wird, dann folgt daraus auch, daß Nutzen jeweils eine Frage der subjektiven Definition ist. Im Rahmen der Diskussion wurde daher auch der Nutzenbegriff des Homo oeconomicus kritisiert und durch die Vorstellung von einem **individuell definierten Nutzen** ersetzt. Im allgemeinen ist nurmehr von „Subjective expected utility" (abgekürzt: SEU) die Rede. Mit diesen Perspektiven wurde der ökonomische Rationalismus weiterentwickelt; „ökonomisches Handeln" erschien nun eher als ein besonderes Modell, welches eine Affinität zum modernen Güteraustausch besitzt. Die theoretische Grundlage mußte daher allgemeiner angelegt werden. Aus diesem Grund entwickelte sich die nichtorthodoxe Diskussion vom „Homo oeconomicus" zu allgemeineren Vorstellungen über **Entscheidungen** weiter. Moderne Entscheidungstheorien gehen durchwegs davon aus, daß Entscheidungen notwendig eine Auswahl aus verschiedenen Möglichkeiten darstellen, wobei diese Auswahl nicht zuletzt von den verfügbaren Informationen und Interpretationsmustern eingeschränkt bzw. festgelegt wird. Der Beziehungsmarkt stellt sich gänzlich verschieden dar; wer Nutzen maximieren will, verhält sich anders als jemand, der Kosten minimieren will: wem die Beziehung wichtig ist, zahlt jeden Preis; wer keinen Wert drauf legt, investiert wenig (und findet, die Kosten seien zu hoch).

4.4 Spieltheorie

Entscheidungstheorien gehen jedoch nicht nur davon aus, daß es auf Grund subjektiver Einschätzungen verschiedene „Rationalitäten" gibt und Information knapp ist; sie erweitern auch den sozialen Horizont. Die Modelle des ökonomischen Rationalismus hatten sich auf zwei Ebenen beschränkt: die des individuellen Handelns und die der Interferenz einer großen Zahl von rational Handelnden (dem Markt). Oskar **Morgenstern** und John **von Neumann** lenkten als erste den Blick auf die dabei vernachlässigte Ebene der **Intersubjektivität:** in einer Vielzahl von Fällen sind Entscheidungen Prozesse, die von Entscheidungen anderer abhängen – man weiß also vorher nicht, was passieren wird und beeinflußt durch sein

Handeln das, was sich ergibt. Diese offenen Situationen sind prinzipiell nicht definitiv lösbar, sondern können nur strategisch behandelt werden: wie potentielle Partner genau reagieren, weiß man nicht, aber es erscheint aus verführungstechnischen Gründen sinnvoll, sich in Schale zu werfen – während potentielle Partner Strategien entwickeln, hinter die Verpackungen zu blicken. Morgenstern und von Neumann definierten Situationen als **„Spiele"** im mathematischen Sinn und untersuchten, welche „Regeln" sich in ihnen entwickeln. Dabei unterscheiden sie je nach der „Summe", um die es geht, verschiedene „Spielarten" (die sich in ihrem Verlauf zudem nach der Zahl der Teilnehmer richten):

- Nullsummenspiele (Fix-Summen-Spiele): z.B. Schach;
- Nicht-Nullsummenspiele (variable Summen-Spiele): z.B. ein Streit über das Urlaubsziel.

Am besten untersucht ist ein Zwei-Personen-Spiel mit variabler Summe, das sogenannte **„Gefangenendilemma".** Zwei gefangene Schurken haben folgende Alternativen: schweigen sie beide, kann keinem die Tat nachgewiesen werden und sie bekommen beide eine mäßige Strafe. Gestehen beide, werden sie zu hohen Strafen verurteilt. Gesteht nur einer, dann wird er als Kronzeuge freigelassen, der andere dagegen hart bestraft. Verständigen können sie sich nicht. Was passiert, hängt also jeweils von beiden ab, ohne daß sicher ist, was der jeweils andere macht. Mit Hilfe dieser (extrem zugespitzten) Situation ließ sich logisch und empirisch untersuchen, welche Strategie wahrscheinlicher bzw. „ertragreicher" ist – in diesem Fall etwa die Frage, ob beide im Vertrauen auf die Kooperationsbereitschaft des jeweils anderen schweigen oder versuchen, durch Reden für sich mehr rauszuholen – und dann möglicherweise wesentlich schlechter abschneiden.

Die Spieltheorie versuchte auf diese Weise, Modelle für Situationen zu finden, in denen es nicht im engeren Sinn um Gütertausch, sondern um **Konkurrenz** und **Kooperation** geht, in denen Konfrontationen strategisches Handeln verlangen. Die mathematisierten Modelle, wie sich Akteure in unsicheren und offenen Situationen verhalten (sollten), waren zwar hochabstrakt, wurden aber auch verwendet, um reale Ereignisse zu analysieren – etwa das „Spiel" mit Drohung, Provokation, Abschreckung und Aggression im „Kalten Krieg" zwischen Ost und West. Aus dieser Sicht erscheint etwa die „Kuba-Krise" – 1962 versuchte Chruschtschow auf Kuba Mittelstrecken-Raketen mit atomaren Sprengköpfen aufzustellen, worauf Kennedy eine Seeblockade vor Kuba errichtete – als ein strategisches Spiel um Macht und Einfluß.

4.5 Der „Rational-Choice"-Ansatz

Die Spieltheorie wirkte ausgesprochen anregend auf die weitere Theorieentwicklung. Die Vorstellung vom Menschen, der in offenen Situationen mit beschränkten Informationen beschränkt rational handelt, führte über das traditionelle Modell vom Homo oeconomicus hinaus zur Entwicklung der „Rational-Choice"-Theorie. Die Vertreter der „Rational-Choice"-Theorie verwerfen das Homooeconomicus-Konzept insgesamt: „Das Modell ist einfach und erscheint weit verbreitet, aber ist noch nicht einmal zur Bewältigung vieler alltäglicher Entscheidungssituationen geeignet. Es taugt insbesondere dann nicht, wenn *mehrere* Entscheidende (mit gleichen oder ungleichen Absichten) mitwirken, wenn sich die Randbedingungen der Entscheidungssituation von Mal zu Mal ändern, wenn der Entscheidende sich selbst in Abhängigkeit von seiner Umwelt verändert und wenn von den gegenwärtigen Entscheidungen u.a. auch die in späteren Schritten erreichbaren Möglichkeiten beeinflußt werden" (Wiesenthal 1987, 8f). Insoweit folgt diese Theorie der bereits vorgestellten Kritik, erweitert sie jedoch vor allem um eine konsequentere Berücksichtigung einer prozeßhaften „Umwelt". Sie geht jedoch noch weiter: „Wo gar die Entscheidungen von ‚Gegenspielern' Berücksichtigung erheischen und zukünftig verbesserbare Handlungsmöglichkeiten ebenso wichtig sind wie unmittelbare Erfolge, geht es um *strategische Rationalität.* Hier darf die Umwelt nicht als statisch betrachtet werden, sondern muß als beweglich unterstellt werden. Insoweit das Ziel selbst anhand von Merkmalen des Umweltzustandes bestimmt ist, wird es zum ‚moving target'" (ebd., 9). Wesentlich ist hier also das Zusammenspiel von verschiedenen Akteuren (was bereits die spieltheoretischen Ansätze – in sehr spezifischer Weise – berücksichtigten) und die wechselseitige Beeinflussung von Umweltbedingungen und Entscheidungen. Aus dieser Perspektive erscheinen vor allem die **„constraints"** – die **Zwänge,** unter denen entschieden werden muß – und die **„choices"** als Menge der realen **Alternativen,** als theoretische Bezugspunkte, wobei dann beispielsweise Elster (1987) die Frage untersucht, inwiefern Zwänge selbst gesucht und definiert werden können (z.B. durch verschiedene Formen der Selbstverpflichtung: Odysseus etwa läßt sich an den Mast binden, um nicht in Versuchung zu geraten, den Sirenenklängen nachzugeben) oder wie durch „Uminterpretationen" der Wirklichkeit die Alternativen ausgewählt werden können – so wie der Fuchs in der Fabel, der die schwer erreichbaren Trauben für zu sauer erklärt und sich daher gar nicht mehr um sie bemühen muß.

4.6 Behavioristische Ansätze

Sowohl Spieltheorie als auch Rational-Choice-Theorie halten an der Grundvorstellung prinzipiell rationalen Handelns fest. Aber sie kritisieren die zu enge und einseitige Vorstellung des orthodoxen Modells ökonomischer Rationalität und unternehmen Schritte über die Ökonomie hinaus zu weiterreichenden, sozialwissenschaftlichen Problemstellungen. Es gab jedoch auch umgekehrt Versuche, auf der Basis der Grundannahme des Homo oeconomicus die Problemstellungen der Soziologie umzuformulieren. George Caspar **Homans** hat versucht, die Grundlagen des Homo oeconomicus mit denen der behavioristischen Psychologie in Verbindung zu bringen und daraus eine allgemeine Theorie des Handelns zu entwickeln. **Die behavioristische Psychologie** hatte vor allem drei Grundsätze vertreten:

- Wissenschaft kann sich nur mit dem beschäftigen, was durch Zählen und Messen verobjektivierbar ist;
- was im menschlichen Kopf vor sich geht, läßt sich nicht messen und muß daher vernachlässigt werden, was aber kein Problem ist, solange sich Input-Output-Relationen feststellen lassen: feste Regeln, wie Menschen auf Reize reagieren;
- Organismen allgemein (und damit auch der Mensch) sind Systeme, die lernen, d.h. durch Erfahrung entwickeln (bzw. übernehmen) sie Reiz-Reaktions-Koppelungen – Handeln ist eine programmierte Verhaltenskette.

Ähnlich wie der Homo oeconomicus stellt auch dieser Homo behavioristicus ein geradezu radikal zugespitztes Modell dar, welches auf seine Weise höchst erfolgreich war. Es wurde zum Ausgangspunkt einer Revolution der experimentellen Forschung. Seine theoretischen Grundlagen erfuhren einige bedeutende Veränderungen. Auch hier gab es eine Fraktionierung in „Falken" und „Tauben". Letztere nahmen implizit Abschied von allen drei Prämissen und begannen, Vorstellungen über die Art, wie Menschen auf Wirklichkeit reagieren, zu entwickeln. Schon in den dreißiger Jahren vertrat Tolman die Idee, Menschen reagierten nicht einfach auf Reize, sondern sie entwickelten ein inneres Bild von Realität, eine „kognitive Landkarte", in der Ereignisse quasi eingetragen werden. Daraus wurde eine zunehmende Beschäftigung mit der Mechanik des Denkens, die sogenannte kognitive Psychologie. Hier hat das Bild vom Menschen als „Reaktionsbündel" weitgehend abgedankt.

Gleichzeitig kam es zunehmend zu Überlegungen, was denn die Beweg- und Hintergründe von psychischen Prozessen sind. So wurden Balancemodelle entwickelt – Vorstellungen darüber, was Menschen tun, um ein (komplexes) psychosoziales Gleichgewicht zu erreichen bzw. zu erhalten. Leon Festinger entwickelte in diesem Zusammenhang beispielsweise die Theorie der kognitiven Dissonanz: Menschen versuchen, Widersprüche im Denken zu vermeiden, indem sie Informationen meiden, die ihnen unlieb sind, indem sie Handlungen umdefinieren, indem sie auf- und abwerten, wie es die eigene Befindlichkeit erfordert. Man tröstet dann das eigene schlechte Gewissen damit, daß man nur ausnahmsweise und nur aus zwingenden Gründen zu schnell fährt. Balancetheorien operieren mit der Vorstellung von Menschen, die nicht reagieren, sondern im Fluß der Ereignisse versuchen, der Umwelt wie sich selbst gerecht zu werden.

Anders dagegen die „Falken". Ähnlich wie die radikalen Exponenten des Homo oeconomicus radikalisieren und generalisieren sie die ursprünglichen Annahmen. Mit dieser Variation arbeitet Homans: er verbindet einen radikalen Behaviorismus mit dem Grundmodell des Homo oeconomicus, indem er sagt, daß Menschen lernen, weil sie Nutzen maximieren wollen und das lernen, was am meisten Nutzen bringt. Dieser Ausgangspunkt ließ ihn fünf Grundgesetze des Handelns definieren, auf die nach seiner Ansicht jede soziale Realität reduzierbar ist:

- Menschen wiederholen belohnte Verhaltensweisen;
- je öfter ein Verhalten belohnt wird, desto häufiger tritt es auf;
- je wertvoller die Belohnung, desto häufiger die Reaktion;
- je öfter ein Verhalten in der Vergangenheit belohnt wurde, desto mehr sinkt der Wert der Belohnung;
- da jeder danach strebt, seine Interessen zu realisieren und auf Ungerechtigkeit mit Gegenaktivitäten reagiert, stellt sich letztlich so etwas wie eine „distributive Gerechtigkeit" ein.

Homans würde also, was Heirat betrifft, beispielsweise sagen: die Ehe hat sich bewährt, weshalb viel geheiratet wird. Wenn eine Heirat als Bedingung des sozialen Aufstiegs gilt, wird massiv geheiratet. Wem die käufliche Liebe gut gefällt, wird sie häufig in Anspruch nehmen. Wenn die Gegenleistungen für die eigenen Investitionen in der Beziehung nicht stimmen, wird man ärgerlich. Ein Bussi der Ehefrau sinkt durch Abnutzung im Wert. Homans' **utilitaristischer Behaviorismus,** seine Vorstellung vom Menschen, der vom und zum Nutzen lernt, bringt nicht gerade umwerfende Überraschungen. Aber das will er auch nicht. Homans ist der Ansicht, daß hinter allem letztlich solche einfachen Überlegungen stehen. Damit geht Homans im Grunde noch wesentlich weiter als

Becker. Der hatte (lediglich) behauptet, alles Handeln sei rational. Homans dagegen will soziale Wirklichkeit auf einen bestimmten Satz an rationalen Mustern reduzieren.

Homans weist immer wieder darauf hin, daß Institutionen nichts anderes seien als Bündel von Einzelhandlungen, die jenen fünf Prinzipien folgen. Klaus Dieter **Opp** macht mit diesem Programm ernst. Seine **„verhaltenswissenschaftliche Soziologie"** geht von folgender These aus: „Personen verhalten sich so, daß sie unter Berücksichtigung der gegebenen Bedingungen Bedürfnisse in möglichst hohem Maße befriedigen" (Opp 1986, 7). Aus dieser Sicht ist Rollenhandeln keineswegs eine Befolgung von Normen, sondern eine Entscheidung dafür, angesichts der Umstände die Vorschriften einzuhalten. Denn Sanktionen sind Effekte, die für die Handelnden mit Nutzen und Kosten verbunden sind. Und wer sich mit Normen identifiziert, der zieht positiven Nutzen (ein „gutes Gewissen") aus der Einhaltung der Normen. Den großen Vorteil der utilitaristischen Soziologie sieht Opp vor allem darin, daß sie erklären könne, warum sich jemand nicht an Normen hält – dann nämlich, wenn der Nettonutzen der Normabweichung größer ist als der der Einhaltung. Auch Rollenhandeln wäre danach ein Frage ständiger Kosten-Nutzen-Kalküle.

Homans und Opp ersetzen also soziologische Vorstellungen und Begriffe durch verhaltenstheoretische Reduktionen. In ihrer Sichtweite würde ein Thema wie Heirat ähnlich wie bei Becker, jedoch mit Blick auf „Restriktionen", diskutiert; Nutzen wird nicht unmittelbar, sondern angesichts sozialer Belohnungen und Bestrafungen ermittelt.

4.7 Tauschtheorie

Es gibt jedoch auch Versuche, die Probleme des Zusammenhalts von Gesellschaft nicht durch Ersetzung, sondern Verbindung von soziologischen und ökonomischen Konzepten zu erklären. Zu diesen Versuchen zählt das **tauschtheoretische Konzept,** welches Peter M. **Blau** vertritt. Er verwendet das nutzenorientierte Handlungsmodell, um Interaktionen zu erläutern, in denen alle Beteiligten mit Blick auf soziale Rahmenbedingungen versuchen, ihre Interessen zu realisieren. Dabei folgt er eher der spieltheoretischen Neuformulierung: Situationen sind offen, das Handeln der Beteiligten hängt jeweils von dem ab, was die anderen tun. Mit dieser Perspektive gelangt er über die bisher dargestellten Überlegungen zum Thema Liebe, Heirat usw. hinaus: Wenn jemand mit einer anderen Person eine engere Beziehung aufnehmen will, muß er, wenn er keine Abweisung – was ein deutlicher Statusverlust wäre – riskieren will, herausbekommen, ob sie daran interessiert ist und „mitspielt". Der Flirt ist die Art der dafür geeigneten strategischen Interaktion. Er dient dazu, auf nicht festlegende Weise Avancen zu machen und die Resonanz zu testen. Da Zuneigung auch Abhängigkeit bedeutet, müssen die Beteiligten sich bemühen, nicht zu einseitig abhängig zu werden. Entsprechend ist ein Flirt auch ein Kampf um die bessere Position in der Beziehung. Das Prinzip des geringsten Interesses – wer am wenigsten abhängig ist, kann die Bedingungen diktieren – sorgt dafür, daß „der Liebhaber, der nicht von Anfang an bedingungslose Zuneigung zum Ausdruck bringt, Vorteile in der sich verfestigenden zwischenmenschlichen Beziehung" (Blau 1974, 112) hat.

Gleichzeitig entwickeln sich einzelne Beziehungen im Kontext von anderen Angeboten und Nachfragen: Es gibt eine „Liebesbörse", an der quasi die „Kurse" notiert werden. Obwohl es ersichtlich keine klaren Bewertungskriterien gibt, stellt Blau fest: „Wieviel eine Frau einem Mann als Liebesobjekt wert ist, hängt weitgehend von ihrer Popularität bei anderen Männern ab" (ebd., 113). Damit ergeben sich zahlreiche strategische Konsequenzen. Zunächst muß das Angebot (künstlich?) verknappt werden: wenn Liebe und Zuneigung überall leicht zu bekommen sind, sinken sie im Wert. Zugleich können sich diejenigen, die umschwärmt sind, aus einem großen Angebot etwas Passendes auswählen – und werden sich nicht so schnell festlegen, weil dies für sie einen Verlust bedeutet. Das wiederum bedeutet, daß niemand sofort auf Angebote eingeht, weil dies so aussieht, als gäbe es keine Alternativen, als sei man von diesem Angebot abhängig. Anbieter, die keine besonderen Qualifikationen vorweisen können (Statussymbole, hochbewertete Eigenschaften), sind gezwungen, ihre Möglichkeiten extensiv zu nutzen. Andererseits entwerten zu intensive Bemühungen, einen positiven Eindruck zu machen, denselben. Außerdem: Wenn es jedoch Anbieter gibt, die zu freizügig mit Zuneigungsbeweisen umgehen, ruinieren sie den Markt und müssen mit Sanktionen rechnen. Blau geht davon aus, daß die Chancen am Markt ungleich sind, weil es individuelle Differenzen, vor allem jedoch, weil es gesellschaftliche Normen gibt, die für verschiedene Gruppen verschiedene Bedingungen festlegen. Er fügt auch von Anfang an die besondere Qualität der „Güter", die am Liebesmarkt angeboten werden und die damit verbundene Interaktionsdynamik in sein Modell ein. Dadurch ist nicht von abstrakten Individuen, sondern von Menschen, die sich in einer (von sozialen Bedingungen) bestimmten Situation befinden, die Rede. Damit ergeben sich im strategischen Zusammenspiel allgemeine Regeln, die beispielsweise so aussehen: „(Das) Bestreben, auf andere Eindruck zu machen und ihre Zustimmung oder Bewunderung zu erhalten, macht eine Person umso weniger eindrucksvoll. Der Mann, der auf seinem Gebiet einen Namen hat, braucht sich auf solche Versuche gar nicht einzulassen. Er braucht sich keinen Zwang aufzuerlegen und kann geradeheraus sein, und er kann sogar sein Licht unter den Scheffel stellen (...) Derjenige, dessen gleichwertige Leistungen in einer bestimmten Gruppe nicht bekannt sind, kann nicht auf die gleiche Weise Eindruck machen. Wenn er ihnen von seinen Leistungen nicht erzählt, haben sie keinen Anlaß, ihn zu respektieren oder seine Bescheidenheit zu rühmen; der Zwang, sich als ein Mann von Bedeutung darstellen zu müssen, läßt ihn aber insgeheim nur wenig bedeutend erscheinen. Ebenso wird es eine Schönheit nicht nötig haben, zu beweisen, daß sie eine fesselnde Frau ist; und das wird ihr ermöglichen, charmant und unkompliziert zu sein und sich als noch attraktiver zu erweisen als erwartet. Wenn ein gewisser sozialer Status einmal gesichert ist, ist es relativ leicht, weitere Gewinne zu erzielen; diesen Status aber zu erreichen, ist nicht so leicht“ (ebd., 121).

Diese Prinzipien gelten für Blau ganz allgemein, wenn es um soziale Anerkennung geht – mit dem Unterschied, daß Zuneigung eine spontane emotionale (Re-)Aktion ist, während Status weitgehend von den festgelegten sozialen Bedeutungen, die in einer Gruppe gelten, abhängig ist. Insofern ist Status „kalkulierbarer“; die strukturellen Probleme sind jedoch dieselben. Die Tauschtheorie von Blau verläßt die Enge rein ökonomischer Themen, aber weder, indem sie radikal abstrakt alles als letztlich ökonomisch strukturiert betrachtet (wie Becker), noch indem sie soziale Struktur in Handlungsmotive auflöst (wie Homans und Opp). Statt dessen versucht sie, ähnlich wie die Vertreter der Rational-Choice-Theorie, aber mit mehr Bindung an Sozialstruktur, in der Wirklichkeit Zusammenhänge zu identifizieren, die sich aus strategischen Kalkülen und teils unsicheren, teils zwingenden Rahmenbedingungen ergeben.

4.8 Das „ökonomische“ Menschenbild: Möglichkeiten und Grenzen

Eine Bilanz aus der (sehr vereinfacht skizzierten) Entwicklung des „Homo oeconomicus“ (vgl. Übersicht) zu ziehen, ist nicht ganz einfach. Die Schwierigkeiten liegen

- im Konzept des homo oeconomicus,
- in allgemeinen Problemen sozialwissenschaftlicher Theoriebildung und
- im Gegenstand selbst.

Schema 2: **Übersicht über utilitaristische Theorieansätze**

	Personen	Prinzipien des Handelns
Becker	1	Ökonomische Rationalität
Simon	1	"bounded rationality" subjective expected utility
Spieltheorie	**2 oder mehr**	Ökonomische Rationalität Handeln unter Unsicherheit
Rational Choice	1	Constraints, choices strategische Rationalität
Behavioristischer Utilitarismus	1	Ökonomische Rationalität Gesetze des Lernens
Tauschtheorie	mehrere	Markt-Logik strategische Rationalität

Zunächst kann kein Zweifel bestehen, daß Menschen zu rationalem Handeln fähig sind. Handeln heißt immer: Einsatz von psychischen, physischen und sozialen Ressourcen für Zwecke. Insofern muß es eine Logik geben, die Ziele und Mittel aussucht und in Verbindung hält. Und daß sich diese Logik am Maß des Ertrags orientieren kann, ist eine der Grundlagen des menschlichen (Über-) Lebens. Die Fähigkeit zur Zweck-Mittel-Logik hat durch die gesellschaftliche Entwicklung zur Industriegesellschaft wichtige Veränderungen erfahren. Was Max Weber als die generelle Tendenz zur Rationalisierung bezeichnete, hatte zur Bedingung und zur Folge, daß die partikularen Logiken der einzelnen gesellschaftlichen Teilbereiche sich spezialisieren und von allem trennen, was nicht zum Thema gehört. Insofern ist die Orientierung an einem rationalen Konzept des Handelns sinnvoll, aber gewiß nicht ausschließlich. Denn es gibt ein breites Spektrum von Modalitäten des Handelns.

Wir können handeln, weil wir wütend, neidisch, traurig, verliebt sind. Wir können handeln, weil wir wissen, können Einsichten und Vorstellungen haben, weil wir Schuldgefühle, Überzeugungen, moralische Gewißheiten haben. Und dies geschieht auch gleichzeitig und auf vielfältig vermittelte Weise, sogar auf widersprüchliche Weise: Daß man Dinge und Personen zugleich liebt und haßt, gegen die eigenen Überzeugungen und Einsichten handelt, während des Handelns sich für eine andere Alternative entscheidet, oder daß die tatsächlichen Motive dem Handelnden unbewußt sind und sich Emotionen, als „Rationalisierung" getarnt, ausdrücken, sind keine „Abweichung", sondern der Normalfall.

Sicher: Man kann davon ausgehen, daß auch Wut ein Handlungsziel wie jedes andere ist, daß sie mit anderen Handlungszielen konkurrieren muß, und daß sie einer Zweck-/Mittel-Logik unterliegt. So ließe sich möglicherweise eine Verlaufskurve berechnen, die verdeutlicht, wann welche Wut „verraucht" ist beziehungsweise wann die Kosten für weitere Wutanfälle größer werden als ihr Nutzen. Es ist jedoch fraglich, ob dies wirklich etwas beiträgt zum Verständnis von Wut. Und vor allem: Ein Zugang zum Verständnis der Genese und der Funktion von Wut ist auf diese Weise sicher nicht möglich.

Der zweite Aspekt, den das dogmatische und undifferenzierte Hantieren mit dem Modell des homo oeconomicus übersieht, ist, daß Handeln und soziale Wirklichkeit nicht das Gleiche sind. Zwar ist soziale Wirklichkeit ohne handelnde Individuen nicht denkbar. Ohne „Personal" kann das soziale „Drama" selbstverständlich nicht stattfinden. Aber: die Handelnden richten sich nach dem, was sie in den verschiedenen Situationen an Normen, Rollen vorfinden. Situationen sind auch personenunabhängige Muster, die von den Akteuren (mehr oder weniger korrekt und erfolgreich) verwendet werden. Sie sind ihrerseits eingebettet in Organisationen sozialer Netzwerke, durch die sie mit bestimmten Ressourcen, Funktionen, Vorgaben versorgt werden. Und Organisationen und Interaktionsnetze stehen im Kontext abstrakterer Sinnzusammenhänge: von Subsystemen und allgemeiner sozialer Struktur. Diese bilden einen allgemeinen Sinnzusammenhang, der sie wiederum erzeugt, formiert, bindet: die Gesellschaft. Man würde diesen Ebenen sozialer Realität nicht gerecht, wenn man sie alle auf Handeln reduziert. Sie bilden eine Realität sui generis mit jeweils eigener Logik. Die Art und Weise, wie gesellschaftliche Subsysteme Wirtschaft, Politik, Kultur, Wissen – in Kontakt stehen und sich gegenseitig beeinflussen, läßt sich mit den aus der Intentionalität von Handlungen abgeleiteten Kategorien wie Zweck und Ziel nicht erfassen. Subsysteme sind zwar aktiv und haben Auswirkungen nach innen und außen, aber sie „handeln" nicht wie Menschen.

Das Modell des Homo oeconomicus ist daher aus zwei Gründen problematisch, wenn es falsch verwendet wird. Zum einen ist menschliches Handeln komplexer als die Reduzierung auf Zweck-Mittel-Kategorien dies erscheinen läßt. Eine Handlungstheorie muß wesentlich breiter angelegt sein und mit verschiedenen Konzepten operieren können. Zum anderen ist es falsch, Handlungen als Modell für soziale Wirklichkeit zu nehmen. Wer Phänomene wie Betriebsklima, Börsenkräche, Wirtschaftspolitik, Entwicklung und Veränderung von Wirtschaftssystemen, Interaktion zwischen verschiedenen Wirtschaftssystemen begreifen will, tut sich keinen Gefallen, wenn er diese Themen in handlungstheoretische Kategorien „übersetzt". Damit ist nicht gemeint, daß die Basisvorstellungen des Homo oeconomicus unsinnig wären. Im Gegenteil: Gerade weil es sinnvoll ist, von der Zweckorientierung und der Ökonomiefähigkeit des Handelns auszugehen, ist es erforderlich, diese Perspektive zu pflegen. Aber das heißt vor allem: sie muß weiterentwickelt werden, muß anschlußfähig bleiben an das, was es an anderen Wissensbeständen und Erkenntnissen gibt. Denn für den Homo oeconomicus gilt, was für jedes theoretische Konzept gilt: je mehr es monologisch und dogmatisch wird, je mehr also eine und nur diese eine Vorstellung verwendet und akzeptiert wird, desto unfruchtbarer und unergiebiger wird sie. Es mag zwar vom Aufwand her „ökonomischer" sein, sich nur auf ein einziges Theoriemodell zu stützen – dem Verständnis von sozialer Realität ist es sicher abträglich.

Es ist daher zweckmäßig, von differenzierteren Vorstellungen auszugehen, wenn man die Logik von Handlungen analysiert. Ein einzelnes Modell kann da nicht ausreichen, zumal, wenn es das breite Spektrum von Zusammenhängen auf eine einzige, monologische Vorstellung reduziert. Es ist daher auch kein Zufall, daß das Modell des Homo oeconomicus sein Leben im Elfenbeinturm der reinen Wissenschaft fristet. Im Alltag – auch der Wirtschaft – wird zwar auch damit „gerechnet", daß Menschen rational handeln, aber nicht nur rational. Werbung und Marketing beispielsweise können mit dem Denkmodell überhaupt nichts anfangen. Und zwar, weil der Versuch, Menschen zum Kaufen zu animieren, an gänzlich andere Motive anknüpfen und zu gänzlich anderen Steuerungstechniken greifen will und muß.

„Rationalität" ist daher sowohl eine begrenzte als auch eine vermittelte Kategorie: ein bestimmtes Leitmotiv mit spezifischem historischen Hintergrund und eingebunden in Prozesse, die ihrerseits nicht im begrenzten Handlungssinn „rational“ sind, einer anderen Logik folgen. Wer daraus ein Dogma der Gesellschaftsanalyse macht, bleibt letztlich hängen in einer Sichtweise, die noch aus dem 19. Jahrhundert stammt, aus einer Zeit, in der der sozialwissenschaftliche Diskurs noch dabei war, sich von den Bevormundungen durch Theologie und Ideologie zu befreien, was nicht widerspruchslos gelingen konnte. Der „Homo oeconomicus“ war ein Schritt auf diesem Weg. Das Denkmodell betonte gegen traditionelle Ideologien die Unabhängigkeit des Handelns, indem es auf die fundamentale Tatsache vernünftiger Zweck-Mittel-Kalkulationen im Handeln und auf die abstrakte Logik der Effekte solchen Handelns hinwies. Es ist sicher kein Zufall, daß der Zugang zu dieser Dimension in einer Zeit gelang, in der das Bürgertum noch glaubte, die Welt in ihrem Sinn praktisch-vernünftig einrichten zu können, die Welt wie ein Werkstück behandeln zu können. In dieser grandiosen Selbstüberschätzung, Vereinfachung und Utopie liegen jedoch auch Beschränkungen und potentielle ideologische Belastungen begründet.

Literaturhinweise

Zitierte Literatur

Becker, Gary: Der ökonomische Ansatz der Erklärung menschlichen Verhaltens, Tübingen 1982

Blau, Peter M.: Exkurs über die Liebe. In: Bühl, Walter M. (Hrsg.): Reduktionistische Soziologie, München 1974, 110–124

Elster, Jon: Die Subversion der Rationalität, Frankfurt 1987

Kirsch, Werner: Entscheidungsprozesse, Bde. 1–3, Wiesbaden 1970f

McKenzie, Richard/Tullock, Gordon: Homo Oeconomicus, Frankfurt 1984

Opp, Karl-Dieter: Das Modell des Homo Oeconomicus. Eine Explikation und eine Konfrontierung mit dem utilitaristischen Verhaltensmodell. In: Analyse & Kritik 1/1986, 1–27

Simon, Herbert: Administrative Behavior, New York 1957

Wiesenthal, Helmut: Die Ratlosigkeit des homo oeconomicus. In: Elster, Jon: Die Subversion der Rationalität, Frankfurt 1987, 7–19

Weiterführende Literatur

Blau, Peter M.: Exchange and Power in Social Life, New York 1964

Homans, George Caspar: Elementarformen menschlichen Verhaltens, Opladen 1968

Morgenstern, Oskar/Neumann, John von: Spieltheorie und wirtschaftliches Verhalten, Würzburg 1961

Opp, Karl-Dieter: Verhaltenstheoretische Soziologie, Reinbek 1972

Wiesenthal, Helmut: Rational Choice. In: Zeitschrift für Soziologie 6/1987

5. Der Funktionalismus

5.1 Zum Begriff

Der **Begriff „Funktion“** erscheint auf den ersten Blick leicht verständlich. Bei näherem Hinsehen zeigt sich jedoch, daß er sehr vielschichtig ist und auf verschiedene Weise gebraucht wird. In der Umgangssprache kreist der Begriffsgebrauch vor allem um Positionen, die man innehat. Im Lexikon finden sich als Synonyme: Tätigkeit, Wirksamkeit, Amt, Aufgabe, Zweck. Fachwissenschaften arbeiten mit abstrakteren Konzepten. Aus der Mathematik hat man noch in Erinnerung, daß eine Funktion dort eine gesetzmäßige und eindeutige Zuordnung von zwei unabhängigen Faktoren meint. In der Kybernetik wird von Funktionen gesprochen, wenn es um das Verhalten eines Systems geht, das sich aus dem Verhältnis von Eingaben und Reaktionen ergibt.

In gewisser Weise hat die sozialwissenschaftliche Verwendung des Funktionsbegriffs mit allen diesen Verwendungsweisen zu tun. Gesellschaftliche Einrichtungen haben mit Zwecken zu tun: Intentionen, denen handelnde Menschen folgen, aber auch Organisationsziele, die abstrakter formuliert sind und auf Positionen und Rollen ausgerichtet sind. Insofern spielt das Verhältnis von Zwecken und Mitteln auch hier eine Rolle. Nun lassen sich jedoch gesellschaftliche Prozesse nicht auf Zweck-/Mittel-Kalküle reduzieren. Vieles, was passiert, ist nicht intendiert; vieles, was intendiert ist, geht schief; nicht alles, was intendiert ist, peilt auch wirklich das Richtige an. Außerdem entwickeln soziale Strukturen eine Eigendynamik, so daß sie gewissermaßen eigenen – nicht mit menschlichen Zwecken vergleichbaren – Intentionen und Imperativen folgen. Gesellschaften sind deshalb Zusammenhänge, in denen es um subjektive und objektive Zwecke geht, ohne daß sie darauf reduziert werden können. Deshalb kann eine Gesellschaftstheorie nicht einfach von Zweckvorstellungen ausgehen, sondern muß allgemeinere Vorstellungen entwickeln, wie Gesellschaft „funktioniert“.

Von Anfang an finden sich in der Geschichte der Soziologie Interpretationsmodelle, die mit „Eingabe-Reaktions"-Vorstellungen oder mit der gegenseitigen Abhängigkeit von verschiedenen Elementen eines Ganzen (bzw. der Abhängigkeit des Ganzen von seinen Teilen) operieren. Allerdings hatten es diese Vorstellungen schwerer, den Status eines theoretischen Modells zu gewinnen, weil die angedeuteten Schwierigkeiten des Gegenstands (und seiner begrifflichen Erfassung) eine zugleich eindeutige und differenzierte Fassung, wie dies der mathematische Funktionsbegriff darstellt, nicht erlauben.

5.2 Der frühe Funktionalismus: Gesellschaft als Organismus

Die **ersten Versuche, Gesellschaften funktionsanalytisch darzustellen,** lehnen sich deshalb noch sehr eng an gesellschaftsfremde Konzepte an. Dies ist beispielsweise bei Herbert **Spencer** (1820–1906) der Fall. Spencer war ursprünglich als Ingenieur tätig, wandte sich dann aber der Sozialphilosophie zu. Der „Ingenieur" – aus dem Wortstamm für „Erfindungsreichtum" und „Kreativität" gebildet – ist im 19. Jahrhundert ein neuer, zentraler Beruf. Er steht für die Entwicklung von technischen Leistungen und Problemlösungen. Der Ingenieur ist daher der Träger des (technischen) Fortschritts in einer hochdynamischen Zeit. Diesem Thema Fortschritt widmet sich Spencer intensiv. Beeindruckt von den Fortschritten der biologischen Forschung versucht er auch die Logik des gesellschaftlichen Fortschritts zu analysieren. Dazu übernimmt er eine Reihe evolutionstheoretischer Vorstellungen, die vor allem die Art der gesellschaftlichen Entwicklung, die Frage, wovon sie abhängig ist und den Aufbau von Gesellschaften betreffen. Ähnlich wie die Evolutionstheoretiker in der Natur sieht Spencer auch in der gesellschaftlichen Entwicklung eine Gesetzmäßigkeit wirken. Dieses „Grundgesetz" besteht für Spencer in einer Entwicklung **vom Homogenen zum Heterogenen.** Das heißt zunächst ganz allgemein: von der Gleichheit zur Verschiedenheit. Spencer verbindet damit jedoch weitere Vorstellungen:

– auf der einen Seite bedeutet „Verschiedenheit", daß die verschiedenen Einheiten auf sinnvolle Weise kombiniert und aufeinander bezogen werden können: es können größere Einheiten entstehen, die intern arbeitsteilig gegliedert sind. Es erfüllt also nicht mehr jede (kleine) Einheit alle Aufgaben, sondern jeder Teil einer größeren Einheit widmet sich einer speziellen

Aufgabe, die dadurch wesentlich besser erfüllt wird. Dies ist möglich, weil alle anderen Aufgaben nunmehr von anderen Teilen des Ganzen übernommen werden.

- Auf der anderen Seite stellt sich mit dieser Differenzierung und Expansion von Einheiten das Problem der Integration: die verschiedenen Teile des Ganzen müssen zusammengehalten werden, die Arbeitsteilung zwischen ihnen muß organisiert und aufrechterhalten werden. Größere Einheiten mit interner Arbeitsteilung bedürfen daher entsprechender (spezialisierter) Methoden der Verbindung und der Kontrolle.

Die Evolutionstheorie hatte gezeigt, daß auf diese Weise aus primitiven Einzellern komplexe Säugetiere entstehen konnten. Im Dienste der besseren Anpassung an die Umwelt entstanden größere Lebewesen mit einem höheren Maß an physiologischer Arbeitsteilung. Spencer will eine ähnliche Entwicklung auch für Gesellschaften darstellen. Auch sie entwickeln sich von der Homogenität zur Heterogenität, von kleinen Einheiten zu größeren Zusammenschlüssen, von der Undifferenziertheit zur Arbeitsteilung. Er unterscheidet in der sozialen Evolution drei Typen von Gesellschaften:

1. **Primitive** Gesellschaften mit wenigen Mitgliedern, geringer Arbeitsteilung und entsprechend einfachen Formen der sozialen Integration (Sitte, Brauchtum);
2. **Militärische** Gesellschaften mit mehr Mitgliedern, mehr Arbeitsteilung und Formen der Integration, die Verschiedenheit vor allem durch Zwang und Unterordnung erreichen;
3. **Industriegesellschaften** mit hoher Mitgliederzahl, hochdifferenzierter Arbeitsteilung nach sachlogischen Prinzipien und Freiwilligkeit (Konsens) als Prinzip der sozialen Organisation.

Auch die soziale Evolution folgt der Logik der Steigerung von Anpassungsfähigkeit, die aus mehr Differenzierung und mehr Integration resultiert. Spencer verweist ausdrücklich auf die **Analogie zwischen organischen und sozialen „Aggregaten“.** Auch jedes der sozialen „Organe“ erbringt bestimmte Leistungen für den sozialen Körper und ist dabei auf die Leistungen der anderen Organe angewiesen. So wie kein Herz ohne Gehirn, Lunge, Leber schlagen kann, ist z.B. die Wirtschaft darauf angewiesen, daß es rechtliche Regelungen gibt, die verbindlich sind, daß die Menschen so erzogen werden, daß sie sich entsprechend „ökonomisch“ verhalten, daß eine angemessene Wirtschaftspolitik betrieben wird. Das heißt, die Wirtschaft ist auf Politik, Recht, Erziehung angewiesen, während sie auf der anderen Seite deren Grundlage produziert.

Diese besonderen Leistungen der Teile eines Ganzen nennt Spencer **„Funktionen“**. Funktionen beziehen sich stets auf die Notwendigkeit von Anpassungen nach außen und nach innen und sind Teil eines Systems von Kooperation, ohne die der Zusammenhalt einer differenzierten Einheit nicht zu denken ist. In dieser **frühen Version des Funktionalismus** dominiert – nicht zuletzt bedingt durch die Anleihen bei der Biologie – die Prämisse, Gesellschaft sei ein wohlkonstruiertes Ganzes, in dem alles an seinem Platz ist und seine Aufgaben erfüllt. Daß dies angesichts der sozialen Konflikte und Krisen des imperialistischen Zeitalters nicht ganz so stimmen konnte, war evident.

5.3 Struktur und Funktion in „primitiven“ Gesellschaften

Eine Weiterentwicklung – z.T. in Anknüpfung an Durkheim – erfuhr das funktionalistische Denken in den 20er/30er Jahren in Anthropologie und Ethnologie. Bei der Analyse sog. „primitiver Gesellschaften“ ging es darum, Kulturerscheinungen aus ihrer Funktion zu erklären, die sie für eine Gesellschaft haben. Zwei Wissenschaftler sind für den funktionalistischen Ansatz in der Anthropologie zentral: Alfred R. **Radcliffe-Brown** (1881–1955) und Bronislaw **Malinowski** (1884–1942). Für beide ist charakteristisch, daß sie bei der Analyse von Gesellschaften – ähnlich wie Spencer – oftmals die Analogie zum Organismus verwenden, daß sie von der Gesellschaft als einer integrierten Ganzheit ausgehen, deren einzelne Teile füreinander und für das Ganze bestimmte Aufgaben zu erfüllen haben.

Radcliffe-Brown geht in Anknüpfung an Durkheim davon aus, daß Gesellschaften Realitäten sui generis sind und daher als totales soziales Phänomen untersucht werden müssen. So wie es der Physiologie um die Untersuchung des Beitrags einzelner Organe zur Erhaltung des gesamten Organismus geht, untersucht der Anthropologe die Funktion einzelner sozialer Erscheinungen im Hinblick auf ihren Beitrag zur Erhaltung der ganzen Gesellschaft. Radcliffe-Brown bestimmt den Begriff der Funktion wesentlich in bezug auf die Erhaltung der Struktur einer Gesellschaft. Zum Beispiel sieht er die Funktion einer sich regelmäßig wiederholenden Aktivität (etwa die Bestrafung von Verbrechen) darin, daß sie zur strukturellen Kontinuität der Gesellschaft beiträgt und damit das soziale Leben als ganzes sicherstellt.

Der Begriff der Funktion wird bei Radcliffe-Brown in enger Beziehung zum Begriff der **Struktur** gefaßt, wobei er der sozialen Struktur den Vorrang einräumt. Struktur meint dabei die Beziehungen zwischen Einheiten, wobei die Beständigkeit der Struktur durch die Beziehungen der Einheiten aufeinander erhalten wird: „The function of a particular social usage is the contribution it makes to a total social life as the functioning of the total social system" (Radcliffe-Brown 1952, 181).

Die Analogie von Organismus und Gesellschaft hat allerdings für Radcliffe-Brown ihre Grenzen. Da Gesellschaften keine Bedürfnisse wie Menschen haben und auch nicht wie menschliche Organismen sterben, müssen „notwendige Existenzbedingungen" erfüllt sein, damit es Gesellschaften gibt und diese überdauern können. Radcliffe-Brown sieht solche notwendigen Existenzbedingungen in Anlehnung an Durkheim darin, daß Gesellschaften einen minimalen Grad an Integration und Solidarität bzw. an Konsistenz und Kontinuität der Struktur ausbilden müssen, um ihre Existenz zu sichern. Dabei bezieht sich Radcliffe-Brown auf einen Zustand „gesellschaftlicher Gesundheit", den aus seiner Sicht alle Gesellschaften anstreben und auf dessen Störung sie mit Abwehrreaktionen reagieren. Eine „gesunde Gesellschaft" ist dadurch gekennzeichnet, daß alle Teile eines sozialen Systems ausreichend harmonisch miteinander kooperieren, ohne mit dauerhaften und strukturbedrohenden Konflikten behaftet zu sein. Es ist Aufgabe des Anthropologen, den Beitrag einzelner gesellschaftlicher Institutionen (z.B. Familie) zur Erhaltung des gesellschaftlichen „Gesundheitszustandes" zu messen und bestimmte Gesetzmäßigkeiten festzustellen. Radcliffe-Brown hat vor allem die funktionale Bedeutung von Verwandtschaft und Religion in primitiven Gesellschaften untersucht. Die gesellschaftliche Funktion religiöser Riten sieht er darin, daß diese Riten die Gefühle der Gesellschaftsmitglieder regulieren, von denen das gesellschaftliche Zusammenleben abhängig ist. Durch die Ausübung des Ritus werden diese Gefühle erhalten und von einer Generation an die andere weitergegeben. Ein wichtiges Gefühl ist etwa der Sinn für die Abhängigkeit der individuellen und kollektiven Existenz von einer außerhalb von ihr existierenden Macht.

Für Malinowski bedeutet Funktionalismus – und darin unterscheidet er sich nicht von Radcliffe-Brown – den Versuch, das „Wesen der Kulturphänomene" (Malinowski 1988, 20) zu verstehen. Wichtig ist dabei aber nicht die Analyse isolierter Einzeltatsachen, sondern sind „wesentliche Beziehungen und Verbindungen" (ebd.). Jedes kulturelle Merkmal ist durch seine Funktion bestimmt und die soziale Wirklichkeit ist durch Elemente gekennzeichnet, „die in ihrem innersten Wesen nach in Zusammenhang stehen“ (ebd.).

Im Unterschied zu Radcliffe-Brown bestimmt Malinowski Funktion aber nicht von der (Gesellschafts)Struktur her, sondern von **menschlichen Bedürfnissen.** Ausgangspunkt von Malinowskis Kulturtheorie sind die biologischen oder organischen Bedürfnisse des Menschen. Nicht bestimmte funktionale Notwendigkeiten (z.B. Integration) bestimmen das Funktionieren von Gesellschaft, sondern alle sozialen Prozesse sind eingebettet in die Bedienung der Bedürfnisse der Menschen. Gesellschaft wird bestimmt über die Erfüllung der individuellen Bedürfnisse der Menschen. Aus der Sicht von Malinowski bilden sich Strukturen und Gesellschaften, um der Erfüllung dieser Bedürfnisse Dauerhaftigkeit zu verleihen. Vor allem untersucht Malinowski, welchen Beitrag bestimmte gesellschaftliche Institutionen (z.B. Familie, Clan, Stamm) zur Erfüllung der grundlegenden Bedürfnisse der Individuen (u.a. Ernährung, Fortpflanzung, Sicherheit) leisten. Aufgabe der Institutionen ist es, die Grundbedürfnisse der Menschen zu erfüllen, andernfalls seien Gesellschaften nicht überlebensfähig. Malinowski geht davon aus, daß jede Tätigkeit innerhalb einer bestimmten Kultur dazu dient, irgendein Bedürfnis zu befriedigen. Zum Beispiel ist „die Gesamtfunktion all der Prozesse, die in ihrem Zusammenspiel das kulturelle Verpflegungswesen einer Gemeinschaft darstellen, (...) die Befriedigung des grundlegenden biologischen Bedürfnisses nach Ernährung“ (ebd., 27).

Alle kulturellen Phänomene werden in Beziehung zu ihrer Funktion zur Erfüllung individueller Bedürfnisse gesehen. Die funktionale Analyse versucht „die Beziehungen festzulegen, die zwischen Kulturhandlungen und ursprünglichen oder abgeleiteten menschlichen Bedürfnissen bestehen. (...) Denn **Funktion** muß definiert werden, als Befriedigung eines Bedürfnisses durch eine Handlung, bei der Menschen zusammenwirken, Artefakte benutzen und Güter verbrauchen“ (ebd., 77). Wesentlich ist, daß sich die Menschen bei ihren Handlungen organisieren. Die Einheit menschlicher Organisation bezeichnet Malinowski als **Institution.** Der Begriff der Funktion muß also in die Analyse der gesellschaftlichen Institutionen (z.B. Familie, Verwandtschaftsgruppe, Clan, Gemeinde) eingefügt werden.

5.4 Die funktionale Analyse komplexer Gesellschaften

Radcliffe-Brown und Malinowski haben einfache Gesellschaften untersucht und dabei die Funktionen gesellschaftlicher Aktivitäten und Institutionen für die Erhaltung der Gesellschaftsstruktur herausgestellt. Radcliffe-Brown betont in Anlehnung an Durkheim den Zusammenhang von Funktion und Struktur, Malinowski die Verbindung von Funktion mit menschlichen Bedürfnissen. Beide haben wesentlich zur Entwicklung des Funktionalismus beigetragen. In der Soziologie war jedoch ein Denkmodell, welches am Beispiel von „primitiven" Gesellschaften gewonnen wurde, nicht ohne weiteres verwendbar. Vor allem die vergleichsweise geradlinige Verbindung von Institutionen und notwendigen Funktionen konnte so in der Analyse komplexer Gesellschaften nicht verwendet werden. Das funktionalistische Denken mußte also anders gefaßt werden. Dieser Aufgabe unterzog sich der Amerikaner Robert K. **Merton.**

Merton kritisiert drei von den Anthropologen vertretene Postulate der funktionalen Analyse.

1. Radcliffe-Brown hat das Postulat der funktionalen Einheitlichkeit der Gesellschaft vertreten, das besagt, daß soziale Tätigkeiten oder kulturelle Elemente für das gesamte soziale und kulturelle System funktional sind. Gegen die Annahme der vollständigen funktionalen Einheit der Gesellschaft setzt Merton, daß nicht alle (insbesondere nicht moderne, komplexe und hochdifferenzierte) Gesellschaften einen so hohen Integrationsgrad aufweisen, „daß jede kulturell standardisierte Tätigkeit oder Glaubenseinstellung für die Gesellschaft als Ganze funktional und gleichzeitig einheitlich funktional für die in ihr lebenden Menschen ist" (Merton 1967, 127). Durch die Annahme der funktionalen Einheitlichkeit der Gesellschaft wird der Forscher möglicherweise von widersprüchlichen Folgen abgelenkt, die eine soziale oder kulturelle Gegebenheit für verschiedene soziale Gruppen bzw. einzelne Gruppenmitglieder haben kann. Merton hebt hervor, daß soziale Gebräuche oder Gefühle für einige Gruppen funktional, für andere Gruppen aber dysfunktional sein können. Zum Beispiel kann Religion nicht nur integrative Funktionen für die Gesellschaft entfalten, sondern ebenso desintegrative Wirkungen erzeugen, beispielsweise wenn zwei einander bekämpfende Religionen sich gegenüberstehen. Merton fordert, „daß die Einheiten im einzelnen spezifiziert werden, für die ein gegebenes soziales oder kulturelles Element funktional ist. Es muß ausdrücklich dafür Spielraum lassen, daß ein gegebenes Element funktionalen und dysfunktionalen Charakter haben kann, und zwar für Individuen, für Untergruppen und für die umfassendere Sozialstruktur und Kultur" (ebd., 129). Merton konzentriert sich nicht mehr auf die Einheit der Gesellschaft, sondern fragt nach den miteinander verbundenen Teilen und deren funktionaler Bedeu-

tung. In komplexen Gesellschaften muß jeweils genau spezifiziert werden, für welche anderen Elemente ein bestimmtes Strukturelement bestimmte Auswirkungen hat. Wesentlich ist der Bezugspunkt, von dem aus Funktionen analysiert werden.

2. Gegen das Postulat des universalen Funktionalismus, d.h. der Annahme, daß alle standardisierten sozialen und kulturellen Formen positive Funktionen zur Erhaltung der Gesellschaft erfüllen, setzt Merton die „Vielfalt nicht-funktionaler Folgen tatsächlich bestehender kultureller Formen" (ebd., 130). Nicht jeder Bestandteil einer Kultur oder Sozialstruktur muß notwendig funktional sein. Es kann Strukturelemente geben, die positive, negative oder gar keine Auswirkungen auf bestimmte andere Elemente eines sozialen Systems haben. Merton unterscheidet **Funktionen, Dysfunktionen und Nicht-Funktionen.** Die funktionale Analyse muß auch unterscheiden zwischen den **subjektiven Dispositionen,** d.h. den Motiven und Absichten, die Akteure mit ihrem Handeln verbinden und den **objektiven Folgen,** die das Handeln aus der Sicht eines Beobachters mit sich bringen kann. Objektive Folgen können funktional sein, d.h. die Anpassung eines gegebenen Systems fördern; sie können aber auch dysfunktional sein, d.h. die Anpassung eines sozialen Systems mindern und zu Konflikten führen. Folgen können aber auch nichtfunktional sein, indem sie für das in Betracht gezogene System irrelevant sind. Zum Beispiel kann das in einer kleinen religiösen Sekte unter den Mitgliedern erzeugte Gemeinschaftsgefühl für die Stabilität oder Instabilität einer ganzen Gesellschaft völlig unerheblich sein.

In diesem Zusammenhang ist eine weitere von Merton getroffene Unterscheidung wichtig, nämlich die zwischen **manifesten Funktionen und latenten Funktionen.** Manifeste Funktionen sind diejenigen objektiven Folgen, bei denen das subjektiv angestrebte Ziel mit den objektiven Folgen zusammenfällt. Konkret sind dies objektive Folgen, die zur Anpassung des Systems beitragen und von den Beteiligten im System beabsichtigt sind und wahrgenommen werden. Latente Funktionen sind objektive Folgen, bei denen das subjektiv angestrebte Ziel mit den objektiven Folgen nicht zusammenfällt. Dies sind Funktionen, die weder beabsichtigt sind noch wahrgenommen werden. Als Beispiel für die Unterscheidung von manifesten und latenten Funktionen werden von Merton die Regentänze der Hopi-Indianer angeführt: bei lang anhaltender Trockenheit wurden diese Regentänze durchgeführt und zwar in der subjektiven Absicht, Regenfälle herbeizuführen. Das Ritual entspricht dem magischen Wissen des Stammes. Die jeweiligen Rituale führen dazu, daß weit verstreute Stämme zu einem Treffen zusammenkommen. Manchmal waren nun die Rituale von Erfolg gekrönt, manchmal nicht. Die manifeste Funktion, Regen herbeizuführen, hatten diese Tänze nur in beschränktem Ausmaß – für uns als aufgeklärte Interpreten ist der Grund offensichtlich. Jenseits dieser manifesten Funktion haben diese Tänze aber auch latente Funktionen, nämlich den Erhalt der Hopi-Gesellschaft zu sichern, zu einer Stärkung der Gruppenidentität und Solidarität zu führen, indem sich die Mitglieder des Stammes an einer gemeinsamen Aktivität beteiligen. Das Gesellschaftssystem wird so aus einem Zustand der Störung in einen gleichgewichtigen Zustand zurückgebracht.

3. Gegen das Postulat der Unentbehrlichkeit, d.h. daß alle sozialen und kulturellen Elemente unentbehrlich sind und jedes Element einer Kultur lebenswichtige Funktionen erfüllt, setzt Merton das „Haupttheorem der funktionalen Analyse: Ebenso wie das gleiche Objekt mehr als eine Funktion haben kann, so kann die gleiche Funktion verschiedentlich durch alternative Objekte erfüllt werden" (ebd., 133). Merton spricht von **funktionalen Alternativen oder Äquivalenten.** Funktionserfüllende Strukturen können innerhalb eines gewissen Spielraums variieren.

Merton hat gegenüber den funktionalistischen Anthropologen wesentliche Unterscheidungen in die **funktionale Analyse** eingebracht. Das Bemühen von Merton ist aber nicht primär theoretisch ausgerichtet, sondern zielt auf die Ausarbeitung eines Handwerkzeugs für das Verfahren der funktionalen Analyse. Die zentrale Orientierung des Funktionalismus liegt nach Merton in der „Interpretation von Daten, durch die Herausarbeitung ihrer Folgen für größere Strukturen, in die sie eingebettet sind" (ebd., 136).

Zwei Beispiele sollen hier die funktionale Analyse ansatzweise verdeutlichen: Nehmen wir als erstes Objekt, dem eine Funktion unterstellt wird, das in Österreich praktizierte System der **Sozialpartnerschaft.** Konzentrieren wir uns dabei auf die sozialpartnerschaftliche Aushandlung über die Höhe der jährlichen Lohnabschlüsse. Einige manifeste Funktionen dieses Systems sind auf den ersten Blick evident: die Arbeitsbeziehungen zwischen Arbeitgebern und Arbeitnehmern werden durch die Einrichtung solcher Verhandlungssysteme konsensuell geregelt; es kommt zur Aushandlung zwischen entgegengesetzten Parteien mit konfligierenden Interessen und damit werden andere als konsensorientierte Vorgehensweisen (z.B. Kampfmaßnahmen) ausgeschlossen. Als Resultat kommt es nach den Verhandlungen zu den jeweiligen Lohnsteigerungen bzw. -stagnationen. Latente Funktionen wären etwa die Aufrechterhaltung des sozialen Friedens in einer Gesellschaft, die Verhinderung von Arbeitskämpfen bzw. die Aufrechterhaltung des Status quo. Dysfunktional könnte für unterschiedliche Einheiten sein, daß durch die Konsensorientierung die je eigene Position der Verhandlungspartner geschwächt wird, daß rascher Wandel in der Arbeitswelt durch die Befestigung „veralteter" Positionen verhindert wird bzw. lange Verhandlungen Flexibilität und Handlungsspielraum einengen. Funktionale Äquivalente für die österreichische Sozialpartnerschaft wären z.B. Tarifvereinbarungen auf betrieblicher Ebene, individuelle Vereinbarungen zwischen Arbeitgeber und einzelnem Arbeitnehmer oder überhaupt das Diktat des Arbeitgebers, wie es z.B. oftmals in weniger entwickelten Ländern der Fall ist.

Zweites Analyseobjekt soll der **Stammtisch** sein. Die manifesten Funktionen des Stammtischs liegen darin, daß abgeschlossene Orte der Begegnung zwischen Männern eingerichtet werden, um Geselligkeit, Gemeinsamkeit und Meinungsaustausch zu pflegen. Der Stammtisch erfüllt die Funktion eines Kommunikationsforums für private und berufliche Themen und ermöglicht soziale Kontakte unter (männlichen) Freunden und Bekannten. Die latente Funktion eines solchen Stammtisches liegt darin, daß die Geschlechtertrennung in der Gesellschaft aufrechterhalten wird, daß Männlichkeit demonstriert bzw. die Identität als Mann bestätigt wird. Durch die zumeist unter Alkoholeinfluß hervorgerufene sozial erwünschte „Berauschung" werden in Berufswelt und Öffentlichkeit aufgebaute soziale, thematische und körperliche Schranken durchbrochen und dadurch „andere" Begegnungen zwischen Männern ermöglicht. Dysfunktional könnte sich der Stammtisch für eine offene und partnerschaftliche Gestaltung der Geschlechterbeziehungen erweisen. Funktionale Äquivalente des Stammtischs wären etwa alle männerbündischen Vereinigungen (z.B. Freimaurer, CV usw.), männliche peer-groups bzw. auf weiblicher Seite (und mit anderer Akzentuierung) Kaffeekränzchen, Frauenabende usw.

Wir haben bisher z.T. unterschiedliche Konzepte von Struktur und Funktion kennengelernt, die alle mehr oder weniger zur Entwicklung des Funktionalismus beigetragen haben. Bei Parsons finden wir ein grundlegendes (und damit entsprechend abstraktes) Konzept des soziologischen Funktionalismus. Dieses Konzept wird als **Strukturfunktionalismus** bzw. **strukturell-funktionale Theorie** bezeichnet.

5.5 Der Strukturfunktionalismus

Talcott **Parsons** (1902–1979), der als Begründer der strukturellfunktionalen Theorie gilt, greift auf die Ideen von Weber und Durkheim zurück (vgl. dazu Kapitel 3). Prinzipiell hält er die von den beiden beschrittenen Wege einer Handlungs- und einer Institutionstheorie für sinnvoll, aber er kommt zu dem Schluß, daß beides weiterentwickelt und verbunden werden muß. Er legt daher seine Theorie abstrakter an. Wie Weber fragt er nach dem Sinnzusammenhang von individuellem Handeln, aber er sieht sinnvolles Handeln vorrangig im Kontext gesellschaftlicher Erfordernisse. Damit bringt er auch Durkheims Versuch, die Eigenständigkeit von sozialer Struktur zu begründen, in Verbindung. Parsons' Grundgedanke ist, daß Gesellschaften, um überhaupt Bestand zu haben, bestimmte Grundbedingungen erfüllen müssen, daß diese Grundbedingungen jedoch nicht „biologisch" (wie bei Spencer) beschrieben werden können, sondern soziologisch.

Er faßt also **Gesellschaften als Handlungssysteme** (im Gegensatz etwa zu physikalischen oder biologischen Systemen). Für alle Handlungssysteme gilt, daß sie als Bestandsbedingung **vier Grundfunktionen** erfüllen müssen:

- Sie müssen dafür sorgen, daß sich das System an seine Umwelt anpassen und die erforderlichen Ressourcen gewinnen kann. Parsons spricht von „**A**doption" (= Anpassung).
- Sie müssen dafür sorgen, daß die Ziele, die erreicht werden sollen, organisiert und umgesetzt werden. Diese Grundfunktion nennt Parsons „**G**oal-Attainment" (= Zielerreichung).
- Sie müssen dafür sorgen, daß ein bestimmtes Maß an innerer Einheitlichkeit besteht und ein bedrohliches Maß an Abweichung verhindert wird. Diese Grundfunktion heißt bei ihm „**In**tegration".
- Schließlich müssen Handlungssysteme dafür sorgen, daß ihre Grundstruktur erhalten bleibt, also über Veränderungen hinweg Kontinuität bewahrt. Dies bezeichnet Parsons mit „**L**atency" (also „Latenz", weil dies eine indirekte Leistung ist, später auch „pattern maintainance", Strukturerhaltung genannt).

Nimmt man jeweils die Anfangsbuchstaben der vier Grundfunktionen (Adoption, Goal-Attainment, Integration, Latency), so ergibt sich daraus die Abkürzung „AGIL". Deshalb wird Parsons' Modell auch als **AGIL-Schema** bezeichnet.

Man sieht, daß Parsons es vermeidet, konkret vom „Herz", „Gehirn" o.ä. von Gesellschaften zu sprechen, weil dies irreführend und zudem in keiner Weise inhaltlich zuzuordnen ist: was sollte auch das jeweilige „Gehirn" sein? Also begibt er sich auf die allgemeinste Ebene und fragt, welche allgemeinen Probleme für jede

Gesellschaft gelöst werden müssen, damit sie Bestand hat. Diese Bestandsprobleme sind das Thema der Basisfunktionen.

Im nächsten Schritt greift er den Gedanken der Struktur auf und fragt danach, in welcher Form nun diese Grundfunktionen gewährleistet werden. Sein theoretisches Konzept formuliert er so: Jede dieser Grundfunktionen wird in einem dafür zuständigen eigenen System gefaßt und gewährleistet, wobei die Teilsysteme einen logisch gegliederten Aufbau bilden – eine Struktur. In **Handlungssystemen** gibt es entsprechend **vier basale Teilsysteme:**

- der menschliche Organismus, der die (körperliche) Anpassung an die Umwelt erbringt;
- die menschliche Persönlichkeit, die für Zielverwirklichung sorgt;
- das soziale System, welches für die Integration zuständig ist;
- das kulturelle System, welches die Erhaltung des Handlungssystems garantiert.

Jeder dieser Bestandteile eines Handlungssystems erfüllt also ganz besondere, für das Ganze wichtige Funktionen. Das soziale System ist dabei die Gesellschaft. Die anderen drei Teilsysteme bilden gewissermaßen seine „Umwelt", also einen Kontext, der sich nicht in Gesellschaft auflösen läßt. In diesem Kontext hat Gesellschaft die Funktion der Integration, also gewissermaßen die Aufgabe, alles zusammenzuhalten.

Auch **Gesellschaften** enthalten als Basisstruktur Subsysteme, die die Grundfunktionen zum Thema haben und gliedern sich entsprechend ebenfalls in **vier Subsysteme,** denen Parsons jeweils inhaltliche Themen zuweist. Für Gesellschaften sieht also das AGIL-Schema so aus:

- Das Subsystem der Anpassung (Adoption) ist das Wirtschaftssystem, weil die Wirtschaft dafür sorgt, daß natürliche Gegebenheiten in benötigte und verwertbare Ressourcen der Gesellschaft transformiert werden.
- Das Subsystem der Zielerreichung (Goal-Attainment) ist das politische System, in dem die notwendigen Entscheidungen über mögliche Altemativen getroffen werden.
- Das Subsystem der Integration ist das System der Normen und Regeln, weil Regeln und Normen dafür sorgen, daß soziales Handeln auf berechenbare Weise abläuft und Handlungen abgestimmt sind.
- Das Subsystem der Strukturerhaltung (Latency) ist das System der Kultur und der Werte. Kultur ist der Hintergrund, vor dem

sich Handlungen abspielen und gewährleistet die Kontinuität, während Werte stabile Orientierung erlauben und festlegen, was erlaubt und was verboten ist.

Damit hat Parsons Gesellschaften in Form der Integration allgemeiner Handlungssysteme definiert und die Grundstruktur jeder Gesellschaft entlang der Institutionalisierung von Basisfunktionen beschrieben.

Sein theoretisches Modell geht darauf aufbauend in zwei Richtungen weiter:

a) auf der einen Seite beschreibt er den inneren Aufbau von Gesellschaften mit Hilfe seines Ansatzes genauer. Daraus ergibt sich eine komplexe **„Architektur" von sozialer Wirklichkeit;**
b) auf der anderen Seite entwickelt er ein Konzept von **Systemvariablen,** von Eigenschaften mit einer bestimmten Spannbreite, innerhalb derer Subsysteme bei der Erfüllung ihrer Funktionen variieren können. Mit Hilfe dieser Kriterien entwickelt Parsons auch ein Modell der „Evolution" von Gesellschaften.

ad a): Die „Architektur" von Gesellschaften ergibt sich daraus, daß jedes der grundlegenden Subsysteme – Wirtschaft, Politik, Normen und Kultur – seinerseits die vier Grundfunktionen erfüllen muß, um Bestand zu haben. Auch die Wirtschaft muß

- sich an ihre Umgebung anpassen (z.B. durch eine bestimmte Produktionstechnik);
- Zielerreichung ermöglichen (durch ein System der Steuerung und Entscheidungsformen, z.B. Wirtschaftspolitik);
- ein System von Normen und Regeln hervorbringen (etwa in Form von Wirtschaftsrecht);
- Systemkontinuität durch „Kultur" gewährleisten, d.h. durch grundlegende Überzeugungen, Gewohnheiten, Prämissen usw., also eine spezifische „Wirtschaftskultur".

Dieses Prinzip folgt nun dem Aufbau von sozialer Wirklichkeit bis in die Feinstruktur: Auch das Steuerungs- und Entscheidungssystem der Wirtschaft muß seinerseits die vier Grundfunktionen erfüllen (also an seine Umwelt – das Wirtschaftssystem – angepaßt sein, konkrete Regelungen enthalten, dafür sorgen, daß sie eingehalten werden, eine Kultur des Entscheidens und Steuerns erzeugen).

Damit treten jedoch eine Reihe von Problemen auf, mit denen sich Parsons ausführlicher beschäftigte. So z.B. die Frage, wie die verschiedenen Subsysteme eigentlich miteinander in Kontakt treten

Schema 3: Schema des Gesellschaftsaufbaus nach Parsons

Basisfunktionen jedes Handlungssystems

Adoption	= Anpassung
Goal-Attainment	= Zielerreichung
Integration	= Integration
Latency (pattern maintainance)	= Strukturerhaltung

Pattern-Variables

Affektivität	Neutralität
Spezifität	Diffusität
Universalismus	Partikularität
Leistung	Zuschreibung
Selbstorientierung	Kollektivorientierung

Handlungssysteme:
Die 4 Basisfunktionen werden in 4 Basissystemen organisiert:

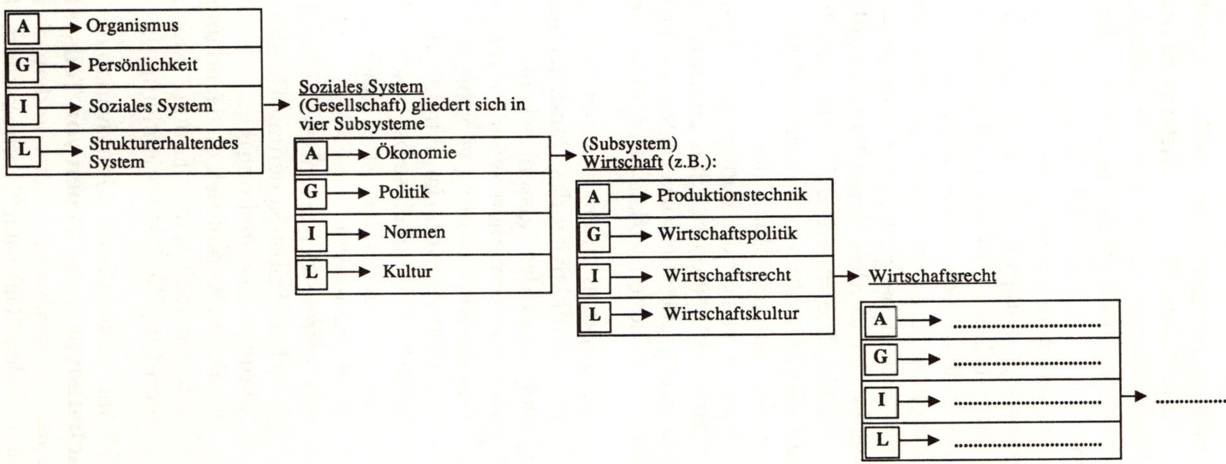

bzw. sich beeinflussen. Er entwickelte daher theoretische Vorstellungen des Austauschs und der Beziehung von Subsystemen, die er unter dem Begriff **„Interpenetration“** (d.h. wechselseitige Durchdringung) formulierte. Wie wirkt beispielsweise das System der Integration (Normen) auf das der Anpassung (Wirtschaft), in welcher Form müssen Leistungen der Integration ausgedrückt werden, damit sie im Subsystem Wirtschaft wirksam sein können? Parsons sagt, daß jedes soziale System mit Hilfe seiner vier Basisfunktionen (also mit ökonomischen und politischen, normativen und kulturellen Mechanismen) operieren könne, um Verbindungen herzustellen. Also: das Wirtschaftssystem wird mit der Politik gekoppelt, indem beispielsweise Normen – etwa Wettbewerbsregeln – entwickelt werden, deren Einhaltung kulturell abgesichert ist.

ad b): Die andere Dimension von Parsons' Theorie bezieht sich auf die Spannbreite, innerhalb derer die vier Funktionen erfüllt werden können. Hier entwickelt Parsons eine Reihe von Dimensionen, in denen die Funktionserfüllung variieren kann. Diese Dimensionen heißen bei ihm **„pattern variables“**, also etwa variable „Merkmale von sozialen Strukturen“. Als grundlegende Dimensionen, in denen soziale Strukturen variieren können, nennt er:

- das Ausmaß an emotionaler Beteiligung – es variiert zwischen hoher Affektivität des Handelns und völliger Neutralität;
- den Grad der Ausschließlichkeit, mit der Themen behandelt werden – er variiert zwischen reiner Spezialisierung (Spezifität) und der Vermischung verschiedener Tätigkeiten (Diffusität);
- den Horizont von Handlungen, d.h. die Frage, ob er auf die unmittelbare Tätigkeit selbst beschränkt ist (Partikularismus) oder ob er eingebunden ist in einen weiteren Sinnzusammenhang (Universalismus);
- das Ausmaß der Eigenbeteiligung der Handelnden – es variiert zwischen Selbst-Steuerung (Leistung) und bloß passiver Ausführung (Zuschreibung);
- die Frage, worauf sich die Handlungen beziehen – auf die Handelnden (Selbstorientierung) oder auf einen sozialen Zusammenhang (Kollektivorientierung).

Mit Hilfe dieser Grundvariablen lassen sich nun **Gesellschaftstypen** und **Typen von Teilsystemen** unterscheiden. Man kann beispielsweise unterscheiden, ob in einem Teilsystem „Spezifität“ oder „Diffusität“ vorherrschen. Moderne Industriebetriebe sind – von ihrer Logik her – hochgradig spezifizierte Einrichtungen. Familien sind dagegen thematisch diffus: es geht immer um alle und alles.

Dieser Blickwinkel läßt sich generalisieren, z.B. auf Gesellschaften insgesamt anwenden. So ist deutlich, daß moderne Industriegesellschaften wesentlich mehr Neutralität, Spezifität und Leistungsorientierung als traditionelle Agrargesellschaften in ihrer sozialen Struktur aufweisen. In Industriegesellschaften bewegt man sich ständig in Teilbereichen, die auf ein bestimmtes Thema zugeschnitten sind, in denen man nicht als „ganzer Mensch", sondern als entsprechender „Ausschnitt" präsent ist und in denen man sich an entsprechende Regeln halten muß, die jeweils völlig verschieden sind – im Krankenhaus, in der Fabrik, in der Schule. Gleichzeitig verlangen moderne Industriegesellschaften ein hohes Maß an Eigenleistung: man muß Qualifikationen erwerben, Leistungen erbringen, Entscheidungen treffen und begründen, während gleichzeitig die Kollektivorientierung gering ausgeprägt ist. In vorindustriellen Gesellschaften ist dies ganz anders. Die bestehenden Einrichtungen sind von einer identischen Struktur durchdrungen und nicht voneinander klar getrennt. Im Feudalismus beispielsweise gilt die Ständehierarchie überall. Zwischen Herrschaftssystem, Zunftordnung und Familienstruktur bestehen Ähnlichkeiten und enge Bindungen. Aktive Eigenleistungen der Gesellschaftsmitglieder sind in den alles beherrschenden Regelungen und Traditionen nicht vorgesehen. Dafür ist die Sozialbindung wesentlich ausgeprägter: nicht der Einzelne ist Baustein und Bezugspunkt der sozialen Ordnung, sondern die Gruppe, die Gemeinschaft.

Daraus lassen sich nun spezifische **Entwicklungs- und Abstimmungsprobleme von Gesellschaften** ableiten. In modernen Gesellschaften gibt es strukturelle Konflikte, die traditionelle nicht kennen (und umgekehrt): für den Einzelnen, seine Persönlichkeit mit den Anforderungen der Neutralität des Handelns in Einklang zu bringen, für das soziale System, die jeweils spezialisierten Subsysteme Politik, Wirtschaft und Kultur noch auf einen Nenner zu bringen. „Identitätsbalance" ist also ein typisches Problem moderner Gesellschaften, während vorindustrielle Gesellschaften – wegen der größeren Diffusität ihrer Subsysteme und der stärkeren Kollektivorientierung – zwar stabile Identität ermöglichen, aber erhebliche Probleme mit der Basisfunktion der Anpassung an Veränderungen haben: es fehlt an Flexibilität. Die „pattern variables" sind also ein Klassifizierungsinstrument, mit dessen Hilfe das Spektrum der Möglichkeiten des Systemaufbaus analysiert werden kann.

Parsons hat seine allgemeine Theorie von Handlungssystemen und des Aufbaus von sozialen Systemen auch auf eine Vielzahl von konkreten Themen angewendet. Ein Beispiel dafür ist seine Analyse der **„Krankenrolle"** in der modernen Gesellschaft (Parsons

1967). In Anknüpfung an seine Theorie geht er davon aus, daß Krankheit als Thema des sozialen Systems definiert ist durch die Frage, inwieweit die Akteure ihre Aufgaben wahrnehmen: „Rollenerfüllung" ist also hier das Kriterium, wobei Rollen als wechselseitige Durchdringung von Persönlichkeitssystem und Sozialsystem gesehen werden. Das Sozialsystem stellt Erwartungen an Rolleninhaber. Jede Abweichung von Erwartungen stellt ein Problem dar: für den einzelnen, der abweicht, und für die Gesellschaft, die darauf reagieren muß. Abweichung wird anhand der vom System der Normen und der Kultur bereitgestellten Kriterien beurteilt. Hier unterscheiden sich Gesellschaften danach,

– welche Typen von Abweichung sie kennen und wie sie diese definieren sowie
– mit welchen Methoden sie Abweichungen sanktionieren.

So machen Gesellschaften beispielsweise auf verschiedene Weise Unterschiede zwischen „Unwilligkeit", „Fahrlässigkeit" und „Unfähigkeit". „Unfähigkeit" wiederum kann in mangelnder Kompetenz, aber auch in mangelnder Verfügung über Kompetenz bestehen. „Krankheit" ist nun der Begriff für eine Abweichung von Rollenerwartungen, für die man nicht selbst verantwortlich gemacht wird, weil sie aus dem Organismus stammt. Das hat zur Folge, daß man von Rollenerwartungen suspendiert wird, daß man Anrecht auf Unterstützung hat, aber auch, daß es eine Krankenrolle gibt, an die Erwartungen geknüpft sind. Wie diese Krankenrolle definiert ist, hängt vom Gesellschaftstyp ab. Parsons beschreibt sie für die amerikanische Gesellschaft, in der das Leistungsprinzip (d.h. die „pattern variable" Leistung) und die Verantwortung für die übernommenen Arbeiten (d.h.: Kollektivorientierung im Arbeitsprozeß) eine extreme Wichtigkeit besitzt. Er kommt u.a. zu dem Schluß, daß es für die US-Gesellschaft typisch ist, daß die Kranken verpflichtet sind, an ihrer Gesundung aktiv mitzuarbeiten, indem sie alles tun, um schneller gesund zu werden und mit den entsprechenden Einrichtungen zu kooperieren. Scharf sanktioniert wird dagegen „passives" Kranksein und bereits ein Hauch von „Krankfeiern". Die Krankenrolle in einer „aktivitätszentrierten" Gesellschaft kann also gar nicht anders definiert sein als betont aktiv.

5.6 Zur Bedeutung des Funktionalismus

Das funktionalistische Denkmodell ist ein Konzept, welches zunächst davon ausgeht, daß Wirklichkeit nicht zufällig aufgebaut ist, sondern daß den Dingen eine erkennbare Ordnung zugrunde liegt. Dies ist im Grunde die Voraussetzung, die jede Wissenschaft machen muß. Wenn es keine Ordnung gibt, kann es auch keine Erkenntnis (der Ordnung) geben. Insofern ist funktionalistisches Denken auch in jeder sozialwissenschaftlichen Theorie eingebaut: bei allen Unterschieden gehen Theorien doch stets davon aus, daß es sinnvolle Zusammenhänge gibt, die auch sinnvoll – also als logisches Geschehen – beschreibbar sind.

Allerdings macht der sozialwissenschaftliche Gebrauch des Funktionskonzepts Schwierigkeiten. Die frühen Entwürfe lehnen sich noch an themenfremde Vorbilder an – etwa an Spencer, der die Analogie zur Biologie produktiv aufgreift, aber darin auch steckenbleibt. Auch Radcliffe-Brown und Malinowski denken noch weitgehend in der durch die Evolutionstheorie nahegelegten Vorstellung der „Nützlichkeit" von bestehenden Verhältnissen. Soziale Wirklichkeit ist jedoch keine mathematische Funktion, auch kein Organismus, der durch Mutation und Selektion (weitgehend) auf eine ökologische Nische hin funktional entwickelt ist.

Deshalb mußte das Funktionskonzept erweitert und differenziert werden. Merton hat dies getan, indem er eine Reihe von begrifflichen Unterscheidungen einführte, die der Vielschichtigkeit sozialer Realität, ihrer Widersprüchlichkeit und den Variationsmöglichkeiten eher gerecht werden. Parsons schließlich hat versucht, eine generelle Theorie der Gesellschaft aus funktionalistischen Grundvorstellungen zu entwickeln und dazu ein hochabstraktes Modell des Aufbaus und der Organisation von Handlungssystemen entworfen.

Das funktionalistische Denken hat in sehr vieler Hinsicht zu produktiver Forschung und Theoriebildung angeregt. Ein Beispiel dafür ist die **Rollentheorie,** die in der Soziologie eine außerordentliche Bedeutung gewonnen hat. In groben Umrissen sieht sie so aus (nach Dahrendorf 1958):

- Gesellschaftliche Funktionen werden über **„Positionen"** gewährleistet: Positionen sind personenunabhängige „Planstellen", deren Aufgaben sozial definiert sind und die in einen sozialen Zusammenhang eingebunden sind.
- Jeder Mensch hat in seiner Gesellschaft bestimmte Positionen inne, die teils zugewiesen sind (z.B. die Position „Sohn" oder Geschlecht), zum Teil erworben werden (z.B. „Student", „Autofahrer").
- An die Inhaber von Positionen werden seitens der Gesellschaft, insbesondere der wichtigen Bezugsgruppen, konkrete **Erwar-**

tungen gestellt, die sie zu erfüllen haben. Diese Erwartungen sind nach ihrer Wichtigkeit gestuft in **„Kann"-, „Soll-" und „Muß-Erwartungen".** Zum Beispiel **muß** man als Student inskribiert sein, **soll** Lehrveranstaltungen besuchen und **kann** zur Hochschülerschaftswahl gehen.

- Werden Erwartungen nicht erfüllt, so kommt es zu entsprechend gestuften **Sanktionen:** Lob bei guter Erfüllung der Erwartungen bzw. bei Leistungen, die als „Kann-Erwartung" definiert sind; Bestrafung bei Verletzung von „Soll-Erwartungen" und Ausschluß bei Verstoß gegen „Muß-Erwartungen".
- Da die Erwartungen an einen Positionsinhaber nicht immer zusammenpassen, kann es zu **„Intra-Rollen-Konflikten"** kommen: Die Schüler wollen, daß der Lehrer freundlich ist, die Eltern wollen, daß er ihnen möglichst viel beibringt. Und da jeder Mensch eine Vielzahl von verschiedenen Positionen innehat, kann es auch zu **„Inter-Rollen-Konflikten"** kommen: Wenn jemand zugleich Manager und Vater ist, erwartet die Firma hohes (zeitliches) Engagement, die Familie jedoch auch.

Mit Hilfe der Rollentheorie lassen sich nun typische Formen des Rollendrucks, der Entstehung von Konflikten, des Ausbalancierens von verschiedenen Erwartungen analysieren. Dies hat erheblich zum Verständnis des „Funktionierens" sozialer Wirklichkeit beigetragen.

Insgesamt läßt sich konstatieren, daß die Suche nach funktionalen Zusammenhängen zu den produktivsten und wichtigsten Fragestellungen der Soziologie gehört. In jedem Zusammenhang lohnt es sich, zu fragen,

- welche Leistung etwas nach innen wie nach außen erbringt und
- wovon etwas abhängig ist, bzw. womit es zusammenhängt.

Insofern gehört funktionalistisches Denken zur notwendigen Grundausstattung der Soziologie. Allerdings reicht es nicht aus, um alles zu erklären und zu begreifen. Erforderlich ist daher (auch hier) eine Verbindung mit anderen Perspektiven und Interpretationen.

Literaturhinweise

Zitierte Literatur

Dahrendorf, Ralf: Homo Sociologicus, Opladen 1958

Malinowski, Bronislaw: Eine wissenschaftliche Theorie der Kultur, Frankfurt/M. 1988 (zuerst 1938ff)

Merton, Robert K.: Funktionale Analyse. In: Hartmann, Heinz (Hrsg.): Moderne Amerikanische Soziologie, Stuttgart 1967, 119–150

Parsons, Talcott: Definition von Gesundheit und Krankheit im Lichte der Wertbegriffe und der sozialen Struktur Amerikas. In: Mitscherlich, Alexander u.a. (Hrsg.): Der Kranke in der modernen Gesellschaft, Köln/Berlin 1967, 57–87
Radcliffe-Brown, Alfred R.: Structure and Function in Primitive Society, London 1952

Weiterführende Literatur

Jensen, Stefan: Talcott Parsons. Eine Einführung, Stuttgart 1980
Merton, Robert K.: Social Theory and Social Structure, New York 1968 (erstmals 1949)
Münch, Richard: Die Struktur der Moderne, Frankfurt/M. 1984
Parsons, Talcott: Gesellschaften. Evolutionäre und komparative Perspektiven, Frankfurt/M. 1975
Parsons, Talcott: The Social System, London 1951
Parsons, Talcott/Smelser, Neil: Economy and Society, London 1956
Spencer, Herbert: Principles of Sociology, London 1969 (zuerst 1876ff)

6. Die Systemtheorie

6.1 Die Entwicklung der Allgemeinen Systemtheorie

Seit der griechischen Philosophie bezeichnet der Begriff „System" einen Zusammenhang, ein Zusammengehöriges, ein bestimmtes Ordnungsprinzip. Er steht als Bezeichnung für natürliche oder künstliche Gebilde, die ein Ganzes bilden, wobei dieses Ganze mehr ist als die Summe seiner Teile. Die einzelnen Teile dieses Ganzen stehen in Beziehung und Abhängigkeit zueinander und weisen so eine bestimmte Ordnung auf. System meint also eine Menge von Teilen (Elementen) und deren Beziehungen (Relationen) untereinander. Systembildung heißt in diesem Fall, daß sich die einzelnen Teile unter die Zwecke des Ganzen unterordnen. Das System wird als **geschlossenes System** verstanden. Das Ganze hat in dieser Vorstellung den Vorrang gegenüber den Teilen. Ein geschlossenes System stellt z.B. eine Maschine dar.

Betrachten wir beispielhaft ein komplexes, großtechnisches System, nämlich das Flugzeug. Dieses technische System besteht aus vielfältigen Verbindungen und Vernetzungen von Teilen, die das Funktionieren dieses Systems garantieren. Die einzelnen Teile des Flugzeugs stehen miteinander in unterschiedlichen Verbindungen: so kann eine elektronische Leitung unmittelbar mit den Bewegungen eines Tragflügels verbunden sein, aber nur äußerst mittelbar mit dem Dichtungsring eines Flugzeugfensters. Alle Teile zusammen in ihren jeweiligen Verbindungen (Koppelungen) tragen zum Funktionieren des technischen Systems Flugzeug bei. Folgende Charakteristika zeichnen das maschinelle System Flugzeug aus:

- hohe Komplexität;
- enge Verbindungen (Koppelungen) der Teile untereinander;
- hoher Grad an Festgelegtheit;
- Geschlossenheit;
- Vorrang des Ganzen.

Eine Maschine ist ein geschlossenes System, da die einzelnen

Teile in ihrem Zusammenspiel das System als ganzes garantieren und dieses System (weitgehend) unabhängig von seiner Umwelt funktioniert.

Lebewesen und soziale Gebilde sind aber keine Maschinen. Wenn wir lebende oder soziale Systeme untersuchen, dann treten **Systeme als offene Systeme** in den Vordergrund. Dabei ist wesentlich, welche Beziehungen das System zu seiner **Umwelt** entwickelt. Jedes System hat bestimmte Beziehungen zu seiner Umwelt und wird durch diese Beziehungen geprägt bzw. gestaltet auch die Umwelt mit. Systembildung geschieht aus der Sicht der Theorie offener Systeme durch den Bezug auf die Umwelt des Systems. Die Entstehung der modernen Systemtheorie – aus der auch die soziologische Systemtheorie hervorgeht – in den ersten Jahrzehnten des 20. Jahrhunderts ist wesentlich mit der Entwicklung der Systemtheorie als Theorie offener Systeme verbunden.

Ausgangspunkt der modernen Systemtheorie ist die Kritik der Biologie an der Physik. Die traditionelle Physik versucht ja gemäß dem Newtonschen Weltbild die Welt in deduktiver Weise mathematisch zu beschreiben, d.h. ausgehend von allgemeinen Gesetzen die Einzelphänomene abzuleiten. Naturgesetze sind allgemein gültig und können auf jedes Phänomen angewandt werden. Die Einzelphänomene werden isoliert und in wiederholbaren Laborexperimenten im Hinblick auf die Gesetze der Natur beobachtet. Dieses experimentell-naturwissenschaftliche Vorgehen hat sich in den letzten Jahrhunderten als äußerst erfolgreich erwiesen und trug entscheidend zum technischen Fortschritt bei. Im Unterschied zur traditionellen Physik steht die Biologie bei der Beobachtung ihres Gegenstandes vor anderen Anforderungen. Sie möchte „Leben", das „Wesen des Lebendigen" untersuchen, wobei sich Leben aber nicht auf isolierte physikalische und chemische Prozesse von Organismen reduzieren läßt. Leben kann nur begriffen werden, wenn der lebendige Organismus als System betrachtet wird, dessen Teile und deren Zusammenwirkung „Leben" ausmacht. Die Biologie orientiert sich also nicht an den Einzelphänomenen, sondern am System, an der Vernetzung der Einzelphänomene. System meint die Beziehungen zwischen Teilen, die ein Ganzes, ein System ausmachen. Es ist daher nicht zufällig, daß gerade ein Biologe, nämlich Ludwig von **Bertalanffy,** die Allgemeine Systemtheorie (General Systems Theory) begründet. **System** ist für Bertalanffy durch eine Anzahl von in Wechselwirkung stehenden Elementen charakterisiert. System bedeutet auch, daß eine eindeutige Grenze zwischen dem System und seiner Umwelt besteht, d.h. ein System kann danach charakterisiert werden, welche Elemente zu ihm gehören, deren

Zusammenhang das System bildet und welche nicht. Das System befindet sich aber nicht isoliert innerhalb seiner Umwelt, sondern entwickelt vielfältige Beziehungen zu ihr.

Wir haben bereits die Kritik der Biologie an der naturwissenschaftlich-experimentellen Weltsicht der Physik angeführt. Die Physik geht von der Gültigkeit der Naturgesetze aus und stellt kausale Ursache-Wirkungs-Beziehungen fest. Nun zeigt sich aber, daß gerade in Systemen, wo zwischen den Systemteilen Wechselwirkungen bestehen, nicht von linearen Ursache-Wirkungs-Beziehungen ausgegangen werden kann. In einem System können die einzelnen Elemente vielfach miteinander verkoppelt sein; so kann nicht nur eine Ursache eine bestimmte Wirkung nach sich ziehen, sondern auch die Wirkung kann durch Umwege über andere Systemelemente die Ursache einer neuen Wirkung sein. Bertalanffy hat dieses Problem als **„organisierte Komplexität"** bezeichnet; diese ist immer dann gegeben, wenn Einzelphänomene nicht linear logisch miteinander verbunden sind, sondern Wechselwirkungen zwischen ihnen bestehen. Wesentlicher Gegenstand der Systemtheorie sind also Organisationsformen, in denen komplexe Wechselbeziehungen zwischen einzelnen Elementen eines Systems bestehen und die Beziehungen des Systems zu seiner Umwelt. Das Problem der organisierten Komplexität hat sich nicht nur für die Biologie als relevant erwiesen. Systemprobleme haben sich auch in der Chemie, Medizin, Psychologie, Betriebswirtschaft, Soziologie usw. ergeben. Lineare Betrachtungsweisen der jeweiligen wissenschaftlich betrachteten Gegenstände wurden zunehmend durch vernetzte, „systemische" Betrachtungsweisen ergänzt und z.T. auch ersetzt. Die Allgemeine Systemtheorie entwickelte sich zu einer interdisziplinär integrierten Wissenschaft.

In den letzten 20 Jahren ist die Allgemeine Systemtheorie durch einen Paradigmenwechsel gekennzeichnet, der durch Erkenntnisse der Biologen und Neurophysiologen Humberto **Maturana** und Francisco **Varela** bewirkt wurde. Dieser Paradigmenwechsel ist mit dem Begriff der **Autopoesis** verbunden. Dieser Begriff ist aus zwei griechischen Wörtern zusammengesetzt, nämlich autos (=selbst) und poiein (=machen); er kann mit Selbsterzeugung bzw. Selbstreproduktion übersetzt werden. Als Biologen geht es Maturana und Varela – ähnlich wie schon früher Bertalanffy – um eine Theorie des Lebendigen, um die Eigenart der Organisation von Lebewesen. Mit dem Prinzip der Autopoesis beschreiben die beiden ein allgemeines Organisationsprinzip, das für alle Lebewesen gültig sein soll. Grundaussage des Auto-Poesis-Konzepts ist, daß lebende Systeme autopoetische Systeme sind, wobei sich diese Systeme kontinuierlich selbst erzeugen. Selbsterzeugung heißt, daß die Systeme, die Elemente, aus denen sie bestehen, selbst produzieren und sich dadurch selbst erhalten und reproduzieren.

Als Beispiel für Auto-Poesis führen Maturana und Varela die **Zelle** an. Sie bildet deswegen ein autopoetisches System, weil sie auf der Molekülebene ständig alle Bestandteile (z.B. Lipide, Proteine usw.) selbst erzeugt, aus denen sie besteht. Die Zelle grenzt sich gegenüber ihrer Umwelt ab, d.h. auto-poietische Systeme sind **geschlossene Systeme.** Lebende Systeme sind selbstbezügliche Systeme (Selbstreferenz), weil sie sich ausschließlich auf sich selbst beziehen und selbstbezüglich operieren. Indem die Zelle ständig alle Elemente aus denen sie besteht, immer aufs neue erzeugt, operiert sie als geschlossenes System. Auto-poetische Systeme sind aber nicht gänzlich gegenüber der Umwelt abgeschlossen, da auch die Zelle mit ihrer Umwelt Energie und Materie austauscht. Wichtig im Unterschied zur Theorie offener Systeme ist aber, daß die Geschlossenheit der Systeme einen Umweltkontakt erst ermöglicht. Die Zelle als geschlossenes System regelt selbst den Austausch mit ihrer Umwelt, sie nimmt nur auf, was sie zu ihrer Selbsterzeugung braucht. Der Austausch zwischen System und Umwelt wird nicht durch die Umwelt bestimmt, sondern durch die geschlossene Operationsweise des auto-poetischen Systems. Auto-poetische Systeme sind deshalb autonom von ihrer Umwelt, weil sie nach eigenen Regeln ihre Reproduktion sichern. Allerdings darf die Autonomie nicht mit Autarkie verwechselt werden, da Systeme in einer bestimmten Umwelt leben, auf deren Zufuhr sie angewiesen sind; nur bestimmen die Systeme selbst, was sie von der Umwelt aufnehmen.

Zusammenfassend kann gesagt werden, daß die Allgemeine Systemtheorie heute dadurch gekennzeichnet ist, daß sie wieder stärker den Blick auf Systeme als geschlossene Einheiten richtet, die sich zwar in einer bestimmten Umwelt befinden, aber selbst bestimmen, was sie von der Umwelt in ihr eigenes Funktionssystem aufnehmen, wie sie auf die Umwelt reagieren.

6.2 Die Systemtheorie als soziologische Theorie

Für die Soziologie ist die Allgemeine Systemtheorie nur insoweit relevant, wie sie zur Beschreibung und Erklärung **sozialer Systeme** beitragen kann. Die heutige soziologische Systemtheorie ist untrennbar mit dem Soziologen Niklas **Luhmann** (geb. 1927) verbunden. Luhmann hat die systemtheoretische Betrachtungsweise in der Soziologie in den letzten 30 Jahren unaufhörlich vorangetrieben. Luhmann wendet in kritischer Auseinandersetzung mit Parsons die strukturell-funktionale Theorie zu einer **funktional-strukturellen Theorie.** Im Unterschied zu Parsons fragt Luhmann nicht nach der Struktur von Systemen, sondern nach der Funktion von Systemen. An erster Stelle steht bei ihm die Funktion: welche Funktionen erfüllen Systeme, warum entwickeln sich soziale Systeme und zu welchem Zweck? Diese Betrachtungsweise erfordert, daß Systeme in Bezug zu ihrer Umwelt erfaßt werden müssen. Welche Funktion Systembildungen erfüllen, läßt sich erst erfassen, wenn die Beziehung des Systems zu seiner Umwelt in das Blickfeld kommt. Die funktional-strukturelle Theorie geht davon aus, daß Systemtheorie eine **System-Umwelt-Theorie** sein muß. Wenn man nur die Struktur des Systems in das Zentrum stellt – wie der Strukturfunktionalismus –, dann erweist es sich als schwierig, den Wandel des Systems zu erfassen, die Veränderung von Systemstrukturen in Auseinandersetzung mit der Umwelt des Systems zu erklären. Genau dies ist aber der wesentliche Anspruch der funktional-strukturellen Theorie.

Welche Funktion kommt nun sozialen Systeme zu? Der Systemtheoretiker Willke sieht den Sinn von Systemen darin, „daß ausgegrenzte Bereiche geschaffen werden, die es ermöglichen, die die menschliche Aufnahmekapazität überwältigende Komplexität der Welt in spezifischer Weise zu erfassen und zu verarbeiten. Systeme stabilisieren mithin eine Differenz zwischen sich und der Umwelt, zwischen Innen und Außen; sie bilden ein sinnhaftes, symbolisch vermitteltes Regulativ zwischen anfallender und jeweils verarbeitbarer Komplexität" (Willke 1991, 4).

Betrachten wir z.B. eine **Arbeitsgruppe als System** innerhalb einer betrieblichen Umwelt: das System Arbeitsgruppe bildet sich im Hinblick auf die Bewältigung einer spezifischen Aufgabe, wobei sich eine Differenz zwischen System und Umwelt herausbildet; es wird festgelegt, wer zur Arbeitsgruppe dazugehört und wer nicht. Das System Arbeitsgruppe bildet nun in Auseinandersetzung mit der betrieblichen Umwelt aus einer Vielzahl möglicher bestimmte Systemstrukturen heraus, z.B. indem innerhalb der Arbeitsgruppe Vereinbarungen über Arbeitsteilungen getroffen werden oder indem verschiedenen Arbeitsgruppenmitgliedern Verantwortlichkeiten zugeschrieben werden o.ä. Im Laufe der Zeit wird die Gruppe einen bestimmten Arbeits- und Kommunikationsstil entwickeln, ein „Gruppenklima" wird sich herstellen. Wenn sich nun die Umweltanforderungen verändern (indem z.B. die verfügbare Zeit für die Erledigung einer Aufgabe verkürzt wird), werden sich auch die Prozesse innerhalb der Arbeitsgruppe verändern. Die

Gruppe kann z.B. überlegen, welche Auswirkungen diese Veränderungen für sie hat, wie sie darauf reagiert (z.B. durch Neuverteilung der internen Arbeit oder durch Verweigerung dieser Anforderung). Die Struktur des Systems „Arbeitsgruppe" wird sich verändern, je nach dem, wie sie mit den veränderten Umweltbedingungen umgeht. Die Auseinandersetzung des Systems mit der Umwelt zeigt, welche internen Systemprozesse und -strukturen zu welchen Zwecken und mit welchen Veränderungsmöglichkeiten funktional sein können. Mit dem Übergang zur funktional-strukturellen Systemtheorie wird ermöglicht, daß Systembildung als Variable behandelt werden kann, daß die Funktion von Systembildung in das Blickfeld des Soziologen gerät.

Emile Durkheim als einer der Gründerväter der Soziologie wurde bereits erwähnt. Durkheim hat im Unterschied zur verstehenden Soziologie Max Webers auf den eigenständigen Charakter des Sozialen als Gegenstand der Soziologie hingewiesen. „Soziale Tatsachen" (faits sociaux) sind soziale Zusammenhänge, die sich über die Köpfe der handelnden Individuen herstellen und nicht auf die Handlungen von Personen reduziert werden können. Die soziologische Systemtheorie hakt hier ein und faßt soziale Handlungen als Elemente eines sozialen Zusammenhangs. Die Grundfrage der Soziologie, wie soziale Ordnung möglich ist, wird systemtheoretisch so beantwortet, daß soziale Systeme die Gemeinsamkeit und Verknüpfbarkeit von Handlungen organisieren und dabei sozialen Prozessen eine Struktur verleihen. In Anknüpfung an Durkheim ist vorweg festzuhalten, daß es der Systemtheorie darum geht, das genuin „Soziale" zu erfassen, wie es sich über die Köpfe der Individuen hinweg herstellt. Soziale Systeme sind immer dadurch gekennzeichnet, daß es nicht um das Handeln und die Interaktionen von Individuen geht, sondern um Handlungen, um Kommunikationen „eines Systems". **Systeme** werden **als handelnde Einheiten** verstanden, so wie es auch im alltäglichen Sprachgebrauch heißt, daß „die Partei" oder „die Universität" die nächsten Schritte setzen wird. Diese anfänglich schwer zu begreifende „Subjektlosigkeit" sozialer Systeme wird deutlicher werden, wenn das Wesen sozialer Systeme herausgearbeitet wird.

6.3 Was sind soziale Systeme?

6.3.1 Systeme als offene Systeme

Luhmann hat die Grundelemente der **Systemtheorie als Theorie**

offener Systeme u.a. im Aufsatz „Soziologie als Theorie sozialer Systeme" (1970) entwickelt. Er definiert „soziales System" dort folgendermaßen: „Unter **sozialem System** soll hier ein **Sinnzusammenhang von sozialen Handlungen** verstanden werden, die aufeinander verweisen und sich von einer Umwelt nicht dazugehöriger Handlungen abgrenzen lassen. Geht man von diesem Systembegriff aus, der in einer **Differenzierung von Innen und Außen** sein konstituierendes Prinzip hat, und sucht man ihn zu transzendieren, dann fragt man nach einer Bezugseinheit, die keine Grenzen mehr hat. Man fragt nach der **Welt**" (Luhmann 1970, 115).

Wenn wir dieses Zitat in seine Bestandteile zerlegen, dann meint **soziales** System (im Unterschied zu maschinellen oder lebenden Systemen) einen Sinnzusammenhang von sozialen Handlungen, die aufeinander verweisen. Anders als Max Weber, der soziales Handeln als für den Handelnden sinnhaftes, auf andere bezogenes Handeln gefaßt hat, geht es der Systemtheorie um soziale Handlungen in einem sozialen System. Dies ist für die Systemtheorie ein wichtiger Punkt, da Systeme nicht aus mehreren Personen bestehend gesehen werden, die miteinander in Beziehung stehen, sondern aus Handlungen. Das heißt, es wird von den jeweiligen Menschen abstrahiert und nur die sozialen Handlungen werden als relevant angesehen. Diese sozialen Handlungen hängen aber nicht in der Luft, sondern verweisen aufeinander, womit eine wichtige Frage der Soziologie angesprochen ist, nämlich wie soziale Handlungen zu sozialen Gebilden verbunden werden, wie die Vernetzung von Handlungen vor sich geht.

Der nächste Bestimmungsfaktor ist mit der Abgrenzung des Systems von einer Umwelt nicht dazugehöriger Handlungen angesprochen. Soziale Systeme sind immer dadurch bestimmt, daß sie eine Grenze zwischen sich und der Umwelt ziehen, d.h. es kann klar unterschieden werden, welche Handlungen zum System gehören und welche nicht. Die Differenzierung zwischen Innen und Außen verweist auf die Grenze von System und Umwelt.

Die letzte Bezugseinheit, die keine Grenze mehr hat, ist für Luhmann die Welt. Die Welt kann kein System sein, weil sie keine Umwelt mehr hat. Warum ist die Welt, also etwas sehr Unbestimmtes, für die Bestimmung sozialer Systeme wichtig? Sie ist vor allem in Verbindung mit einem für die Systemtheorie zentralen Begriff relevant: nämlich dem **Begriff der Komplexität.** Die Welt wird unter dem Gesichtspunkt ihrer Komplexität zum Problem. Komplexität meint „die Gesamtheit der möglichen Ereignisse" (ebd.). Aus dieser Vielzahl an möglichen Ereignissen wählt (Selektion) das soziale System diejenigen Möglichkeiten aus, die für es sinnhaft sind, in seinen Sinnzusammenhang passen: „Sinn ist Selektion aus anderen Möglichkeiten und damit zugleich Verweis auf andere Möglichkeiten“ (ebd., 116). Die Welt stellt sich zunächst also in ihrer unendlichen Komplexität dar, als Gesamtheit aller möglichen Ereignisse. Sinn ergibt sich dann, wenn Systeme aus dieser Komplexität bestimmte Möglichkeiten auswählen und dadurch die Komplexität verkleinern **(Komplexitätsreduktion).** Die wesentliche Funktion sozialer Systeme besteht in der Erfassung und Reduktion von Komplexität. Da der einzelne Mensch nur sehr begrenzte Fähigkeiten zur Erfassung und Reduktion von (Welt)Komplexität besitzt, übernehmen soziale Systeme diese Funktion. Sie vermitteln zwischen der unbestimmten Komplexität der Welt und der menschlichen Kapazität zur Komplexitätsverarbeitung.

Betrachten wir nun den **Prozeß der Systembildung.** Ein System bildet sich, indem sich eine Grenze zwischen Innen und Außen, zwischen System und Umwelt stabilisiert. Durch die Grenzziehung werden zugleich Sinngrenzen gezogen und es wird deutlich, welche Handlungen dem System zugerechnet werden und welche nicht. Innerhalb der Komplexität der Welt entstehen so „Inseln“ von geringerer Komplexität. Dies heißt aber nicht, daß soziale Systeme nicht auch komplex sein können. Sobald Systeme mehr als einen Zustand einnehmen können, d.h. mehr Möglichkeiten haben, sind auch sie komplex. Allerdings können sie nie den Grad an Komplexität erreichen, den die sie umgebende Welt hat. Wenn sich nun die Systemgrenzen stabilisiert haben und Sinngrenzen herausgebildet haben, dann können soziale Systeme relativ autonom gegenüber ihrer Umwelt werden. Sie können eigene Regeln entwickeln, wie sie die Umweltkomplexität erfassen und reduzieren. Systeme bilden eine eigene **Systemstruktur** aus, d.h. eine Struktur, die die Auswahl an Möglichkeiten steuert: „Soziale Systeme gewinnen eine über die Situation hinausreichende, die Systemgrenzen definierende Systemstruktur durch **Generalisierung der Erwartungen** für systemzugehöriges Verhalten“ (ebd., 121).

Die Struktur eines sozialen Systems bildet sich also heraus, indem Erwartungen für systemzugehöriges Verhalten generalisiert werden. Auch in der Systemtheorie spielen Erwartungen eine wichtige Rolle. Indem soziale Systeme relativ stabile Erwartungen (zeitlich, sachlich, sozial) ausbilden (also eine Struktur entwickeln), können sie systemkonformes Verhalten erwarten und dadurch die eigene Existenz auf Dauer stellen. Die Struktur eines sozialen Systems bildet gewissermaßen den stabilen Rahmen, innerhalb dessen die Komplexität der Welt nach systemeigenen Kriterien verarbeitet und reduziert wird. Diese Selektionen geschehen in der Zeit, worauf der Begriff **Prozeß** verweist: „Prozeß ist Reduktion von Komplexität als faktisches Geschehen“ (ebd., 125).

Wir sind nun an dem Punkt, wo sich das soziale System in Abgrenzung zu seiner Umwelt herausgebildet hat, eine eigene innere Komplexität und eine bestimmte Struktur durch generalisierte Erwartungen entwickelt hat. Ab einem gewissen Punkt steht das soziale System aber vor dem Problem, daß es selbst zu komplex wird, um in einer komplexen Umwelt noch handlungsfähig sein zu können. Systeme können sich aber weiterentwickeln, indem sie in sich selbst Teile bilden, die eigene Systeme werden. Die Systemtheorie nennt dies die **interne Differenzierung.** Innerhalb des Systems bilden sich Teile, die ebenfalls Systemcharakter haben, also eigene Grenzen stabil halten. Komplexe Systeme reduzieren Komplexität, indem sie sich intern differenzieren.

Wir werden das Problem der Differenzierung auf der Ebene des Gesellschaftssystems weiter unten genauer behandeln. Fassen wir nochmals die wichtigsten Begriffe der ersten Fassung der Theorie sozialer Systeme zusammen; wesentlich für soziale Systeme ist:

- ein Sinnzusammenhang von sozialen Handlungen;
- die Grenzziehung und die Beziehungen zwischen System und Umwelt;
- die Komplexitätsreduktion;
- die Struktur (Generalisierung von Erwartungen) und der Prozeß;
- die interne Differenzierung.

Als **Beispiel** für ein soziales System soll nun ein Unternehmen dienen, das Computersoftware vertreibt. Dieser Betrieb ist als System von seiner Umwelt abgegrenzt, d.h. es läßt sich feststellen, welche soziale Handlungen zum System gehören und welche nicht. Der Betrieb bildet einen Sinnzusammenhang von sozialen Handlungen, d.h. aus der Komplexität der Umwelt, aus der Vielzahl an möglichen Handlungen werden einige ausgewählt, die in den Sinnzusammenhang passen. So wird es z.B. für diesen Betrieb Sinn machen, Kontakte zu Software-Entwicklern aufzubauen, eine Kundenkartei zu installieren oder Marketing zu betreiben, aber wahrscheinlich wenig Sinn, im Betrieb eine Bibliothek für klassische Weltliteratur aufzubauen. Obwohl der Betrieb Bedienstete hat, sind für die systemtheoretische Betrachtungsweise nicht die Individuen relevant, sondern ausschließlich die Handlungen, die im System gesetzt werden. Ein Angestellter nimmt nicht als ganze Person im Betrieb teil, sondern nur durch seine betriebsbezogenen Handlungen.

Der Betrieb als System handelt und wählt aus der Vielzahl an Möglichkeiten ständig bestimmte aus und reduziert so die Komplexität seiner Umwelt. Gleichzeitig entwickelt aber das System Betrieb auch eine Systemstruktur, d.h. bestimmte Regeln, bestimmte Umgangsformen, bestimmte Ablaufschemata usw., um sowohl seine internen Beziehungen zu regeln, als auch den Kontakt mit der Umwelt. Der Betrieb gewinnt durch seine Struktur eine stabile Fassung, er kann bis zu einem bestimmten Grad autonom von seiner Umwelt werden. Soziale Systeme sind aber keine geschlossenen Systeme, d.h. sie stehen in vielfältigen Beziehungen zu ihrer Umwelt. In unserem Fall besteht die Umwelt z.B. aus anderen Unternehmen, Kunden, aus dem Wirtschaftssystem als ganzem, dem politischen System usw. Je nach der Struktur des Unternehmens (hierarchisch oder dezentral) wird es unterschiedlich auf Umweltveränderungen reagieren (starr oder flexibel) bzw. sich seine eigene Umwelt schaffen.

Ein Unternehmen stellt für die Systemtheorie ein Organisationssystem dar. Luhmann unterscheidet drei **verschiedene Systemtypen:** Interaktionssysteme, Organisationssysteme und Gesellschaftssysteme.

1. **Interaktionssysteme:** sie kommen dadurch zustande, „daß Anwesende sich wechselseitig wahrnehmen" (Luhmann 1975, 10). Selektionsprinzip und Grenzziehungsprinzip ist die Anwesenheit, d.h. wer nicht anwesend ist, gehört nicht zum System. Luhmann führt als Beispiel u.a. eine Kartenrunde, eine Massenversammlung, eine Taxifahrt an. In Interaktionssystemen kann man nur mit den Anwesenden sprechen, allerdings kann die Umwelt im System thematisiert werden, indem von den Anwesenden über Nichtanwesende gesprochen wird. Soll das Interaktionssystem eine innere Ordnung ausbilden, so genügt die bloße Wahrnehmung der Anwesenden nicht mehr: dann muß sich das System auf ein bestimmtes Thema konzentrieren, das im Zentrum der Aufmerksamkeit steht. Allerdings können Themen im System nur jeweils im zeitlichen Nacheinander abgehandelt werden. Dies erfordert aber sehr viel Zeit. Nachteilig erweist sich auch, daß sachlich sehr komplexe Kommunikationen in ein Nacheinander gebracht werden müssen. Luhmann folgert aus diesen Beschränkungen, daß Interaktionssysteme keine sehr hohe Komplexität erreichen können: weder in ihren eigenen Möglichkeiten, noch in ihren Umweltbeziehungen. Bildet sich keine innere Ordnung aus, so löst sich das Interaktionssystem wieder auf und ein neues kann sich bilden. Höhere Leistungen können soziale Systeme erbringen, die sich von diesen Beschränkungen der Systembildung auf der Ebene von Interaktionen unabhängig machen können.

2. **Organisationssysteme:** vor allem in komplexen Gesellschaften ist der Systemtyp Organisation sehr wichtig. Der Typus Organisation läßt sich weder auf Interaktion noch auf Gesellschaft zurückführen: „Als organisiert können wir Sozialsysteme bezeichnen, die die Mitgliedschaft an bestimmte Bedingungen knüpfen, also Eintritt und Austritt von Bedingungen abhängig machen" (ebd., 12). Die Funktion von Organisation besteht darin, daß sehr unterschiedliche Menschen mit unterschiedlichen Motiven durch den Eintritt in das Organisationssystem auf organisationsinterne Verhaltensweisen verpflichtet werden können. Die Mitglieder müssen sich den Verhaltensanforderungen der Organisation anpassen: „In der Form von Mitgliedschaftsregeln können differenzierte Ämterstrukturen und Kommunikationsschranken, Rechte auf Mittelgebrauch und Verantwortlichkeiten, Weisungsketten und Kontrollmechanismen eingerichtet werden, zu deren Pauschalanerkennung der Eintretende verpflichtet wird" (ebd.). Wenn wir unser Unternehmensbeispiel wieder heranziehen, so wird der Eintritt in die Organisation mit der Unterzeichnung eines Arbeitsvertrages besiegelt und ab diesem Zeitpunkt muß sich das Organisationsmitglied – für die Dauer der Arbeitszeit – an die Zwecke und Anforderungen der Organisation anpassen.

3. **Gesellschaftssysteme:** Luhmann bestimmt Gesellschaft als „das umfassende Sozialsystem aller kommunikativ füreinander erreichbaren Handlungen" (ebd., 11). Die Grenzen von Gesellschaft sind nach dieser Bestimmung die Grenzen möglicher und sinnvoller Kommunikation, d.h. Grenzen von Erreichbarkeit und Verständlichkeit. Im Unterschied zu Interaktionssystemen können Gesellschaften nicht aufhören und sich neu bilden, da alle Änderungen an das vorhandene Gesellschaftssystem angeschlossen werden müssen.

Luhmann denkt die Systemebenen ineinander verschachtelt. Handlungen können gleichzeitig mehreren Systemen angehören: „So gehört jedes Interaktionssystem und jedes Organisationssystem auch zu einem Gesellschaftssystem, und ein Interaktionssystem kann, braucht aber nicht einer Organisation angehören" (ebd., 18). Die jeweils umfassenderen Systeme geben den eingeordneten Systemen strukturelle Prämissen vor und sie ordnen zugleich die nähere Umwelt des Teilsystems. Die Bewegungsfreiheit der Interaktionssysteme beruht auf unvollständiger Koordination des umfassenderen Systems: „Die Gesamtgesellschaft bleibt mit Organisationssystemen und mit Interaktionssystemen kompatibel, weil sie für diese eine geordnete Umwelt ist und zugleich Bedingungen der Möglichkeit von Strukturbildung garantiert" (ebd., 19).

Abschließend soll nun ein **Beispiel** die bisherigen Ausführungen zur Theorie offener Systeme verdeutlichen. Luhmann bezeichnet den Grenzfall elementarer Interaktion zwischen Fremden als ein „einfaches Sozialsystem“ bzw. „ein Interaktionssystem“. Willke prägt für diesen anfänglich offenen Systemtyp die Bezeichnung **„Quasi-System“.** Solche Systeme entstehen aus der elementaren Interaktion von Anwesenden. Grundbedingung ist, daß sich die Anwesenden wechselseitig wahrnehmen. Ein System bildet sich insofern, als durch die wechselseitige Wahrnehmung bereits eine Selektion von Beziehungen stattfindet, also eine Komplexitätsdifferenz zwischen dem sich bildenden System und der Umwelt entsteht. Wahrnehmung bedeutet, daß auf beiden Seiten der Interaktionsteilnehmer selektive Prozesse des Erlebens und Handelns in Gang gesetzt werden, es werden zumindest minimale gemeinsame Orientierungen entwickelt. Geschieht dies nicht, können sich auch keine stabileren Systemstrukturen bilden. Wenn die Interaktion abgebrochen wird, der andere aus meinem Gesichtskreis verschwindet, löst sich auch das durch Anwesenheit bestimmte Interaktionssystem auf. Quasi-Systeme sind durch hohe Fluktuationsmöglichkeiten gekennzeichnet, d.h. im Unterschied zur Mitgliedschaft in einer Organisation ist es sehr leicht, in das System ein- bzw. aus dem System auszutreten. Quasi-Systeme haben zumeist keine Identität, keine eigenständigen Beziehungsstrukturen, sondern bestehen aus den anwesenden Beteiligten. Die Handlungen einzelner Mitglieder eines Quasi-Systems werden noch nicht dem System zugerechnet. Ein Quasi-System verdichtet sich zu einem System, wenn sich eine Systemidentität bildet und es zu einer Identifikation der Mitglieder mit dem System kommt. Eine Systembildung wird dann notwendig, wenn

- aus Zweierbeziehungen Systeme mit mehr Personen werden;
- wenn sich der Zeithorizont erweitert, d.h. das Interesse an längerfristiger Fortsetzung der Interaktion aufkommt;
- wenn die Handlungsfähigkeit des Systems als System und nicht der einzelnen Personen angestrebt wird, d.h. wenn Handlungen dem System zugerechnet werden.

Gehen wir von der Anfangssituation in einem Soziologie-Proseminar aus. Aus der Gesamtheit der anwesenden Studierenden sollen sich zu Beginn Gruppen mit je vier Mitgliedern bilden, die das ganze Semester als Gruppe zusammenarbeiten und die gestellten Aufgaben als Gruppe bewältigen müssen. Für unser Beispiel haben sich vier Studenten zur Gruppe „X“ zusammengefunden. Zu Beginn gibt es noch kein Bewußtsein der Gruppe als Gruppe, sondern vier Studenten werden mit einigen Aufgabenstellungen konfrontiert, die im Laufe des Semesters zu erledigen sind (u.a. Erarbeitung eines Themas, Halten eines Referats, Anfertigen einer schriftlichen Abschlußarbeit). Der erste Schritt wird sein, daß sich die Gruppenmitglieder bekannt machen und erste Überlegungen anstellen, wie die Komplexität der Aufgabenstellung (aus der Umwelt!) für die Gruppe handhabbar gemacht werden kann (Komplexitätsreduktion), welche Ressourcen zur Verfügung stehen, wann welche Aufgaben zu erledigen sind, wie die zeitlichen Möglichkeiten der einzelnen Gruppenmitglieder ausschauen usw. Die Gruppe „X" versucht also, die sachliche Komplexität insofern zu reduzieren, als sie zuerst einmal die vorhandenen Ressourcen überprüft und möglicherweise auch schon erste Vereinbarungen über Arbeitsschritte überlegt. Gleichzeitig mit diesen ersten Schritten als Gruppe lernen sich die Gruppenmitglieder zunehmend besser kennen, die anfängliche Unsicherheit wird zunehmendem Vertrauen weichen, die soziale Komponente kommt ins Spiel. Die Gruppe beginnt zu leben, es werden Regeln und gemeinsame Orientierungen entstehen. Nun ist es klar, daß nicht alle anfallenden Aufgaben von der gesamten Gruppe erledigt werden können. Die Koordination von vier Gruppenmitgliedern stellt eine sehr komplexe Aufgabe dar, weshalb die Gruppe dazu übergehen wird, interne Differenzierungen einzuführen, d.h. eine interne Arbeitsteilung einzuführen; nicht mehr alle machen alles, sondern bestimmte Gruppenmitglieder werden bestimmte Aufgaben übernehmen, es kann zu einer Rollendifferenzierung kommen (Referent, Literatursucher o.ä.). Interne Differenzierungen und Festlegungen sind ein Zeichen dafür, daß das System eine Struktur gewinnt. Durch die funktionale Binnendifferenzierung wird die Reduktion von sozialer Komplexität ermöglicht. Allerdings treten mit jeder Differenzierung auch Folgeprobleme auf: mit jeder Arbeitsteilung und Rollenzuweisung steigert sich die wechselseitige Abhängigkeit und die Notwendigkeit von Koordination. Wenn z.B. ein Gruppenmitglied die Aufgabe übernimmt, ein für das Referat wichtiges Buch durchzuarbeiten, aus verschiedensten Gründen diese Aufgabe aber nur unzureichend erledigt, wird die Gruppe als ganze mit erheblichen Schwierigkeiten konfrontiert, da sie von dieser Leistung abhängig ist. Mit der internen Differenzierung gewinnt unsere Gruppe „X" aber eine neue Form der Eigenkomplexität. Sie kann Aufgaben auf unterschiedliche Gruppenmitglieder verteilen und ist dadurch als System fähig geworden, auch mit erhöhten Anforderungen aus der Umwelt umzugehen, da sie nicht mehr alles gleichzeitig am selben Ort durchführen muß (dies bringt Zeitersparnis und Mobilität mit sich).

Nun hat die Gruppe aber nicht nur eine Aufgabe zu erledigen, sondern muß im Laufe des Semesters mehrere Aufgaben zu unterschiedlichen Zeitpunkten bewältigen, d.h. die zeitliche Komplexität ist der nächste Faktor, der reduziert werden muß. Dies kann die Gruppe in der Form lösen, indem sie die zeitliche Komplexität in Prozesse auflöst, d.h. in ein zeitliches Nacheinander, aber auch in gleichzeitige (was durch die interne Differenzierung ermöglicht wird) Prozesse bringt. Wir können diese Bewältigung zeitlicher Komplexität als Zeitplanung bezeichnen, als das Festlegen von zeitlichen Abläufen und Prozessen in Verbindung mit bestimmten Aufgaben bzw. in Abstimmung mit den personellen Ressourcen. Bis jetzt haben wir unser soziales System Gruppe nur als eines vorgestellt, das auf Vorgaben aus der Umwelt (z.B. den LV-Leiter) reagiert und sich durch diese Umwelteinflüsse bestimmen läßt. Im Verlauf der Systembildung kann sich aber die Gruppe soweit entwickeln, daß sie aus sich heraus selbst Ziele formuliert, sich aktiv gegenüber der Umwelt selbst organisiert. Es wäre denkbar, daß die Gruppe nicht nur die an sie gestellten Aufgaben erfüllt, sondern aufgrund von eigenen Interessen auch Alternativen vorschlägt (z.B. eine andere Schwerpunktsetzung bei der Aufgabenerledigung oder ein anderes Thema) und dies auch gegenüber der Umwelt durchzusetzen versucht. Allerdings erfordert dies, daß die Gruppe schon ein Bewußtsein ihrer selbst entwickelt hat, eine Identität als System gewonnen hat, das über sich selbst nachdenken kann, sich selbst zum Thema machen kann (Reflexion) und dadurch aus der Vielzahl an möglichen Alternativen (Komplexität) eine für sie adäquate auswählt und der Umwelt gegenüber zum Ausdruck bringt. Auch wenn es zu dieser Fähigkeit zur Selbstorganisation bei unserer Gruppe nicht kommt, sondern sie sich nur auf die jeweiligen Anforderungen aus ihrer Umwelt einstellt, hat sie sich im Verlauf ihrer Entwicklung zu einem System entwickelt. Die Gruppe stand vor dem Problem, die Komplexität der Umwelt zu reduzieren und hat dies auf die eine oder andere Weise getan. Sie hat eine eigene Struktur herausgebildet, sei es durch interne Differenzierung, sei es durch zeitliche Planung und hat damit auf die Komplexität der Umwelt mit dem Aufbau einer eigenen (sachlichen, sozialen, zeitlichen) Komplexität geantwortet. Im Unterschied zur Situation des „Quasi-Systems“ zu Beginn des Semesters hat die Gruppe als System eine Identität gewonnen. Die Handlungen der Gruppe werden nun nicht mehr einzelnen Gruppenmitgliedern zugeschrieben, sondern der Gruppe als sozialem System.

6.3.2 Systeme als auto-poetische Systeme

Wir haben oben die Perspektivenveränderungen der Allgemeinen Systemtheorie in Richtung einer Theorie auto-poetischer (sich selbst erzeugender) Systeme angeführt. Auch in der soziologischen Systemtheorie wird seit Luhmanns Hauptwerk „Soziale Systeme" (1984) die Theorie offener Systeme von Luhmann zunehmend durch eine **Theorie auto-poetischer bzw. selbstreferentieller Systeme** ersetzt. Systeme sind demnach geschlossene, auto-poetische Systeme, die sich reproduzieren, indem sie die Elemente, aus denen die bestehen, in einem fort selbst herstellen.

Luhmann unterscheidet **psychische Systeme** und **soziale Systeme,** die beide sinnverwendende Systeme sind. Das psychische System, das Bewußtsein ist ein auto-poetisches, operational geschlossenes System, d.h. es bringt die Komponenten, aus denen es besteht, fortlaufend selbst hervor und erzeugt dadurch seine Einheit als System. Die Komponenten psychischer Systeme nennt Luhmann **Gedanken bzw. Vorstellungen.** Das Wesentliche des psychischen Systems ist also das Bewußtsein, der ständige Gebrauch von Gedanken, die Verbindungen mit anderen Gedanken eingehen oder wieder verlorengehen. Die Systemtheorie geht davon aus, daß Menschen als psychische Systeme eigenständige Systeme für sich bilden, die zwar an verschiedenen sozialen Systemen teilnehmen, aber von diesen zu unterscheiden sind. Wenn wir z.B. das soziale System Organisation hernehmen, dann zeigt sich, daß Menschen als psychische Systeme zwar Teile von Organisationen sind, aber nicht in ihrem ganzen Menschsein in der Organisation aufgehen. Eine Stelle als Sachbearbeiter in einem Ministerium z.B. kann zum einen von unterschiedlichen Menschen besetzt werden, zum anderen füllt der Mensch diese Stelle nur im Hinblick auf die jeweiligen Zwecke und Aufgaben dieser Stelle bzw. der Organisation aus. Welche kulinarischen Vorlieben dieser Mensch hegt, ob er lieber Gulasch oder Wiener Schnitzel ißt oder vielleicht selbst begeisterter Hobbykoch ist, ist und muß für die Erfüllung stellenbezogener Aufgaben irrelevant sein. Ein Sachbearbeiter, der einem Kunden anstelle sachbezogener Informationen ein Kochrezept vorträgt, nur weil ihn eben das mehr interessiert, wird vermutlich nicht lange diese Stelle besetzen. Die Trennung von psychischem System und sozialem System will besagen, daß beide eine eigene Realität darstellen, das eine nicht mit dem anderen zusammenfällt, gleichwohl sie aber auch nicht völlig unabhängig voneinander existieren.

Luhmann verwendet den Autopoesis-Begriff aber nicht nur zur Bestimmung psychischer Systeme, sondern vorrangig zur Bestimmung des zentralen Gegenstands der Soziologie, nämlich **sozialer Systeme.** Auch soziale Systeme werden als geschlossen operierende Gebilde gefaßt, die sich durch die ständige Reproduktion ihrer Elemente selbst erhalten. In der ersten Fassung der Systemtheorie (als Theorie offener Systeme) hat Luhmann Handlungen als Elemente von sozialen Systemen bezeichnet. Da Handlungen aber immer auf Einzelpersonen bezogen werden und Kommunikationen immer schon auf mindestens zwei psychische Systeme verweisen (also den Charakter des Sozialen besser zum Ausdruck bringen), werden in der Theorie autopoetischer Systeme als Letzteinheiten sozialer Systeme Kommunikationen gefaßt. **Soziale Systeme** sind also **Kommunikationssysteme,** die sich reproduzieren, indem dauernd Kommunikationen an Kommunikationen angeschlossen werden. Ein soziales System ist durch einen selbstbezüglichen (Selbstreferenz) Prozeß der Erzeugung von Kommunikation durch Kommunikation gekennzeichnet. Das soziale System kann also nur dann weiterbestehen, wenn eine Kommunikation jeweils eine Nachfolgekommunikation erzeugt. Wenn dies nicht der Fall ist, hört das soziale System auf zu existieren.

Ziehen wir als Beispiel für ein auto-poetisches System wieder unser Unternehmen zum Vertrieb von Computersoftware heran. Wir haben bereits früher das Unternehmen als eine Organisation, als ein organisiertes Sozialsystem bestimmt. Ein Organisationssystem ist durch (veränderbare) Mitgliedschaften gekennzeichnet, legt durch Programme und Stellen fest, welche Aufgaben wie und durch wen zu erledigen sind und besitzt eine Struktur, die die jeweiligen Kommunikationswege und -möglichkeiten steuert. Wenn nun eine Organisation als auto-poetisches System begriffen wird, heißt dies, daß das System aus bestimmten Grundelementen besteht, die sich in einem fort selbst hervorbringen und dadurch das System reproduzieren. Das Grundelement organisierter Sozialsysteme sind nach Luhmann **Entscheidungen.** Organisationen sind Systeme, „die aus Entscheidungen bestehen und die Entscheidungen, aus denen sie bestehen, durch die Entscheidungen, aus denen sie bestehen, selbst anfertigen" (Luhmann 1988, 166).

Dieses etwas verworren klingende Zitat will sagen, daß die Grundelemente von Organisationen Entscheidungen sind und daß sich die Organisation durch diese Entscheidungen fortlaufend selbst erzeugt. Als Entscheidung gilt dabei alles, was die Organisation als Entscheidung ansieht. Nehmen wir an, in unserem Software-Unternehmen wird die Entscheidung getroffen, in Zukunft die Angebotspalette zu verkleinern. Diese Entscheidung wird für das Unternehmen bestimmte Änderungen mit sich bringen, z.B. müssen Folgeentscheidungen hinsichtlich neuer Marketingstrategien gefällt werden, muß die Einkaufspolitik geändert werden usw. Eine Entscheidung kann natürlich auch von den davon Betroffenen ignoriert werden, was wiederum andere Entscheidungen nach sich ziehen wird. Die Struktur der Organisation (Programme, Kommunikationswege, Stellen) bestimmt nun darüber, welche Konsequenzen aus der Entscheidung gezogen werden bzw. welche Konsequenzen entstehen und wie Entscheidungen umgesetzt werden; solange, bis neue Entscheidungen getroffen werden.

Wichtig ist dabei hervorzuheben, daß die Entscheidungen nur im System vom System getroffen werden. Kein Außenstehender kann für das Unternehmen eine Entscheidung treffen. Zwar reagiert das Unternehmen auf Veränderungen in der Umwelt (z.B. ist denkbar, daß ein Softwarehersteller pleite gegangen ist), jedoch bestimmt es ausschließlich selbst, welche Entscheidungen es aufgrund dieser Umweltveränderungen trifft.

Während soziale Systeme also in einem fort Kommunikationen erzeugen, erzeugen psychische Systeme fortlaufend Gedanken. Für beide ist aber charakteristisch, daß sie Systeme sind, die **Sinn** konstituieren und verwenden. Beide operieren sinnhaft: soziale Systeme in Form eines geschlossenen Kommunikationszusammenhangs, psychische Systeme in Form eines geschlossenen Bewußtseinszusammenhangs. Sinn heißt, daß ständig aus der Vielzahl an Möglichkeiten einige ausgewählt werden, wobei die nicht gewählten Möglichkeiten als Möglichkeiten erhalten bleiben und zu einem späteren Zeitpunkt aktualisiert werden können. Wichtig ist hier, daß sowohl das Bewußtsein als auch die Kommunikation eine intentionale Struktur haben, d.h. sich auf etwas Inhaltliches beziehen. Bewußtsein ist Bewußtsein von etwas, Kommunikation ist immer Kommunikation über etwas. Wir haben bereits gehört, daß Sinn eine Form des Umgangs mit Komplexität ist. Er ermöglicht zugleich eine Reduktion und die Erhaltung von Komplexität. Ein bestimmter Sinn ist auch dadurch gekennzeichnet, daß bei weiteren Selektionen jeweils bestimmte Anschlußmöglichkeiten festgelegt und andere vorläufig ausgeschlossen werden. Jedes soziale System verarbeitet Informationen aus der Umwelt, indem es diese Informationen oder Teile derselben in die systemeigenen Sinngrenzen einbaut oder nicht.

Das psychische System verarbeitet Sinn durch ein problematisierendes Bewußtsein, das soziale System durch Kommunikation. Luhmann unterscheidet drei Sinndimensionen:

a) die **Sachdimension** (die auf sachliche Sinngehalte der Realität verweist, d.h. auf das „Was");

b) die **Zeitdimension** (die auf Vergangenheit, Gegenwart und Zukunft verweist, d.h. das „Wann" thematisiert);
c) die **Sozialdimension** (die sich auf Sozialität bezieht, d.h. wie andere Personen sich erlebend und handelnd auf den gleichen Sinn beziehen, die also das „Wer" anspricht).

Jedes System besitzt systemeigene Verarbeitungsregeln, die seine Sinngrenzen regulieren und jeweils über die Einbindbarkeit oder Nichteinbindbarkeit von Informationen der Umwelt befinden. Jedes System hat (bzw. entwickelt) bestimmte Codes für spezielle Bereiche des Erlebens und Handelns, die Kommunikationsanweisungen enthalten, wie aus der Unmenge von Selektionsmöglichkeiten diejenigen Möglichkeiten ausgewählt werden, die für das System „sinnhaft" sind. Gesellschaftliche Teilsysteme (z.B. Wirtschaft, Politik, Wissenschaft usw.) können sogar eigene **Steuerungsmedien** entwickeln, die die Selektionsprozesse und Anschlußkommunikationen in eine bestimmte Richtung weisen. Medien sind „Spezialsprachen", die die Kommunikationen in einem bestimmten System steuern. Das Wirtschaftssystem ist beispielsweise durch das Steuerungsmedium Geld gekennzeichnet. Für das System Wirtschaft erweisen sich Geldzahlungen als äußerst „sinnvoll", da Geld dasjenige Medium ist, über das Zahlungen abgewickelt werden. Alle Zahlungen geben für das System Wirtschaft Sinn, da damit weitere Zahlungen getätigt werden können und sich so alle Wirtschaftsaktivitäten aneinanderreihen können.

Der Wechsel von der Systemtheorie als Theorie offener Systeme zu einer Theorie selbstreferentiell-geschlossener Systeme ist zusammenfassend im wesentlichen dadurch gekennzeichnet, daß das Hauptaugenmerk stärker auf die interne Funktionsweise der Systeme gelenkt wird und damit die Austauschbeziehungen zwischen System und Umwelt an Wichtigkeit verlieren. Grundthese ist, daß soziale Systeme geschlossen funktionierende Systeme sind, die nicht von ihrer Umwelt determiniert werden können, sondern selbst bestimmen, was sie in welcher Form von ihrer Umwelt aufnehmen und wie sie diese Umweltereignisse in das eigene Funktionssystem einbauen.

6.4 Gesellschaft und funktionale Differenzierung

Wir haben bisher unser Hauptaugenmerk auf Interaktions- und Organisationssysteme gelegt. Jetzt soll die Gesellschaft stärker in den Mittelpunkt gestellt werden. Das Gesellschaftssystem wurde oben als das umfassende Sozialsystem aller kommunikativ füreinander erreichbaren Handlungen bestimmt. Aus der Sicht der Theorie autopoetischer Systeme wird nun auch die Gesellschaft als auto-poetisches System gefaßt, das aus Kommunikationen besteht und zwar aus allen Kommunikationen. **Gesellschaft** ist dasjenige System, „das alle sinnhaften Kommunikationen einschließt und sich immer dann bildet, wenn im Anschluß an vorige Kommunikation oder im Hinblick auf weitere Kommunikation (also auto-poetisch) kommuniziert wird" (Luhmann 1986: 267). Das Gesellschaftssystem bildet also die Einheit des Sozialen, d.h. es umfaßt alle anderen sozialen Systeme, die in es eingebettet ist.

Dieser sehr allgemeine Gesellschaftsbegriff wird deutlicher, wenn wir darauf eingehen, daß auch Gesellschaften – wie alle sozialen Systeme – bestimmte Strukturen aufweisen. **Gesellschaftsstruktur** meint, daß auch ein Gesellschaftssystem aus einer prinzipiell unendlichen Anzahl von Möglichkeiten, Anschlußhandlungen auf ein bestimmtes erwartbares Ausmaß einschränkt. Ein System ist dann strukturiert, wenn die Vielfalt an Möglichkeiten auf Erwartbares reduziert wird. Wie sich Gesellschaftsstrukturen als Aspekt des gesellschaftlichen Prozesses ausbilden, wird von der Systemtheorie im Kontext einer **Theorie soziokultureller Evolution** behandelt. Evolution meint, daß sich ein System verändert, indem es selbst durch das Zusammenspiel von Selektion und Variation Veränderungen annimmt. Evolution darf aber nicht als zielgerichteter und gewollter Prozeß verstanden werden. Sie ist ein kontingenter Prozeß, d.h. sie kann immer auch anders verlaufen. Der Prozeß (also die zeitliche Dimension eines Systems) kann auch vollkommen Unerwartetes realisieren, als die Struktur eines Systems nahelegt. Gesellschaften bilden immer neue Formen aus, die jeweils qualifizieren, was im System ausgeschlossen wird, was weiterverfolgt wird bzw. was neu erfunden werden muß. Jede Gesellschaft schränkt Beliebigkeit durch bestimmte Formen ein: nicht alles ist zu jeder Zeit gleich wahrscheinlich und möglich.

Gesellschaftsstrukturen haben sich im Verlauf der Geschichte verändert. Die gesellschaftliche Entwicklung, die Evolution von Gesellschaften wird systemtheoretisch als **strukturelle Differenzierung** verstanden. Systemdifferenzierung meint, daß sich das Gesellschaftssystem intern ausdifferenziert, d.h. als Reaktion auf wachsende Komplexität Subsysteme ausbildet und sich strukturell verändert. Systeme entwickeln aus sich heraus neue Teilsysteme, bringen also interne System-Umwelt-Differenzen hervor.

Luhmann unterscheidet **drei Stufen der gesellschaftlichen Evolution,** die sich durch jeweils unterschiedliche Differenzierungsformen auszeichnen:

Die erste Differenzierungsform ist die **segmentäre,** d.h. eine gesellschaftliche Form, die sich in gleichen Einheiten reproduziert. Diese Differenzierungsform ist typisch für **archaische Gesellschaften,** die aus gleichen Teilen, z.B. Stämmen oder Familien bestehen. Teilsysteme in segmentär differenzierten Gesellschaften sind dadurch gekennzeichnet, daß die Zugehörigkeit zu einem Teilsystem in der Anwesenheit der Personen besteht. Die Anwesenheit der Gesellschaftsmitglieder am selben Ort und ein geringer Grad an Arbeitsteilung machen deutlich, daß diese Gesellschaft durch eine geringe Komplexität gekennzeichnet ist. Ein Stamm in segmentär differenzierten Gesellschaften ist z.B. dadurch gekennzeichnet, daß er aus gemeinsam an einem Ort wohnenden Mitgliedern besteht, die untereinander in einem bestimmten verwandtschaftlichen Verhältnis stehen. Stämme sind zumeist Selbstversorger, d.h. können sich durch Ackerbau, Viehzucht und Jagd reproduzieren. Arbeitsteilung ist großteils geschlechtlich bestimmt, d.h. spezifische Aufgaben werden von Männern, andere von Frauen erledigt. Außenbeziehungen zu anderen Stämmen dienen – sofern sie stattfinden – entweder (bei exogamen Verwandtschaftsbeziehungen) der Herstellung von ehelichen Beziehungen oder kriegerischen Auseinandersetzungen. Segmentär differenzierte Gesellschaften bestehen aus vielen gleichen Einheiten, die nur geringe Komplexität haben (d.h. geringe Variations- und Selektionsmöglichkeiten) und dadurch alle Handlungen zeitlich nacheinander setzen müssen. Zwar gibt es in einfachen Gesellschaften bereits in geringerem Ausmaß interne Differenzierungen, z.B. Rollendifferenzierungen (Priester) oder Differenzierungen entlang von Alter oder Geschlecht (hohes Prestige alter Menschen; geschlechtsspezifische Arbeitsteilung), generell stellt sich diese Gesellschaft aber von allen Positionen aus als gleich dar.

Im Laufe der Zeit führt die wachsende gesellschaftliche Komplexität dazu, daß sich eine neue primäre Differenzierungsform herausbildet, nämlich die **stratifikatorische Differenzierung.** Stratifikatorisch differenziert sind Gesellschaften, die nach Schichten gegliedert sind (lateinisch: status = Schicht). Diese Gesellschaftsform reicht von den frühen Hochkulturen bis in das Europa des 15. und 16. Jahrhunderts. Stratifikatorische Gesellschaften sind ungleiche Gesellschaften, da die einzelnen Teilsysteme zueinander in hierarchischer Beziehung stehen. Personen werden zumeist von Geburt an unterschiedlichen Ständen zugeordnet und die Zugehörigkeit zu einem jeweiligen Stand hat zur Folge, daß man entweder unten oder oben steht. Wer in einer Bauernfamilie geboren wurde, für den war klar, daß er zeit seines Lebens zum Bauernstand gehören wird. Die schichtgegliederte Gesellschaft bezog ihre Legitimation aus der Religion. Die Zugehörigkeit zu Ständen, die gesellschaftlich zementierte Ungleichheit war eine „gottgewollte Ordnung“, d.h. ewig, nicht änderbar und schicksalhaft anzunehmen. Religiöse Weltbilder bieten eine einheitliche Sinngebung, alles ist so, wie es Gott gewollt hat und es ist gut so. Zuwiderhandlungen und Auflehnungen gegen diese Ordnung sind Auflehnungen gegen Gott und werden dementsprechend bestraft.

Der Wandel dieser stratifikatorisch differenzierten Gesellschaft vollzieht sich aus der Sicht der Systemtheorie im Übergang vom Mittelalter zur Neuzeit. Die Politik löst sich langsam von ihren religiösen Wurzeln, der staatliche Souveränitätsgedanke entwickelt sich, Staat und Gesellschaft werden schrittweise unabhängiger von Kaiser und Papst. Es kommt zur Ausdifferenzierung der Politik zu einem eigenen gesellschaftlichen Teilsystem. Seit dem 16. Jahrhundert kristallisieren sich schrittweise auch für andere gesellschaftliche Funktionsbereiche eigene Teilsysteme heraus: die Wirtschaft, die Wissenschaft, die Politik, das Rechtssystem, die Religion usw.

Der primäre Differenzierungstyp moderner Gesellschaft ist die **funktionale Differenzierung.** Aus Sicht der Systemtheorie leben wir heute in Gesellschaften, die funktional differenziert sind. Die jeweiligen Systeme sind dadurch gekennzeichnet, daß sie für bestimmte gesellschaftliche Funktionen exklusiv zuständig sind und daß diese Funktionen nicht von anderen Systemen erfüllt werden können. Gesellschaft ist aus diesem Blickwinkel kein einheitliches Ganzes mehr, sondern besteht aus ausdifferenzierten Teilbereichen. So besteht die wesentliche Funktion des Systems Wirtschaft in der Regulierung von Knappheit. Das Wirtschaftssystem kann sich auf diese Funktion konzentrieren und braucht z.B. keine religiöse Funktion auszuüben. Ebenso wie die Wirtschaft keine transzendentale Sinngebungsinstanz zu sein braucht, braucht sie auch keine politischen Funktionen oder erzieherischen Funktionen übernehmen.

Von funktionaler Differenzierung kann dann gesprochen werden, wenn die internen Prozesse eines Teilsystems auf bereichsspezifische Funktionen zugeschnitten sind und das Teilsystem über bestimmte Standards verfügt, die die interne Handlungsauswahl steuern. Die Steuerung der Teilsysteme funktioniert über **„binäre Codes“,** d.h. Grundunterscheidungen, nach denen das System seine Auswahl trifft. Das System Wirtschaft beispielsweise funktioniert auf der Grundunterscheidung Zahlen/Nichtzahlen, d.h. alles, was in Geldzahlungen übersetzbar ist, kann für das Wirtschaftssystem relevant werden. Das System Wissenschaft funktioniert nach dem zweiwertigen Code „Wahrheit/Unwahrheit", d.h. alles, was im Wissenschaftssystem geschieht, wird anhand dieser Grundunterscheidung gemessen. Im Rechtssystem ist die Grundunterscheidung die zwischen „Recht/Unrecht" usw.

Bleiben wir jedoch beim Wirtschaftssystem. Die Systemtheorie geht davon aus, daß die Grundunterscheidung, nach der dieses System funktioniert, jene von „Zahlen/Nichtzahlen" ist. Die Grundintention der Systemtheorie ist es, gleichsam das „pure" Funktionsprinzip der einzelnen gesellschaftlichen Teilsysteme herauszuarbeiten, nach denen diese „in letzter Instanz" funktionieren. Die Wirtschaft interessiert z.B. nicht, ob bestimmte wirtschaftliche Handlungen moralisch einwandfrei sind oder nicht, sondern ausschließlich, ob damit Geld gewonnen oder verloren wird. Letztlich reproduziert sich das Wirtschaftssystem über Geldzahlungen. Alles was über das System Wirtschaft abgewickelt wird, muß früher oder später die Form von Geld annehmen. Die Wirtschaft braucht sich nicht um Ethik oder Politik zu kümmern, sondern ausschließlich um Zahlungen.

Dies heißt aber nicht, daß die (politische oder eine andere) Umwelt für die Teilsysteme nicht existiert, da sich jedes Teilsystem ja inmitten verschiedener Umwelten (gesellschaftliche Umwelt, andere Teilsysteme) befindet. Dies bedeutet nur, daß die Teilsysteme selbst bestimmen, was sie von ihrer Umwelt in das System aufnehmen. Die Systemtheorie spricht von der **„Resonanz"**, die Themen aus der Umwelt im System finden oder auch nicht. Die Umwelt kann nicht von sich aus bestimmen, was das Teilsystem wahrzunehmen und zu tun hat. Dies kann nur das System selbst bestimmen. Ob das Wirtschaftssystem auf die Kritik der Öffentlichkeit z.B. hinsichtlich Umweltstandards reagiert, ob diese Kritik im System Widerhall findet und eventuell zu Änderungen der Operationen des Systems führt, entscheidet nur das System selbst.

Die funktionale Differenzierung der Gesellschaft ermöglicht eine hohe Funktionsfähigkeit bei der Erfüllung einer spezifischen Aufgabe. Die einzelnen funktionalen Teilsysteme brauchen sich um nichts anderes zu kümmem als um ihre Aufgabe. Dies bringt aber auch Probleme mit sich: für die einzelnen Teilsysteme ist nur das von Wichtigkeit, was den eigenen Funktionsbereich betrifft. Die Themen und Aufgaben anderer Teilsysteme interessieren das jeweilige System wenig, es verhält sich den anderen Teilsystemen indifferent gegenüber. Die ausdifferenzierten Teilsysteme funktionieren aufgrund ihrer „Eigengesetzlichkeit" (Weber) und kümmern sich wenig um die gesellschaftliche „Gesetzlichkeit" sozialen Zusammenlebens oder um funktionsferne Zusammenhänge. Das

Grundproblem moderner, funktional differenzierter Gesellschaften besteht aus der Sicht der Systemtheorie darin, daß mit der funktionalen Differenzierung einerseits die **Abhängigkeiten** (Interdependenzen) der Funktionssysteme zunehmen, da jedes Teilsystem nur im Zusammenspiel mit allen anderen Teilsystemen Gesellschaft ausmacht. Andererseits nehmen aber durch die Geschlossenheit der Teilsysteme, die nur nach ihrem eigenen Funktionscode funktionieren, die **Unabhängigkeiten** (Independenzen) zu, da sich die gesellschaftlichen Teilsysteme nur sehr selektiv um das kümmern, was in ihrer Umwelt vor sich geht. Die Grundproblematik funktionaler Differenzierung ist, daß die Teilsysteme aufgrund ihres eigenlogischen Funktionierens und der damit gegebenen Gleichgültigkeit gegenüber systemexternen Kriterien in ihrer Umwelt Folgeprobleme erzeugen. Umwelt meint dabei sowohl die Gesellschaft als ganze, als auch die anderen Teilsysteme. Die Teilsysteme können dadurch Risiken für die Gesellschaft produzieren, die auch auf sie selbst zurückschlagen können.

Luhmann hat die Problematik funktionaler Differenzierung und der damit gegebenen Folgeprobleme in seinem Werk **„Ökologische Kommunikation“** (1986) beispielhaft herausgearbeitet und die gesellschaftliche Naturzerstörung aus der Sicht der Systemtheorie thematisiert. Das Grundproblem besteht darin, daß die ökologische Problematik für die einzelnen Teilsysteme (Wirtschaft, Politik, Wissenschaft, Recht usw.) nur nach Maßgabe ihrer eigenen Codierungen bearbeitbar ist. Jedes System nimmt seine Umwelt nur nach dem ihm eigenen Differenzschema wahr: für die Wirtschaft ist die ökologische Problematik primär eine Frage des Geldes, eine Frage von Zahlungen. Was kosten Investitionen in umweltschonende Produktionsverfahren, wieweit wird dabei die Konkurrenzfähigkeit gefährdet, wenn andere Mitproduzenten diesen Schritt nicht mittun? Können umweltgerechtere Produkte am Markt abgesetzt werden? Wirkt sich ein Image als „Umweltschädiger“ auf dem Umsatz aus? usw. Die Verantwortung für nachkommende Generationen und daraus resultierende Selbstbeschränkungen, wie es manche Umweltethikprogramme fordern, wird für die Wirtschaft wenig Relevanz haben, solange sich diese Verantwortung nicht in Rechnungen (Zahlungen) niederschlägt.

Die einzelnen Teilsysteme zeigen für das Umweltthema nur wenig „Resonanz“, außer es läßt sich entlang ihrer eigenen Funktionscodes in das System einbauen. Da sich alle Teilsysteme nur auf ihre Funktionsprinzipien konzentrieren, kann es auf der Ebene der Gesellschaft zu einer Selbstgefährdung kommen, da die nicht in die Systeme integrierbaren Probleme in die gesellschaftliche Umwelt abgewälzt werden. Die Frage ist also, ob das Ökologiethema in der Gesellschaft „Resonanz" finden kann, da es kein Teilsystem gibt, das ausschließlich für Belange der Umwelt zuständig wäre. „Umwelt" ist ein Thema, das gleichsam quer durch alle Teilsysteme reicht und für das jedes Teilsystem nur soweit Interesse aufbringt, wie es das eigene Funktionieren tangiert, indem z.B. rechtliche Verordnungen den Unternehmen umweltbezogene Investitionen vorschreiben. Ökologische Resonanz ist aus systemtheoretischer Sicht nur möglich, wenn ökologische Probleme teilsystemspezifisch formuliert und damit für das jeweilige Subsystem bearbeitbar gemacht würden. Für das Wirtschaftssystem bedeutet dies, daß es in der „Sprache der Preise" hoch resonanzfähig ist, weil es aufgrund von Geldzahlungen funktioniert, aber nicht in der Sprache der Moral, z.B. in Forderungen nach Beschränkung. Jedes Thema muß systemspezifisch umsetzbar sein, sonst kann im System keine „Resonanz" erzeugt werden. Die Ökonomie kann nur ökonomisch mit dem Umweltthema umgehen, die Politik nur politisch, die Wissenschaft nur wissenschaftlich, das Recht nur rechtlich – so kann die Grundaussage der Theorie funktionaler Differenzierung am Beispiel der Umweltproblematik pointiert zusammengefaßt werden.

Die funktionale Differenzierung moderner Gesellschaften bringt auf der einen Seite eine Steigerung von Handlungsmöglichkeiten mit sich. Indem spezifische Aufgaben alleinige Zuständigkeit einzelner Teilsysteme werden, können sie effizienter und grundlegender erfüllt werden. Auf der anderen Seite steigert die funktionale Differenzierung aber das Problem der Einheit und Integration von Gesellschaft. Ob die Gesellschaft die von den Teilsystemen ausgelösten Folgeprobleme bewältigen kann und eine Integration der Teilsysteme herstellen kann, hängt davon ab, wie weit die Systeme ihre durch das eigene Wirken erzeugten gesellschaftlichen Folgeprobleme mitberücksichtigen. Tun sie dies nicht, kann das für das Gesellschaftssystem höchst riskant sein.

6.5 Zur Bedeutung der Systemtheorie

Wenn wir die Systemtheorie mit anderen soziologischen Theorieansätzen vergleichen, so kann gegenüber handlungstheoretischen Ansätzen die radikale Betonung der Systemperspektive hervorgehoben werden. Im Zentrum steht nicht das handelnde Individuum, sondern das System als Subjekt. Der Erkenntnisgewinn einer solchen Systemperspektive zeigt sich vor allem bei der Analyse von organisierten Sozialsystemen. Das systemtheoretische Denken hat zu neuen Erkenntnissen über die Struktur und das Verhalten von komplexen Systemen, z.B. Organisationen geführt. Das Verständnis von Unternehmen als komplexe, strukturierte und sich selbst steuernde Systeme kann einsichtig machen, was ein Unternehmen handlungsfähig macht, wo seine Entwicklungspotentiale liegen bzw. wo und warum es sich gegenüber Veränderungen resistent zeigt. Dabei darf aber nicht von einfachen Ursache-Wirkungs-Beziehungen ausgegangen werden. Organisationen entwickeln ein Eigenleben, das sich nicht auf das Handeln der Organisationsmitglieder reduzieren läßt. Gerade in hochkomplexen Organisationen zeigt sich in der Realität oft, daß bewußte Steuerungsmaßnahmen nicht das erreichen, was sie wollen bzw. auch in ihr Gegenteil umschlagen können. Systeme können aus sich heraus eine eigene Dynamik entwickeln und eigene Ziele verfolgen. Deshalb kann die Beachtung der Selbstorganisation eines sozialen Systems, seine Auseinandersetzung mit seiner Umwelt oft mehr an Handlungswissen bringen als das Verfolgen eines zweckrationalen Organisationsverständnisses. Die Systemtheorie hat auf dieser Ebene grundlegend neue Erkenntnisse hervorgebracht.

Systemische Betrachtungsweisen haben sich auch in der Psychotherapie als sehr fruchtbar erwiesen. Wurde früher z.B. in der Therapie von Familien durch die Konzentration auf das psychisch kranke Kind ohne Berücksichtigung des Familiensystems oft nur Symptombekämpfung betrieben, hat sich durch die Systemperspektive ergeben, daß bei psychischen Erkrankungen einzelner Familienmitglieder oft das Zusammenspiel des gesamten Familiensystems ausschlaggebend ist. Die systemische Therapie knüpft am Systemgedanken an und kann auf erstaunliche Erfolge verweisen.

Der Vorteil der Systemtheorie gegenüber anderen soziologischen Theorieansätzen ist, daß sie sich aufgrund der Übernahme von Begriffen der Allgemeinen Systemtheorie für andere systemorientierte Disziplinen sehr anschlußfähig erweist. Eine interdisziplinäre Betrachtungsweise sozialer Phänomene wird dadurch erleichtert.

Schwächen zeigt die Systemtheorie (noch) auf der gesellschaftstheoretischen Ebene. Die Bestimmung von Gesellschaft als umfassendstes Kommunikationssystem ist sehr diffus und wenig greifbar. Für viele Kritiker ist auch die Trennung von System und Mensch nicht nachvollziehbar, weshalb der Systemtheorie oft vorgeworfen wird, sie sei „anti-humanistisch". Die Systemtheorie knüpft mit ihrer Betonung des Vorranges des Sozialen vor dem Individuellen an Durkheim an und verfolgt damit eine genuin soziologische Betrachtungsweise. Ob das Individuum allerdings als Anhängsel sozialer Systeme hinreichend verstanden ist, erscheint fraglich. Dieses Thema wird auch für die Weiterentwicklung der Systemtheorie sicherlich wichtige Bedeutung haben.

Literaturhinweise

Zitierte Literatur

Luhmann, Niklas: Soziologische Aufklärung, Opladen 1970
Luhmann, Niklas: Soziologische Aufklärung 2, Opladen 1975
Luhmann, Niklas: Soziale Systeme, Frankfurt/M. 1984
Luhmann, Niklas: Ökologische Kommunikation. Kann die moderne Gesellschaft sich auf ökologische Gefährdungen einstellen?, Opladen 1986
Luhmann, Niklas: Organisation. In: Küpper, Willi/Ortmann, Günther (Hrsg.): Mikropolitik. Rationalität, Macht und Spiele in Organisationen, Opladen 1988, 165–185
Willke, Helmut: Systemtheorie, Stuttgart 1991

Weiterführende Literatur

Baecker, Dirk: Womit handeln Banken?, Frankfurt/M. 1991
Bertalanffy, Ludwig von: ...aber vom Menschen wissen wir nichts, Düsseldorf/Wien 1970
Haferkamp, Hans/Schmid, Michael (Hrsg.): Sinn, Kommunikation und soziale Differenzierung. Beiträge zu Luhmanns Theorie sozialer Systeme, Frankfurt/M. 1987
Kiss, Gabor: Grundzüge und Entwicklung der Luhmannschen Systemtheorie, Stuttgart 1990
Kneer, Georg/Nassehi, Armin: Niklas Luhmanns Theorie sozialer Systeme. Eine Einführung, München 1993
Luhmann, Niklas: Die Wirtschaft der Gesellschaft, Frankfurt/M. 1988
Willke, Helmut: Systemtheorie entwickelter Gesellschaften, Weinheim/München 1989

7. Der Symbolische Interaktionismus und die Ethnomethodologie

7.1 Der Symbolische Interaktionismus

7.1.1 Einleitung

Der Symbolische Interaktionismus – auch Theorie der Symbolischen Interaktion genannt – gehört zu jenen Richtungen in der Soziologie, die sich mit dem Mikroleben in der Gesellschaft beschäftigen. Das bedeutet, daß – im Gegensatz zu den sogenannten makrosoziologischen Theorien wie z.B. dem Funktionalismus – die Akteure und ihre Handlungen in konkreten Interaktionssituationen in den Mittelpunkt des wissenschaftlichen Interesses rücken und einer soziologischen Betrachtung und Analyse unterzogen werden.

Der Symbolische Interaktionismus wurde um die Jahrhundertwende in den USA entwickelt. Die Vereinigten Staaten hatten damals mit drei großen Problemen zu kämpfen: einerseits mit dem rapide und weitgehend unkontrolliert fortschreitenden Prozeß der Industrialisierung, andererseits mit einem damit in unmittelbarem Zusammenhang stehenden, sich stetig verbreiternden Strom der Einwanderung sowie der Urbanisierung. Eine besondere Bedeutung bei der Entstehung des Symbolischen Interaktionismus spielte Chicago. Hier kamen die Folgen von ungebändigter Industrialisierung, Masseneinwanderung und Verstädterung in extremster Form zum Vorschein. Es kam zu erheblichen sozialen Unruhen, aber auch zu völlig neuen sozialen Problemen wie Bandenbildung, organisierte Kriminalität usw.

In dieser Zeit entstand die **Chicagoer Schule,** die von der Jahrhundertwende bis in die 30er Jahre die amerikanische Soziologie maßgeblich bestimmt und beeinflußt hat. Die Arbeit am Department of Sociology der Chicagoer Universität konzentrierte sich auf sozialpolitische Reformen, die angesichts der geschilderten gesellschaftlichen Probleme dringend nötig erschienen. Anders als heute verbanden die Wissenschaftler ihre Rolle mit der konkreten Praxis: sie sahen sich als Anwälte sozialer Reformen und waren in zahlreichen politischen Funktionen tätig. Das Augenmerk richteten sie auf die konkreten Lebens-, Arbeits- und Wohnbedingungen der Menschen in den Großstädten der USA, auf die alltäglichen Probleme. Um die „social problems" adäquat verstehen und beschreiben zu können, wurden **qualitative Forschungen** durchgeführt.

Es ging den Forschern also um das praktische Verständnis von Problemen, um die Frage, warum Menschen so handeln wie sie es tun. In diesem Kontext entwickelte sich ein neues Konzept von sozialer Realität, der Symbolische Interaktionismus, als dessen Begründer George Herbert **Mead** (1863–1931) gilt. Er war ursprünglich kein Soziologe, sondern arbeitete als Philosoph am Department of Philosophy an der Universität von Chicago. Sein wichtigstes Arbeitsgebiet war jedoch das menschliche Handeln. Darüberhinaus war er auf der kommunalen Ebene politisch tätig und verband somit die Rolle des Sozialwissenschaftlers mit der des Sozialreformers. Sein Hauptwerk mit dem Titel „Mind, Self and Society" („Geist, Identität und Gesellschaft") erschien posthum und bestand aus den Mitschriften seiner Vorlesungen. Der bedeutendste Schüler Meads ist Herbert **Blumer,** von dem auch der Begriff „Symbolischer Interaktionismus" stammt. Ihm kommt das Verdienst zu, die zentralen Bestandteile der Meadschen Lehre als fixen Bestandteil in die herrschende soziologische Theorie implementiert und weiterentwickelt zu haben. Im folgenden werden nun einige wesentliche Thesen und Konzepte der beiden genannten Hauptvertreter des Symbolischen Interaktionismus sowie wichtige Weiterentwicklungen vorgestellt.

7.1.2 Zentrale Thesen

Erkenntnisinteresse

Dem Symbolischen Interaktionismus geht es nicht darum, soziale Tatbestände und soziales Handeln zu erklären (warum handelt jemand so?), sondern **zu verstehen,** wie soziales Handeln abläuft und strukturiert ist. Daraus ergeben sich zwei wesentliche Charakteristika interaktionistischer Theorie:

- zum einen werden gesellschaftliche Vorgänge aus einer distanzierten und „verfremdeten" Perspektive betrachtet;
- zum anderen wird deutlich, daß die Einflußnahme auf bzw. die Veränderung von gesellschaftlichen Vorgängen und Verhältnissen kein Thema des Symbolischen Interaktionismus als Theo-

rie ist – im Gegensatz zu anderen soziologischen Theorien wie z.B. dem Marxismus.

Wenn ein Interaktionist soziales Handeln untersucht, dann fragt er sich, „was da eigentlich vor sich geht und wie man da Sinn hineinbringen kann" (Steinert 1977, 79).

Soziale Interaktion

Im Mittelpunkt der interaktionistischen Theorie steht die **soziale Interaktion,** genauer gesagt: die Analyse der Prozesse sozialer Interaktion. Unter sozialer Interaktion versteht man die wechselseitigen Beziehungen und Austauschprozesse zwischen Personen und Gruppen, die mittels Kommunikation (z.B. Sprache) bewerkstelligt werden. Für Mead kommt der Interaktion in der Gesellschaft deshalb zentrale Bedeutung zu, weil sie ein Prozeß ist, der menschliches Verhalten formt. Er unterscheidet **zwei Arten sozialer Interaktion** in der Gesellschaft:

a. die **„nicht-symbolische"** (bei Mead „die Konversation von Gesten"), bei der die Koordination der Sozialbeziehungen mittels reflexartiger bzw. instinkthafter Reaktionen, jedoch ohne Interpretationsleistungen der Personen erfolgt. Beispiele wären etwa ein Boxer, der automatisch seinen Arm hochreißt, um einen Schlag seines Gegners zu parieren oder ein Hundekampf, bei dem das Zähnefletschen des einen mit einer Flucht oder ebenfalls Zähnefletschen des anderen Hundes „beantwortet" wird;
b. die **„symbolische Interaktion"** (bei Mead „der Gebrauch signifikanter Symbole"), bei der die Bedeutung der Handlungen der jeweils anderen Individuen nicht von vornherein feststeht, sondern durch einen Interpretationsprozeß der Gesten, die die Bedeutung tragen, erst festgelegt werden muß. Um sich gegenseitig verstehen zu können, muß die Bedeutung der Geste für die Interaktionspartner (annähernd) gleich sein. Nach Mead bewegt sich die Bedeutung einer Geste entlang dreier Linien **(triadischer Charakter der Bedeutung):**

– sie zeigt erstens an, was die Person, an die die Handlung gerichtet ist, tun soll;
– sie zeigt zweitens an, was die Person, die die Handlung zu vollziehen beginnt, zu tun beabsichtigt; und
– sie zeigt drittens die gemeinsame Handlung an, die aus der Verbindung der Handlungen beider hervorgehen soll.

Ein Beispiel wäre der Befehl eines Räubers an sein Opfer, die

Hände hochzunehmen; dies ist (a) ein Hinweis auf das, was das Opfer tun soll, (b) ein Hinweis auf das, was der Räuber zu tun beabsichtigt, nämlich das Opfer um sein Geld zu erleichtern, und (c) ein Hinweis auf die sich entwickelnde gemeinsame Handlung, in diesem Beispiel ein Überfall (Blumer 1973).

Gesten und signifikante Symbole

Die symbolisch vermittelte Interaktion ist nach Mead die für menschliche Gesellschaften typische Form, weil nur der Mensch in seinem sozialen Verhalten **Symbole,** d.h. Zeichen, die für etwas anderes stehen, verwendet. Mead sieht die symbolische Interaktion als „eine Präsentation von Gesten und eine Reaktion auf die Bedeutung solcher Gesten". Gesten werden dann zu **„signifikanten Symbolen",** wenn sie sowohl im handelnden Individuum als auch im Individuum, an das die Handlung gerichtet ist, dieselben Reaktionen bzw. Bedeutungen hervorrufen, also für beide derselbe Sinn erzeugt wird. Blumer beschreibt signifikante Symbole folgendermaßen: „Eine Geste ist irgendein Teil oder Aspekt einer ablaufenden Handlung, die die umfassende Handlung, deren Teil sie ist, charakterisiert – z.B. das Schütteln einer Faust als Hinweis auf einen möglichen Angriff oder die Kriegserklärung durch eine Nation als Hinweis auf den Zustand und die Handlungsabsicht jener Nation. Solche Dinge wie Wünsche, Anordnungen, Befehle, Winke und Erklärungen sind Gesten, die der Person, die sie wahrnimmt, einen Hinweis auf die Absicht und den Verlauf einer bevorstehenden Handlung des Individuums vermittelt, das diese Gesten setzt. Der Reagierende organisiert seine Reaktion auf der Grundlage dessen, was die Gesten ihm bedeuten; die Person, die die Gesten setzt, bringt sie als Indikator oder Zeichen für das vor, was sie zu tun gedenkt, wie für das, was der Reagierende tun soll und was sie ihm zu verstehen geben möchte. Die Geste hat also eine Bedeutung sowohl für die Person, die sie setzt, wie für die, an die sie gerichtet ist" (Blumer 1973, 88).

Als signifikante Symbole können sowohl **non-verbale** (z.B. Winken) als auch **sprachliche Gesten** auftreten. Wenn beispielsweise mein Freund „Hilfe" ruft, verstehe ich den Sinn dieses Wortes, ich kann die Bedeutung dieses Symbols entschlüsseln und mein Handeln danach ausrichten. Hier wird ein weiteres wichtiges Merkmal signifikanter Symbole deutlich: sie haben keinen situationsspezifischen, sondern einen **allgemeinen Charakter,** d.h. die Bedeutung derartiger Gesten geht über eine Einzelsituation hinaus, sie ist Bestandteil einer Gruppe, manchmal sogar einer ganzen Gesellschaft.

Die Bedeutung von „Dingen"

Der Symbolische Interaktionismus geht davon aus, daß Individuen (meistens) aufgrund der **Bedeutung** handeln, die Dinge für sie haben. Mit „Ding" ist dabei alles gemeint, was man wahrnehmen kann: physische Gegenstände wie Bäume oder Steine, produzierte Objekte wie Autos oder Stühle, aber auch andere Menschen, Institutionen und deren Handlungen. Diese Dinge können für die Teilnehmer an einer Interaktion unterschiedliche Bedeutungen – je nach Einstellungen und Intentionen – haben. Beispielsweise kann in einer Diskussion über das Waldsterben das Objekt „Wald" für einen Naturschützer etwas gänzlich anderes darstellen als für einen Sägewerkbesitzer oder für einen Vertreter der Autoindustrie. Damit eine Interaktion ablaufen kann, ist es unumgänglich, daß jeder Beteiligte weiß, welche Bedeutung er und die anderen einem Objekt beimessen, damit alle verstehen, wovon z.B. beim Thema Wald die Rede ist. Die „Bedeutungen von Dingen" kommen mit Hilfe signifikanter, bedeutungsvoller Symbole zum Ausdruck.

Eine weitere Grundannahme des Symbolischen Interaktionismus behandelt den Ursprung von Bedeutungen. Sie besagt, daß die Bedeutungen von Dingen ein **Produkt miteinander interagierender Personen** sind, also aus der Interaktion entstammen: „Der symbolische Interaktionismus geht davon aus, daß Bedeutungen (...) aus dem Interaktionsprozeß zwischen verschiedenen Personen hervor(gehen). Die Bedeutung eines Dinges für eine Person ergibt sich aus der Art und Weise, in der andere Personen ihr gegenüber in bezug auf dieses Ding handeln. Ihre Handlungen dienen der Definition dieses Dinges für diese Person. Für den symbolischen Interaktionismus sind Bedeutungen daher soziale Produkte, sie sind Schöpfungen, die in den und durch die definierenden Aktivitäten miteinander interagierender Personen hervorgebracht werden" (Blumer 1973, 83).

Wenn das Individuum die Bedeutung eines Dinges aus der sozialen Interaktion ableitet, dann heißt das nicht, daß es die gewonnene Bedeutung in seinem Handeln nur mehr anwendet. Insbesondere vorgegebene Bedeutungen werden von den Teilnehmern in Interaktionen ständig erneuert, abgeändert oder ins Gegenteil gekehrt. Nach Meinung der Interaktionisten müssen die Bedeutungen vom Handelnden **interpretiert** werden, da letztlich nie ganz klar, nie zur Gänze eindeutig ist, was mittels signifikanter Symbole ausgedrückt werden soll.

Rollenhandeln

Dies leitet zur interaktionistischen Rollentheorie über. Nach Auffassung der struktur-funktionalistischen Theorie orientieren sich die Handlungen der Personen an vorgegebenen sozialen Normen und Werten, also allgemeinen Erwartungen, sowie an Erwartungen von Bezugsgruppen – demgemäß hat man seine Rolle zu spielen. Im Gegensatz dazu meint der Interaktionismus, daß diese extern vorgegebenen Verhaltensanforderungen zu widersprüchlich, zu diffus bzw. zu allgemein sind, um als konkrete Handlungsanleitungen dienen zu können. Die Person hat vielmehr Eigenleistungen in der Form zu erbringen, daß sie sich den Verhaltenserwartungen gegenüber sieht und in Interaktionssituationen diese Vorgaben gestalten und mit den anderen Personen aushandeln kann. Bereits Mead hat darauf hingewiesen, daß der Prozeß der **Rollenübernahme** („role taking") zentraler Bestandteil symbolischer Interaktion ist. Dies bedeutet, daß sich die an einer Interaktion Beteiligten in die Rolle des jeweils anderen hineinversetzen und mit deren Augen die Situation sehen. Damit kann jeder die Erwartungen der anderen, deren Perspektiven und Interessenslagen erkennen und entsprechend seine Handlungslinie entwerfen.

Für die Interaktionisten ist also das „role taking" eine unabdingbare Voraussetzung dafür, daß Interaktion stattfinden kann. Ralph **Turner** hat sich damit aber nicht zufrieden gegeben. Bei seinen Analysen streicht er heraus, daß das Sich-Hineinversetzen in den anderen den eher „passiven" Teil des Rollenhandelns bezeichnet, während die „aktive" Seite des Individuums zu kurz kommt. Er führte zu diesem Zweck den Begriff des **„role making"** ein. Damit ist folgendes gemeint: In den wenigsten Fällen führt die Rollenübernahme dazu, daß sich die Person A gänzlich den Erwartungen von B unterordnet und somit die von B vorgeschlagene Rolle spielt. Genauso selten wird A die von B vorgeschlagene Rolle für ihn ablehnen und damit den Abbruch der Interaktion riskieren. Die Regel wird eine Mischform sein, bei der A den Erwartungen von B nicht ganz entspricht, sondern eigene Vorstellungen über die zu spielende Rolle einbringt. „Role making" meint nun dieses **individuelle Ausgestalten der angepeilten Rolle.** Alltägliches Rollenhandeln erfordert von den Beteiligten also nicht nur das Hineinversetzen in den anderen, sondern gleichzeitig auch einen aktiven Beitrag zur Gestaltung von Rollen.

Nehmen wir als Beispiel eine Vorlesung: Sowohl der Professor als auch die Studenten wissen im großen und ganzen, wie sie sich zu verhalten haben, und vor allem, wie sie sich nicht zu verhalten haben. So können die Studenten relativ sicher sein, daß in der Vorlesung, die sich mit Marketingstrategien befaßt, nur wenig darüber gesprochen wird, ob die Einsteinsche Relativitätstheorie auch auf dem Mars gültig ist; weiters können sie davon ausgehen, daß der Professor niemanden willkürlich herausgreift, ihn anschreit und des Saales verweist. Der Professor wiederum wird mit hoher Wahrscheinlichkeit ausschließen können, daß er mit faulen Eiern beworfen wird; er wird auch kaum befürchten müssen, daß einige Studenten eine Stereoanlage mitnehmen, um mit voller Lautstärke Musik zu hören. Dieses grobe Wissen, das durch role taking, also das Hineinversetzen in die Rolle des anderen entsteht, ermöglicht beiden Teilen ein einigermaßen sicheres Handeln in der Situation. Das bedeutet aber nicht, daß der einzelne weiß, wie er sich konkret zu verhalten hat. So müssen die Studenten erst herausbekommen, wie sich der Professor zu Kritik, die an seinen Meinungen und Ansichten geübt wird, verhält bzw. ob er derartige Äußerungen überhaupt zuläßt. Der Professor wiederum weiß nicht, ob in der Vorlesung motivierte Leute sitzen, die, wenn er Fragen stellt, auch bereitwillig antworten. Er weiß auch nicht, wie er auf das Schweigen der Studenten bzw. auf Kritik reagieren soll. Aufgrund seiner Erfahrung weiß er, daß sowohl bereitwilliges Eingehen auf die Kritik als auch das pauschale Abwehren ihre Tücken haben: das erste kann als Schwäche ausgelegt werden, das zweite kann auf die Studenten demotivierend wirken.

Weiters werden sowohl Professor als auch Studenten ihre jeweilige Rolle entsprechend auffassen, je nach dem, wie sie die wechselseitigen Erwartungen deuten. So wird der Professor seine Vorlesung – positiv oder negativ – danach ausrichten, was er für die Erwartungen der Studenten hält. Und umgekehrt werden Studenten für Prüfungen das lernen, was sie für das halten, was der Professor für wichtig hält, werden das anziehen, was sie glauben, daß der Professor für passend bei Prüfungen hält usw.

Diese Unsicherheiten der Situation und des Rollenspiels werden dazu führen, daß zu Beginn der Vorlesung ein gegenseitiges Abtasten stattfindet, um konkretes Rollenhandeln zu ermöglichen. Die Studenten werden dann wissen, wie sie sich in den genannten Fällen zu verhalten haben und wie der Professor reagieren wird. Auch der Professor weiß dann, wie er sich verhalten soll, wie sich die Studenten verhalten und was sie von ihm erwarten. Es hat also eine **Konkretisierung der Rollen** der Studenten und des Professors stattgefunden. Das bedeutet, daß aus einer großen Menge von Rollengestaltungsmöglichkeiten eine bestimmte Auswahl getroffen worden ist, um die abstrakte Rollenvorgabe „Professor und Studenten in einer Vorlesung" konkretisieren zu können und damit den Personen ihr Rollenhandeln zu ermöglichen. „Role taking" kann also nur in Form eines „role making" erfolgen, bedarf der konkreten Ausgestaltung durch die Individuen.

Man kann beim Rollenspiel auch **Rollendistanz** („role distance") üben, wie Erving **Goffman** dargelegt hat. Damit ist der Umstand gemeint, daß man innerhalb einer Rolle bestimmten Rollenverpflichtungen nicht nachkommt bzw. eigenwillige Handlungen setzt. Rollendistanz hat einen durchaus funktionalen Charakter. Goffman bringt als Beispiel einen Chirurgen, der während einer Operation Rollendistanz übt, indem er Witze erzählt, vom letzten Urlaub berichtet, von der feschen Nachtschwester schwärmt; dies dient dazu, die angespannte Situation „Operation" aufzulockern und den Druck von seinen Mitarbeitern zu nehmen, sodaß die Operation ohne Zwischenfälle fortgesetzt werden kann. Hier wird auch deutlich, daß das Ausüben (oder das Fehlen) von „role distance" darüber informiert, ob der Rollenspieler seine Rolle kennt und ob er über die Kompetenz verfügt, sich davon bewußt und kalkuliert zu distanzieren, d.h. über Autonomie verfügt. Das Beispiel zeigt aber auch, wie die Hierarchie aussieht: leisten kann sich die Rollendistanz der Chirurg, nicht aber die OP-Schwester.

Eine weitere Funktion kann darin bestehen, die Diskrepanz zwischen sozialer und persönlicher Identität sowohl darzustellen als auch auszuhalten: Wenn ein Beamter eine Anordnung, mit der er sich nicht identifiziert, durchführen muß, „drückt er ein Auge zu" oder sagt: „Es tut mir leid, aber so lautet die Vorschrift". In beiden Fällen (Wegsehen und persönliche Distanzierung) bleibt die Vorschrift gültig und der Beamte löst seinen inneren Konflikt.

Sozialisation als Rollenlernen

Ein erheblicher Teil des gesellschaftlichen Lebens konkretisiert sich in sozialen Rollen. Deshalb ist das Lernen und Beherrschen des Rollenspiels durch die Gesellschaftsmitglieder von zentraler Bedeutung. Parallel dazu entwickelt sich durch die Rollenübernahme **Identität,** d.h. die Fähigkeit, sich selbst zum Objekt zu machen und damit sich selbst bewußt zu werden. Nach Mead besitzt die Identität einer Person eine sozial geprägte Struktur, da sie durch symbolisch vermittelte Interaktion hergestellt wird. Wenn sich z.B. jemand als „Manager" sieht, dann übernimmt er einen von ihm unabhängig existierenden Rollenbegriff, wobei er durch die Anwendung auf sich selbst eine eigene Identität entwickelt, die wiederum in Interaktionen mit anderen erworben wird.

Mead (1968) hat die Entwicklung von Identität und damit die Fähigkeit zum Rollenhandeln anhand des kindlichen Spiels untersucht. Er unterscheidet dabei zwei Stufen, **„play"** und **„game"**. Das Kind übernimmt beim Spielen zunächst spezifische Rollen, die zumeist aus der Umgebung von besonders prägenden Personen (bei Mead die **„bedeutsamen Anderen"**) kommen: es spielt Vater, Mutter, Kaufmann etc. und interagiert dabei mit sich selbst als ein jeweils anderer; es lernt damit, wie durch die Übernahme von Rollen Identität entsteht. In der nächsten Phase, dem „game", eignet sich das Kind die Rollen aller „Mitspieler" an und erwirbt so die Fähigkeit, sich selbst vom Blickwinkel der anderen zu sehen. An die Stelle der Übernahme einzelner Rollen tritt die Kenntnis der Haltung aller am Spiel beteiligten Personen. Ein Vergleich mit dieser Art von Spiel ist ein organisierter und strukturierter Wettkampf (z.B. ein Fußballspiel), bei dem jeder Teilnehmer um die Funktion aller anderen wissen muß, um sich selbst richtig verhalten zu können (z.B. muß ein Stürmer wissen, daß er bei einem Angriff seiner Mannschaft nicht im Abseits stehen soll). Er muß die gemeinsamen organisatorischen Tätigkeiten mittragen und sich als Teil der Gruppe begreifen, mit der und für die er spielt (bei Mead der **„verallgemeinerte Andere"**). Gleichzeitig entwickelt er eine Identität, die auf die Gruppe bezogen ist, und Bestandteil der eigenen Identität wird.

Einen wesentlichen Schritt in der kindlichen Sozialisation stellt die Fähigkeit dar, die Differenz zwischen dem „bedeutsamen Anderen" und dem „verallgemeinerten Anderen" zu erkennen, also zu verstehen, daß hinter den konkreten Erwartungen z.B. des Vaters allgemeine gesellschaftliche Normen und Werte stehen.

Wie bereits erwähnt, entsteht **Identität** aus dem Erlernen des Rollenspieles und ist damit wesentlich, aber nicht ausschließlich sozial vermittelt. Mead unterscheidet zwei Teile oder Stufen der Identität, die er mit **„Me"** („Mich") und **„I"** („Ich") bezeichnet. Mit „Me" bezeichnet er die durch Rollenübernahme erworbenen Einstellungen, Normen und Werte der anderen bzw. der Gesellschaft, die innere Präsentation der anderen und damit den von der Gesellschaft bestimmten Teil der Identität. Das „I" ist sozusagen der persönliche Teil der Identität; es reagiert – gleichsam spontan und impulsiv – auf die Haltungen und Erwartungen der Gruppe bzw. Gesellschaft, die im „Me" repräsentiert sind. Wenn z.B. heißes Wetter ist, denke ich mir, daß der Besuch eines Schwimmbades für entsprechende Abkühlung sorgen könnte (I); ich bleibe aber daheim, denn in drei Tagen habe ich eine Prüfung abzulegen, für die ich noch lernen muß; meine Eltern wären ganz schön sauer, wenn ich durchfallen würde (Me).

Aus der Auseinandersetzung des „I" mit dem „Me" entsteht dann die Identität des Individuums, das **Selbst.** Dieses Selbst ist also das Produkt sozialer Interaktion und unterliegt einem permanenten Prozeß des ständigen Hin und Her zwischen „I" und „Me". Nach Mead bedingen beide Teile des Selbst einander: ohne ein „Me" ist keine Identität möglich – anders ausgedrückt: ohne Gesellschaft bzw. ohne soziale Gruppen könnte kein individuelles Bewußtsein existieren. Andererseits kann das „I" soziale Prozesse beeinflußen und verändern, indem z.B. neue Rollenerfordernisse ins „Me" aufgenommen und durch Reflexion abgeändert werden können.

Mit zwei Bereichen hat sich die interaktionistische Forschung besonders intensiv beschäftigt: mit Organisationen und den sogenannten Etikettierungsprozessen.

7.1.3 Organisationssoziologische Aspekte

Unter einer Organisation versteht man eine soziale Einrichtung mit klaren Zielen, die mit passenden Mitteln erreicht werden sollen. Die Interaktionisten sind am **Verhältnis der Organisation zu ihren Mitgliedern** interessiert. Es ist klar, daß jede Organisation die Aktivität ihrer Mitglieder, einen Teil ihrer Zeit und ihrer Interessen beansprucht und sich dadurch am Leben erhält, indem es ihr gelingt, ihre Mitglieder zu einer nützlichen Beteiligung an diesen Aktivitäten zu veranlassen, sie also dahingehend zu motivieren (z.B. durch Beförderungen, Pensions- und Urlaubsregelungen etc.). Nach Auffassung einiger Interaktionisten ist das aber keine hinreichende Beschreibung, denn jede Organisation hat auch bestimmte Vorstellungen darüber, wie und was ein Mitglied sein soll. Diese Perspektive hat Erving Goffman so formuliert: „Es geht in Wirklichkeit nicht darum, was man von dem Beteiligten erwartet und was er tatsächlich tut. Es geht vielmehr um die Tatsache, daß die in Organisationen gehegte Handlungserwartung eine **Vorstellung vom Handelnden** impliziert und daß eine Organisation daher als ein Ort angesehen werden kann, an dem Annahmen über die Identität der Beteiligten gehegt werden (...) Jede Organisation (beinhaltet) auch eine Disziplin des Seins – eine **Verpflichtung, einen bestimmten Charakter zu haben und in einer bestimmten Welt zu leben"** (Goffman 1981, 182ff).

Eine derartige Sichtweise lenkt das Augenmerk auf das Subjekt, das Mitglied einer Organisation: wie geht es mit diesen Vorstellungen, Ansprüchen und Erwartungen, denen es sich gegenübersieht, um, wie setzt es sich damit auseinander? Goffman geht davon aus, daß jede Organisation (bei ihm mit dem Begriff Institution ident) von ihren Mitgliedern Anpassungsleistungen verlangt und sie diszipliniert. Um die Frage, was mit einem Subjekt in einer Organisation geschieht, zu beantworten, untersucht er extreme Fälle, denn hier lassen sich die Umgangsformen zwischen Institution und Subjekt leichter erkennen: Gefängnisse, geschlossene psychiatrische Anstalten, Konzentrationslager, Militärkasernen. Diese sozialen Gebilde bezeichnet Goffman als **„totale Institutionen".** Sie weisen folgende vier zentrale Merkmale auf: „1. Alle Angelegenheiten des Lebens finden an ein und derselben Stelle, unter ein und derselben Autorität statt. 2. Die Mitglieder der Institution führen alle Phasen ihrer täglichen Arbeit in unmittelbarer Gesellschaft einer großen Gruppe von Schicksalsgenossen aus, wobei allen die gleiche Behandlung zuteil wird und alle die gleiche Tätigkeit gemeinsam verrichten müssen. 3. Alle Phasen des Arbeitstages sind exakt geplant, eine geht zu einem vorher bestimmten Zeitpunkt in die nächste über, und die ganze Folge der Tätigkeiten wird von oben durch ein System expliziter formaler Regeln und durch einen Stab von Funktionären vorgeschrieben. 4. Die verschiedenen erzwungenen Tätigkeiten werden in einem einzigen rationalen Plan vereinigt, der angeblich dazu dient, die offiziellen Ziele der Institution zu erreichen" (ebd., 17).

Man kann jetzt studieren, was mit dem Selbst der „Insassen" totaler Institutionen passiert, um aufzuzeigen, was in „normalen" Organisationen tendenziell auch der Fall ist – natürlich in nicht so offenkundiger und drastischer Art und Weise. In totalen Institutionen kommt es – nach Goffman – zu einer **Demütigung des Selbst.** Dies zeigt sich in verschiedenen Formen und Gestalten:

- die Person erleidet einen **Rollenverlust,** d.h. Rollen, die sie vor Eintritt in die Institution gespielt hat, sind entweder teilweise (solange man Häftling oder Insasse ist) oder auf Dauer verloren (z.B. das Recht zu wählen);
- **Aufnahme-** (z.B. Entblößung vor Fremden, Verlust des Namens) **und Gehorsamsprozeduren** (z.B. erzwungene Ehrerbietung, demütigende Behandlung) haben den Zweck, den Willen des Neuankömmlings zu brechen und ihm nahezulegen, mit der Leitung der Institution zu kooperieren,
- der einzelne wird seiner **„Identitätsausrüstung"** beraubt, die für sein Selbst wesentlich ist. Dazu zählen z.B. die Wegnahme persönlicher Sachen sowie der Verlust der Kontrolle darüber, zu bestimmen, wie er vor anderen erscheinen will.

Die Person hat nach Goffman zwei Möglichkeiten, sich mit den Ansprüchen der Organisation hinsichtlich ihres Seins auseinanderzusetzen bzw. damit umzugehen. Wenn man die verlangten Tätigkeiten und Pflichten und damit das vorgesehene Selbst übernimmt, man zu einem „normalen" und „programmierten" Mitglied wird, dann unternimmt man **primäre Anpassung.** Im Gegensatz dazu ist **sekundäre Anpassung** „ein Verhalten, bei welchem das Mitglied einer Organisation unerlaubte Mittel anwendet oder unerlaubte Ziele verfolgt, oder beides tut, um auf diese Weise die Erwartungen der Organisation hinsichtlich dessen, was es tun sollte und folglich was es sein sollte, zu umgehen. Sekundäre Anpassung stellt eine Möglichkeit dar, wie das Individuum sich der Rolle und dem Selbst entziehen kann, welche die Institution für es verbindlich hält" (ebd., 185).

Ein Beispiel: Auch die Universität – eine vergleichsweise liberale Organisation – entsubjektiviert ihre Mitglieder, zwingt zu Formen der Unterwerfung unter bestimmte Rituale (Rollenverlust). Und auch hier gibt es ein breites Feld von „sekundären Anpassungen", etwa wenn eine Studentin bei einer schriftlichen Prüfung die Fragen mit Zutun ihrer Sitznachbarin oder diverser Schummelzettel absolviert.

In jeder Organisation – so die Meinung der Interaktionisten – existiert nun aufgrund sekundärer Anpassungspraktiken ein sogenanntes **Unterleben.** Dieses kann in einer **gemäßigten Form** durchaus funktionalen Charakter haben und zur Stabilität der Organisation beitragen, da gewisse Freiräume für die Mitglieder sichergestellt und die institutionellen Zugriffsmöglichkeiten beschränkt werden; weiters können sie von Bestrebungen ablenken, die auf eine Abschaffung oder ernsthafte Bedrohung der Organisation abzielen. Unerlaubte Aktivitäten können aber auch darauf abzielen, die Organisation zu zerschlagen, ihre Struktur radikal zu verändern bzw. den reibungslosen Arbeitsablauf zu unterbrechen. Hier handelt es sich um die **zerstörerische Form** der sekundären Anpassung, die zu verhindern jede Organisation bemüht ist.

Anselm **Strauss,** ein anderer amerikanischer Vertreter des Symbolischen Interaktionismus, hat ein weiteres interaktionistisches Modell entwickelt, um Organisationen beschreiben und verstehen zu können, wobei ebenfalls die Sicht der Subjekte im Vordergrund steht. Dieser Ansatz wird **„negotiated order approach"** genannt, d.h. im Zentrum der Betrachtungen steht die Art und Weise, wie soziale Ordnung „ausgehandelt" wird. In den 60er Jahren untersuchte Strauss mit seinen Mitarbeitern „Musterbeispiele" einer Organisation, nämlich Krankenhäuser, wo man annehmen konnte, daß klare Strukturen und Kompetenzverteilungen zwischen Ärzten und Krankenpflegepersonal vorherrschen. Sie entdeckten, daß – im Unterschied zur Annahme des funktionalistischen organisationssoziologischen Modells – die Arbeitsstrukturen ziemlich unbestimmt und unspezifisch sind, die herrschenden Normen und Regeln erwiesen sich als ambivalent und mehrdeutig. Weiters fanden sie heraus, daß stillschweigende Übereinkünfte und inoffizielle Arrangements sowohl zwischen den Mitgliedern als auch innerhalb der einzelnen Berufsgruppen in einem dauernd zu erneuernden Prozeß die Funktionsfähigkeit der Organisation Krankenhaus sicherstellten. Die Forscher kamen zu dem Schluß, eine Organisation als ein **„ongoing system of negotiation"** zu sehen und zu begreifen, d.h. Regeln und Normen müssen durch dauernde Reflexion und Kommunikation von den Handelnden erst praktisch hergestellt werden. Die damit angesprochene subjektive Komponente beim Aushandlungsprozeß ist sowohl für die Aufrechterhaltung als auch für die Veränderung von Normen wesentlich. Als Ergebnis des Aushandlungsprozesses entsteht dann eine **Einigung oder Übereinkunft,** die verschiedene Formen annehmen kann, z.B. auch eine Pluralität in den Zielen einer Organisation. Zu bedenken ist, daß solche Einigungen nur vorübergehenden und bedingten Charakter aufweisen und nach einer gewissen Zeit neu ausgehandelt werden müssen.

Strauss hat in seinem Buch „Negotiations" (1979) die verschiedenen **Phasen des Aushandlungsprozesses** untersucht und ein begriffliches Raster entwickelt. Einige wesentliche Aspekte von „negotiations" sind demnach:

- die Zahl der Teilnehmer;
- deren einschlägige Erfahrungen;
- der Umstand, ob sie nur für sich selbst sprechen oder eine ganze Gruppe repräsentieren;
- der Umstand, ob es nur eine oder mehrere Verhandlungsrunden gibt, ob sie regelmäßig oder in bestimmten Sequenzen erfolgen;
- das Machtgefälle zwischen den Akteuren;
- die Bedeutungen, die die Verhandlungen für die Akteure haben;
- die Anzahl und die Komplexität der Verhandlungsgegenstände;
- die Optionen der Akteure, falls die Verhandlungen scheitern, also die Frage, ob konsensuelle Beschlüsse auf alle Fälle erzielt werden müssen.

Es lassen sich analytisch drei Hauptdimensionen unterscheiden, die die Aushandlungsprozesse strukturieren:

- der **strukturelle Kontext:** damit sind die Rahmenbedingungen gemeint, innerhalb derer die Verhandlungen ablaufen. Jede Verhandlungssituation hat ihren eigenen strukturellen Kontext, er ist also nur für diese gültig. Wenn wir als Beispiel die jährlich stattfindenden Lohnverhandlungen zwischen Arbeitnehmer- und Arbeitgebervertretern hernehmen: der Organisationsgrad der Gewerkschaft und der Betriebe, die Rechtsstruktur der Unternehmen, die Zahl der Unternehmen, die Streikbereitschaft der Arbeitnehmer u.ä. gehören dem strukturellen Kontext an. Sie bilden hinsichtlich des Verhandlungsprozesses einen Zusammenhang und sind für die beteiligten Parteien schwer änderbar.

- Der **Verhandlungskontext** wird durch die Sichtweise der Akteure festgelegt. Die Akteure interpretieren den strukurellen Kontext, der je nach Interpretation eine unterschiedliche Bedeutung bekommt: handelt es sich um eine gemeinsame Suche nach vernünftigen Lösungen oder um eine Situation, in der man die anderen über den Tisch ziehen will? Auch der Definition und Sichtweise der eigenen Rolle und der Rollen, die die anderen spielen, kommt eine zentrale Bedeutung zu. Diese Sichtweisen sind von vergangenen Erfahrungen stark geprägt, in unserem Beispiel etwa vom Selbstverständnis der Gewerkschaftsvertreter von ihrer (Lohn-)Politik, d.h. ob sie bisher eher eine kompromiß- oder eher eine konfliktorientierte Strategie verfolgt haben.
- Last but not least sind die **handelnden Akteure** selbst zu nennen. Einige Interaktionisten haben darauf hingewiesen, daß das Bild, das der Verhandlungspartner A von B und umgekehrt B von A hat, den Aushandlungsprozeß – insbesondere den Verhandlungskontext – wesentlich beeinflußt. Es lassen sich vier Möglichkeiten gegenseitiger Sichtweisen angeben:

  - beide Parteien kennen genau ihre Absichten und Ziele und wissen, daß die jeweils andere das auch weiß;
  - beide Parteien kennen die Absichten der jeweils anderen, tun aber so, als wüßten sie es nicht;
  - eine Partei ist sich über die Absichten der anderen nicht klar bzw. eine Partei weiß nicht, wie die andere ihre Absichten einschätzt;
  - wie beim vorherigen Punkt, nur daß die Partei dazu Vermutungen anstellt und nach diesen Vermutungen handelt.

7.1.4 Labeling-Theorie

Die Labeling- oder Etikettierungstheorie beschäftigt sich mit der

Frage, wie **abweichendes Verhalten** zu erklären ist. Für Howard **Becker,** dem bedeutendsten Vertreter des „labeling approach", weichen alle Handelnden mehr oder weniger oft von sozialen Normen ab. Abweichendes Verhalten ist also ein soziales Handeln wie jedes andere auch: es wird generell in einer Interaktion zwischen einem Menschen, der eine Handlung begeht, und Menschen, die darauf reagieren, geschaffen. Abweichendes Handeln hat etwas mit einer Regelverletzung zu tun. Die Gesellschaft stellt Regeln auf, gegen die jemand verstößt; durch diese Regelverletzung wird er zum „Außenseiter" gemacht. Mit der Regel entsteht auch die Abweichung, wobei Regeln immer auch etwas Willkürliches sind. Auf diese Weise wird auch soziale Macht eingesetzt und soziale Ungleichheit erzeugt. Eine abweichende Handlung ist, so gesehen, eine soziale Konstruktion. Sie wird erst durch das Etikett „Regelverletzung" zur Abweichung, also jemandem erfolgreich zugeschrieben. Dabei ist zu beachten, daß derjenige, der damit als Außenseiter etikettiert wird, die Regel, nach der er verurteilt wird, nicht akzeptieren muß und denjenigen, die über ihn urteilen, Kompetenz und Berechtigung absprechen kann. Das bedeutet, daß der Regelverletzer – umgekehrt – seine „Richter" als „Abweichler" empfinden kann.

Nun ist es nicht so, daß jedes regelverletzende Handeln als abweichend angesehen wird. Jeder hat schon einmal eine Regelverletzung begangen, ist z.B. bei Rot über die Straße gegangen. Das bedeutet, daß eine **Normsetzung** allein, also das Festlegen von Regeln, noch nicht für eine Etikettierung ausreicht. Die Interaktionisten sagen, daß abweichendes Verhalten das Ergebnis eines sozialen **Selektionsprozesses** ist. Selektion findet bereits bei der **Entstehung von Normen** statt, weil nicht jeder die gleiche Chance hat, Regeln aufzustellen. Selektion findet aber auch in dem Sinne statt, daß erst durch die **Normanwendung,** also einem Netz sozialer Kontrolle, aus bloß normenverletzendem abweichendes Verhalten wird. Nehmen wir als Beispiel ein Handeln, das von bestimmten Institutionen als „kriminell" etikettiert wird. Wenn Herr A am Sonntag die Zeitung aus dem Zeitungsständer nimmt, ohne dafür zu bezahlen, handelt er zwar nicht regelkonform, denn er weiß, daß er für die Zeitung Geld in die Büchse einwerfen sollte. Seine Handlung wäre aber erst dann abweichend, also „kriminell", wenn er von einem Polizisten erwischt worden wäre, d.h. daß nur ein Teil der Regelverletzer durch die gesellschaftliche Durchsetzung der Normen (z.B. durch die Polizei, die Steuerfahndung oder die Gerichte) als Abweichler definiert wird. Selektion in diesem Sinne meint, daß durch die Anwendung sozialer Normen plötzlich ein Täter (in unserem Beispiel Herr A), ein Opfer (die Zeitungshersteller), ein Zeitpunkt (Sonntag, 8 Uhr) und bestimmte Folgen der „Tat" (eine Diebstahlsanzeige gegen, eine Geldstrafe für, ein eventueller Prestigeverlust des Herrn A) existieren.

Abweichendes Verhalten läßt sich zum einen als Folge von Selektionsvorgängen verstehen, zum anderen hat Becker noch auf einen weiteren wichtigen Punkt hingewiesen. Er meint, daß die **Entwicklung von Abweichung** als **Prozeß** zu sehen ist. Da sich dieser Prozeß als Abfolge von Schritten beschreiben läßt, wobei ein Schritt jeweils die notwendige Voraussetzung für den nächsten ist, verwendet Becker den Begriff der **Karriere.** Folgende Karriereschritte lassen sich idealtypisch ausmachen, d.h. sie treten empirisch nur sehr selten vollständig auf:

- Damit eine als abweichend etikettierte Laufbahn begonnen werden kann, müssen außer Etikettierungsvorgängen noch weitere Voraussetzungen gegeben sein (z.B. ein gewisses Ausmaß an Entfremdung zur konventionellen Gesellschaft).
- Ist einmal ein abweichendes Verhalten passiert, also als solches etikettiert worden, wird der zum Außenseiter Gestempelte zumeist **stigmatisiert.** Stigmatisierte Personen sind „Gezeichnete", d.h. sie besitzen ein Merkmal bzw. es wird ihnen ein solches zugeschrieben, das sie von anderen Personen in negativer Weise unterscheidet und sie von einer **vollständigen sozialen Akzeptanz ausschließt** (Goffman 1967). Das bedeutet, daß eine wechselseitige Anerkennung als vollwertiger Rollenträger fehlt. Als solche Stigmata gelten beispielsweise die Etiketten Punk, Drogenabhängiger, Verrückter oder Spinner und Vorbestrafter.
- Derartige Stigmatisierungsprozesse haben zumeist einen mehr oder weniger starken sozialen Ausschluß der Betroffenen zur Folge. Stigmata sind hauptverantwortlich dafür, daß es zu einer **Reduzierung konformer Handlungsmöglichkeiten** kommt (z.B. Verlust von Freunden, die sich von einem Drogenabhängigen abwenden; Verlust des Arbeitsplatzes).
- Behält man ein als abweichend zugeschriebenes Verhaltensmuster eine längere Zeit bei, kann sich daraus eine Lebensform entwickeln, bei der die **Identität** des Betreffenden „um das abweichende Verhaltensmuster organisiert" wird, was dazu führen kann, daß „abweichende Interessen" und Motive konstituiert werden (Becker 1973, 27). Wenn z.B. ein Drogenabhängiger keinen Job findet, wird er sich auf eine andere Weise das Geld für den Stoff besorgen. Er lernt an den Orten, wo er sich Stoff besorgen kann, andere Süchtige kennen und erfährt vielleicht,

wie man schnell und ohne viel Aufwand zu Geld kommen kann. Mit der Zeit wird er nicht mehr daran denken, sich auf „legale“ Weise das Geld zu verdienen, wenn es anders auch geht.

- Als letzter Schritt einer abweichenden Karriere kann der **Eintritt in eine organisierte Gruppe** angesehen werden, wobei durch entsprechende soziale Kontakte und gemeinsame Lebensweisen das deviante Verhalten stabilisiert und verstärkt wird.

Becker untersucht in seinem Buch „Außenseiter“ (1973, 71ff) u.a. die Kultur und Lebenswelt von Tanzmusikern. Er stellt dabei fest, daß sie bestimmte Gemeinsamkeiten aufweisen, durch die sie sich von anderen unterscheiden und auch bewußt distanzieren; dadurch stabilisieren sie gleichzeitig ihre Identität. So hält z.B. der Musiker sich und seine Kollegen für Menschen mit einer besonderen Begabung, die sie von Nichtmusikern, den sogenannten „Spießern“, differenziert und nicht deren Kontrollen unterwirft. Den Spießern fehlt nach Meinung der Musiker jedes Verständnis für die Musik und für die Lebensweise jener, die diese Begabung besitzen. In der Vorstellung der Musiker ist der Spießer ein unwissender, intoleranter Mensch, vor dem man sich in acht nehmen muß, weil er den Druck erzeugt, der den Musiker zwingt, unkünstlerisch zu spielen. Die Schwierigkeit des Musikers liegt in der Tatsache begründet, daß der Spießer in der Lage ist, seinen Willen durchzusetzen: wenn er die gespielte Art von Musik nicht mag, gibt er kein Geld mehr aus, um sie ein zweites Mal zu hören.

Festzuhalten bleibt, daß abweichendes Verhalten aus der Sicht des labeling approach als etwas erscheint, was Menschen so ansehen, bezeichnen und bewerten. Haschisch rauchen z.B. ist nicht deswegen deviant, weil Haschisch konsumiert wird, sondern weil sein Gebrauch als kriminelles Verhalten sozial definiert wird. Alkoholkonsum ist „normal“, weil es die Gewohnheit so bestimmt.

7.2 Die Ethnomethodologie

Die Schule der ethnomethodologischen Theorie ist wie der Symbolische Interaktionismus in den USA entwickelt worden. Die Ethnomethodologie geht noch einen Schritt weiter als der Symbolische Interaktionismus: Ihr Ziel ist das Verständnis der Art und Weise, wie Gesellschaftsmitglieder ihre Welt hervorbringen. Als Begründer gilt Harold **Garfinkel,** der 1967 das Buch „Studies in Ethnomethodology“ publizierte. Er und seine Schüler übten scharfe Kritik an der „herkömmlichen Soziologie“ mit ihren quantitativen Verfahren – insbesondere am Behaviorismus und dem Strukturfunktionalismus: diese betrachten das Individuum als „judgmental dope“, als „urteilsunfähigen Idioten“, dessen Handlungsweisen entsprechend der von der Gesellschaft gehegten und von den Sozialwissenschaftlern festgestellten Verhaltenserwartungen beschrieben werden. Kritisiert wird weiters, daß die Sozialwissenschaften die Ebene des Alltagshandelns gänzlich verlassen haben, sich Konstrukte ausdenken und mit ihrer Hilfe analysieren, was die Menschen „da draußen“ machen. Aus dieser Kritik leitet sich das Forschungsprogramm der Ethnomethodologie ab, das am Alltagsleben der Gesellschaftsmitglieder ansetzt.

7.2.1 Was heißt Ethnomethodologie?

Die Ethnomethodologie befaßt sich mit den tatsächlichen, alltäglichen Handlungen der Menschen. Ihr Anliegen ist es, die **Methoden** bzw. Verfahren aufzudecken, die die Gesellschaftsmitglieder anwenden, um sich selbst und den anderen eine reale und objektiv erkennbare Welt anzuzeigen. Daher der Name: „Ethno“ steht für eine Gemeinschaft, „Methodologie“ für die von ihr verwendete Art der Wirklichkeitserzeugung. Als Methoden werden dabei die konkreten **Alltagshandlungen** angesehen, die mit Sinn bzw. Bedeutung versehen sind. Demnach handelt jede Person methodisch, d.h. sie trennt zwischen dem Handeln an sich und dem methodischen Einsatz dieses Handelns zur Vollziehung des Handelns. Zu betonen ist, daß die praktischen Handlungen zum einen als **Hervorbringung** angesehen werden, d.h. sie haben immer auch den Zweck, die Geordnetheit, Rationalität und Darstellbarkeit des Alltagslebens herzustellen bzw. erkennbar zu machen. Zum anderen müssen Alltagshandlungen „getan“ werden (**Durchführung**); z.B. hält man nicht einfach eine Rede, sondern man führt den Vorgang des Redens in einer bestimmten Art und Weise durch. Den Ethnomethodologen geht es also **nicht** darum, **warum** die Menschen bestimmte Handlungen setzen und warum sie diese hervorbringen, sondern die Kernfrage lautet, **wie** sie es zuwege bringen, einander bei der Durchführung und Hervorbringung ihrer Alltagshandlungen zu verstehen, „wie die Mitglieder der Gesellschaft die Aufgabe lösen, die Welt, in der sie leben, **zu sehen, zu beschreiben und zu erklären**“ (Zimmerman/Wieder 1970, 289).

Das bedeutet, daß sich die Gesellschaftsmitglieder durch den methodischen Einsatz ihrer Alltagshandlungen ihre **soziale Rea-**

lität selbst schaffen. Soziale Realität kann demnach nichts objektiv Gegebenes sein, vielmehr wird durch den Vollzug, das praktische Anwenden der Methoden des Alltagshandelns durch die Akteure Wiederholbarkeit, Stabilität, Regelmäßigkeit, Kontinuität hervorgebracht und aufrechterhalten. Erst durch diese Aktivität entsteht Wirklichkeit, weshalb von **Vollzugswirklichkeit** gesprochen wird. Ob diese (subjektiven) Wirklichkeitsentwürfe (sozial) adäquat sind, darüber gibt die Ethnomethodologie keine Auskunft, denn aufgrund des Fehlens eines objektiven Korrektivs gelten alle individuell hervorgebrachten Realitäten sowie gesellschaftlich konstruierten Normen und Regeln als sinnvoll und damit als berechtigt. Mit diesem Postulat der **ethnomethodologischen Indifferenz,** also dem Desinteresse an einer Beurteilung dessen, was die Personen wissen, denken, fühlen, wollen und tun, werden mögliche Bedenken und Zweifel gegenüber herrschenden Wirklichkeitskonstruktionen ausgeblendet. Die Ethnomethodologen machen das bewußt: das Konzept der ethnomethodologischen Indifferenz erlaubt es ihnen nämlich, die Alltagspraxis der Individuen nicht zu ironisieren oder nach eigenen Maßstäben zu verzerren, sondern alle Aufmerksamkeit auf das „Wie" der Durchführung dieser Alltagspraxis zu lenken.

7.2.2 Zentrale Konzepte

Indexikalität

Für die Ethnomethodologie erfolgt die Durchführung einer Handlung in einer methodisch geordneten Art und Weise. Ähnlich wie die Sprache besitzen auch soziale Handlungen eine „Grammatik", die mit Hilfe der **dokumentarischen Methode der Interpretation** aufgespürt wird. Diese zielt darauf ab, die einer Erscheinung zugrundeliegenden Muster freizulegen, denn nur so ist die Erscheinung begreif- und verstehbar. Für eine sprachliche Äußerung z.B. bedeutet dies: sie ist ein „Dokument" eines zugrundeliegenden Musters, das nur durch die besondere Äußerung identifizierbar ist. Der reale Text ist sozusagen nur ein Fragment eines viel umfangreicheren, aber nur verstümmelt wiedergegebenen Textes. Die Beziehung zwischen Dokument und zugrundeliegendem Muster wird als **Indexikalität** bezeichnet: Der Text steht für etwas Umfassenderes. Die dokumentarische Methode der Interpretation besteht vor allem darin, den im Text nicht vollständig zum Ausdruck kommenden Sinnzusammenhang zu rekonstruieren und von da aus den Text zu „vervollständigen", seinen Sinn zu entwerfen. Nach Garfinkel sind die meisten Äußerungen indexikal oder kontextgebunden. Damit man den Sinngehalt indexikaler Ausdrücke versteht, ist es notwendig, den Kontext der Situation zu berücksichtigen, in dem die Äußerung erfolgte.

Garfinkel (1967, 38ff) berichtet von einer kleinen Studie, die uns hier als **Beispiel** dienen soll. Er forderte seine Studenten auf, einige alltägliche Gespräche aufzuzeichnen, wobei auf die linke Seite eines Blattes das aufgeschrieben werden sollte, was tatsächlich gesagt wurde, auf die rechte das, was sie unter diesen Äußerungen jeweils verstanden bzw. was der Gesprächspartner mit seiner Äußerung meinte. Es wird folgendes Gespräch wiedergegeben:

	Text	Kontext
Er: (1)	Dana schaffte es heute, einen Penny in die Parkuhr zu stecken, ohne daß er hochgehoben werden mußte.	Heute brachte ich Dana, unseren vierjährigen Sohn, vom Kindergarten heim. Als wir an einem mit Parkuhren versehenen Parkplatz stehenblieben, da schaffte er es, selbst so hoch zu greifen, daß er den Penny einwerfen konnte, ohne, wie früher immer, hochgehoben werden zu müssen, um die dafür nötige Höhe zu erreichen.
Sie:	Hast du ihn zum Schallplattengeschäft mitgenommen?	Da Dana einen Penny in die Parkuhr steckte, mußt du geparkt haben, während er bei dir war. Ich weiß nun, daß du bei dem Schallplattengeschäft entweder auf dem Weg zum Kindergarten oder auf dem Heimweg halten wolltest. War es tatsächlich auf dem Heimweg, so daß er bei dir war, oder warst du auf dem Heimweg im Schallplattenshop und dafür auf dem Rückweg woanders?
Er:	Nein, zum Schuster.	Nein, ich war beim Schallplattenladen auf dem Hinweg und hielt auf dem Rückweg,

		als Dana bei mir war, beim Schuster.
Sie:	Warum?	Ich weiß ja einen guten Grund, warum du beim Schuster gewesen sein könntest. Warum warst du wirklich dort?
Er:	Ich besorgte Schnürsenkel.	Wie du dich erinnern kannst, ist mir ein Schnürsenkel meiner braunen Schuhe neulich gerissen, so daß ich hielt, um mir neue zu besorgen.
Sie:	Deine Freizeitschuhe brauchen unbedingt neue Absätze.	Ich dachte auch noch an etwas anderes, das du hättest erledigen können.

Wenn man die linke mit der rechten Spalte vergleicht, sieht man, daß sich die beiden Gesprächspartner auf viele Sachverhalte beziehen, die sie während ihrer Konversation weder erwähnten noch zu erwähnen brauchten. Vieles verstanden die Partner aufgrund des nicht Gesagten, sie dachten mit, was der andere gar nicht sagte. Diese Herstellung des richtigen Kontextes, also die Sinninterpretation, ist eine keineswegs triviale, aber oft unbemerkte und als selbstverständlich betrachtete Leistung im Alltagsdenken. Das Beispiel zeigt auch deutlich, daß beim Herstellen des Kontextes die Vagheit des indexikalischen Ausdrucks reduziert wird. Aber auch der hergestellte Kontext ist ein Text, der seinerseits Indexikalität besitzt, d.h. auf einen weiteren Kontext verweist, der vorausgesetzt wird. So könnte der Kontext des 1. Kontextes (1) z.B. so anfangen: „Unser Sohn Dana macht endlich körperliche Fortschritte. Heute schaffte er es Gottseidank (...)“. Auch der Kontext dieser Deutungen wäre weiter zu explizieren usw. Man sieht, daß sich Indexikalität nie völlig aufheben läßt.

Fragilität von Wirklichkeit

Die soziale Wirklichkeit wird vom Alltagsbewußtsein normalerweise als stabil vorausgesetzt. Trotzdem kommt es immer wieder vor, daß sich die Situation plötzlich ändert, Normalität nicht mehr verfügbar und das scheinbar Selbstverständliche zerfallen ist. Dann wird deutlich, daß Wirklichkeit zerbrechen, „erschüttert“ werden kann. Die wesentlichste Ursache liegt in der Diskreditierung von Hintergrunderwartungen, also im Wegfall der Möglichkeit, Entindexikalisierung zu betreiben.

Garfinkel hat versucht, die Fragilität von Wirklichkeit in den sogenannten **Krisenexperimenten** zu demonstrieren, um einerseits weitere konstitutive Methoden zur Herstellung sozialer Wirklichkeit zu entdecken, und um andererseits mehr über das „Warum" und das „Wie" der Stabilität von Wirklichkeit in Erfahrung zu bringen. Bei diesen Experimenten geht es darum, die eingespielten und scheinbar „normalen" Erwartungen von Personen zu diskreditieren, Krisen und **Störungen in routinisiert ablaufende Handlungen** einzubauen. Garfinkel stellte seinen Studenten die Aufgabe, sich mit einem Bekannten bzw. Freund in ein alltägliches Gespräch einzulassen und plötzlich darauf zu bestehen, daß der andere detailliert den Sinn seiner alltagssprachlichen Äußerung darlegt. Im folgenden zwei Beispiele (nach Patzelt 1987, 181):

Fall 1: Der Freund (Proband P) erzählt dem Studenten (Experimentator E), daß er auf dem Weg zur Arbeit eine Reifenpanne gehabt hat.

P: Ich hatte eine Reifenpanne.

E: Was willst du damit sagen: „Ich hatte eine Reifenpanne? Redest du von einem Schwimmreifen, einem Faßreifen, einem Fahrradreifen? Was bedeutet Panne für dich: Betriebsstörung, Schaden, Fehler, Mißgeschick?"

P: (blickt einen Augenblick lang fassungslos und antwortet dann verärgert:) Was willst du sagen mit: „Was willst du damit sagen"? Eine Reifenpanne ist eine Reifenpanne. Genau das wollte ich sagen. Weiter nichts besonderes. Was für eine verrückte Frage!

Fall 2: Der Freund (P) fordert den Studenten (E) auf, er solle sich bei irgendeiner Tätigkeit beeilen.

P: Mach schnell, oder wir kommen zu spät!

E: (fragt P, was er unter „spät" verstehe und worauf er sich mit „spät" in diesem Zusammenhang beziehe).

P: (schaut perplex und antwortet) Warum stellst du mir so dumme Fragen? Einen solchen Satz muß man doch nicht erklären! Was fehlt dir heute? Warum sollte ich mich damit aufhalten, so einen Satz in seiner Bedeutung zu untersuchen? Jeder versteht mich da, und du solltest keine Ausnahme sein!

In beiden Fällen wird die Erwartung von P, daß E den Kontext seiner Äußerungen mitdenkt und entsprechend kompetent darauf reagiert, enttäuscht. Er erwartet dies, weil er von einem gemeinsamen **Alltagswissensbestand** ausgeht und ausgehen darf. Wäre das Vorhandensein gemeinsamen Alltagswissens nicht zu erwarten – wie z.B. bei einem Fremden, der nicht derselben Ethnie angehört wie er –, so würde sich P nicht so fassungslos bzw. enerviert geben wie in beiden Fällen. E „erschüttert" durch seine Weigerung, den passenden Kontext automatisch herzustellen, die Situationsdefinition und das Selbstverständnis von P – und damit die Situation selbst.

Darstellungen (accounts)

Die soziale Realität ist jedoch, so die Ethnomethodologen, nicht nur fragil, sie muß in den meisten Fällen erst einmal als solche praktisch erzeugt werden. Was passiert z.B., wenn man in eine neue Position gerät? Garfinkel untersuchte, auf welche Weise Durchschnittsbürger es schaffen, in einem US-Gerichtsverfahren als Geschworene ihre Rolle kompetent auszufüllen und sich wechselseitig zu bestätigen, sie handelten als Geschworene tatsächlich korrekt. Er fand heraus, daß die Geschworenen von Anfang an bestimmte Erwartungen aneinander richteten und davon ausgingen, daß diese Erwartungen gerechtfertigt seien; sie unterstellten gegenseitig, den von ihnen zu behandelnden Fall, ihre diesbezüglichen Beschreibungen und Erklärungen in gemeinsamer Art und Weise wahrnehmen und bewältigen zu können – kurz: sie schafften es, eine soziale Struktur hervorzubringen, in der sie ganz selbstverständlich Geschworene **waren** und diese als **fraglos** bestehende Wirklichkeit sowohl einander als auch Dritten gegenüber aufweisen konnten. Die Verfahrensweisen der Geschworenen, mit denen sie ihre Wahrnehmungen und Einschätzungen ausdrückten (ihre Beschreibungen, Erklärungen, Rechtfertigungen, Bestätigungen und Sinndeutungen), bezeichnet Garfinkel als **„accounts"**, wörtlich übersetzt: „halten für". Wir nutzen im Alltag vielfältige Mittel, um zu verdeutlichen, was der Fall ist. Nur durch das „Praktisch-In-Szene-Setzen" können wir den Sinn unserer alltäglichen Begebenheiten den anderen zur Kenntnis bringen. Dazu benutzen wir sehr oft Sprechakte: wir geben Erklärungen ab, beschreiben Wahrnehmungen und erzählen rechtfertigende Geschichten. Das bedeutet, wir reden stets über das, was wir als Wirklichkeit wahrnehmen oder bezweifeln, und über Ereignisse, die sich in ihr ereignen oder die wir für unmöglich halten. Weiters werden die Handlungen in den konkreten Sprechakten als motiviert und rational dargestellt: wir sind daran interessiert, einander mitzuteilen, warum und zu welchem Zweck, aufgrund welcher Annahmen und angesichts welcher Hinter- und Begleitgedanken wir so oder anders gehandelt haben.

7.3 Zur Bedeutung des Interaktionismus

Die beiden dargestellten interpretativen Theorien gehen davon aus, daß die **soziale Wirklichkeit** nicht unabhängig von den Individuen existiert, sondern erst durch das Handeln und die Erfahrung der Menschen in Interaktionen hervorgebracht, **konstruiert** wird. Das Individuum und sein Alltagshandeln werden zum Ausgangspunkt der soziologischen Analyse gemacht. Dabei werden seine Gestaltungskompetenzen und Interpretationsleistungen im Interaktionsprozeß in den Vordergrund gestellt, wodurch das Bild eines **aktiven und bewußt handelnden Individuums** entsteht, das sich in seinen Handlungen nicht durch vorgefertigte soziale Normen und Werte determinieren läßt (wie z.B. im Strukturfunktionalismus von Talcott Parsons), sondern sich durch persönliche Autonomie und Durchsetzbarkeit individueller Absichten auszeichnet. Darauf hingewiesen zu haben ist ein Verdienst des Interaktionismus. Im Zusammenhang damit stehen Einflüsse des Interaktionismus auf Fragen der **Identitätsbildung unter institutionellen Bedingungen** (wie z.B. in schulischen Kontexten) sowie auf neue Konzepte des **sozialen Lernens,** die auf die Erhöhung der sozialen Kompetenzen abzielen.

Die Bedeutung der interaktionistischen Theorie für die Entwicklung der **modernen Soziologie** zeigt sich in zwei Bereichen: zum einen in der Öffnung der soziologischen Analyse für soziale **„Mikrobereiche“,** zum anderen in einer kritischen Auseinandersetzung mit den traditionellen Methoden der **empirischen Sozialforschung.** Bevorzugte empirische Gebiete sind vor allem kriminelle Formen abweichenden Verhaltens, die Bildung von Subkulturen, innerfamiliale Interaktionsprozesse sowie Patientenkarrieren in Krankenhäusern und psychiatrischen Institutionen. Die Herangehensweise zu diesen Forschungsfeldern zeichnet sich dadurch aus, daß bisher vernachläßigte Dimensionen untersucht werden wie etwa subjektive Situationsdefinitionen und Handlungsplanung, die Bedeutung biographischer Merkmale für menschliches Handeln, die funktionale Wichtigkeit informeller Strukturen in Institutionen, der Prozeß des Definierens sozial relevanter Kennzeichnungen (wie z.B. „geisteskrank“). Entsprechend ihrer Erkenntnisinteressen und der theoretischen Orientierung haben die Interaktionisten auch versucht, eine adäquate Methodologie zu entwickeln und in ihren Forschungen umzusetzen. Scharf kritisieren sie die herkömmliche Sozialforschung, die in einer an die Naturwissenschaften angelehnten Methode volle Gewähr für Objektivität erblickt und dabei übersieht, daß praktische Sozialforschung einen kommunikativen Charakter aufweist, also ein Produkt sozialer Interaktion ist. Die Interaktionisten forcieren die Methode der teilnehmenden Beobachtung, weil damit individuelle und gruppenspezifische Deutungs- und Handlungsmuster am adäquatesten eruierbar sind.

Der Symbolische Interaktionismus hat damit einen Schritt in eine Richtung getan, die in der gegenwärtigen Theorieentwicklung eine wichtige Rolle spielt. Man spricht vom modernen **Konstruktivismus,** einer breiten Strömung von Ansätzen, die alle hervorheben, daß es Wirklichkeit nicht einfach „gibt", sondern daß sie von den Handelnden kognitiv und interaktiv durch Vorstellungen und die Vermittlung verschiedener Vorstellungen – erst erzeugt wird. Diese Perspektive ist wichtig, weil sie die Art und Weise, wie Wirklichkeit durch Interpretationen gesteuert wird, aber auch, wie diese Interpretationen erzeugt werden, analysieren kann. So lassen sich beispielsweise Weltbilder einer Sekte, einer Partei, einer sozialen Schicht entschlüsseln. Damit wird auch ein Blickwinkel forciert, der im Funktionalismus nicht hinreichend Berücksichtigung findet.

Literaturhinweise

Zitierte Literatur

Becker, Howard S.: Außenseiter. Zur Soziologie abweichenden Verhaltens, Frankfurt/M. 1973

Blumer, Herbert: Der methodologische Standort des Symbolischen Interaktionismus. In: Arbeitsgruppe Bielefelder Soziologen (Hrsg.): Alltagswissen, Interaktion und gesellschaftliche Wirklichkeit, Band 1, Reinbek 1973, 80–146

Garfinkel, Harold: Studies in Ethnomethodology, Englewood Cliffs 1967

Goffman, Erving: Stigma. Über Techniken der Bewältigung beschädigter Identität, Frankfurt/M. 1967

Goffman, Erving: Asyle. Über die soziale Situation psychiatrischer Patienten und anderer Insassen, Frankfurt/M. 1981

Mead, George Herbert: Geist, Identität und Gesellschaft aus der Sicht des Sozialbehaviorismus, Frankfurt/M. 1968

Patzelt, Werner J.: Grundlagen der Ethnomethodologie, München 1987

Steinert, Heinz: Das Handlungsmodell des Symbolischen Interaktionismus. In: Lenk, Hans (Hrsg.): Handlungstheorien interdisziplinär IV, München 1977, 79–101

Strauss, Anselm: Negotiations: Varieties, Contexts, Processes and Social Order, San Francisco, London 1979

Zimmerman, Don H./Wieder, Lawrence D.: Ethnomethodology and the problem of social order. Comment to Denzin. In: Douglas, Don J. (Hrsg.): Understanding Everyday Life, Chicago 1970, 287–295

Weiterführende Literatur

Joas, Hans (1978): George Herbert Mead. In: Käsler, Dirk (Hrsg.): Klassiker des soziologischen Denkens, 2. Band, Von Weber bis Mannheim, München 1978, 7–39

Joas, Hans: Symbolischer Interaktionismus. Von der Philosophie des Pragmatismus zu einer soziologischen Forschungstradition. In: Kölner Zeitschrift für Soziologie und Sozialpsychologie 3/1988, 417–446

Weingarten, Elmar u.a. (Hrsg.): Ethnomethodologie. Beiträge zu einer Soziologie des Alltagshandelns, Frankfurt/M. 1976

8. Marx und der Historische Materialismus

8.1 Marx und der „Marxismus“

Die Zeitgeschichte hat mittlerweile das Kapitel „Marxismus“ in gewisser Weise (vorläufig?) abgeschlossen: mit dem Zerfall des „Ostblocks“, der Auflösung der Sowjetunion in eine Vielzahl von Nationen, Staaten, Ethnien ist eine bisher (und vermutlich auch zukünftig) einmalige Epoche zu Ende gegangen – eine Epoche, in der sich Parteien, Staaten, ganze Kontinente zum Namen eines deutschen Philosophen und Gesellschaftskritikers aus dem 19. Jahrhundert bekannten und (angeblich) dessen gesellschaftliches Programm zu realisieren versuchten.

Große Trauer kommt darüber nur selten auf. Denn im Namen des Marxismus wurden einige der grausamsten Terror-Regimes errichtet, fand hemmungslose Eroberungs- und Unterdrückungspolitik statt, wurden ganze Volkswirtschaften zugrunde gerichtet. Es wäre jedoch falsch, Karl Marx dafür verantwortlich zu machen, was (angeblich) in seinem Namen praktiziert wurde. Von alledem findet sich bei Marx wenig – und in den Selbstdarstellungen und der Praxis „marxistischer“ Staaten und Parteien wenig von dem, was Marx unternommen hat. Es ist zwar kein Zufall, daß ausgerechnet Marx als Galionsfigur ge(miß-)braucht wurde, aber Marx ist nicht „schuld“ am Marxismus. Theorien sind immer Ausdruck von (Zeit-) Geschichte. Sie teilen die Möglichkeiten und Restriktionen, die für ihre Zeit typisch sind. Dies gilt jedoch nicht für alle Arten von Theorie gleich. Naturwissenschaftliche Theorien haben ein konstantes, von ihnen unabhängiges Thema. Ihre Ergebnisse haben auf den Gegenstand selbst keinen Einfluß, auch wenn sie völlig neue Perspektiven des Umgangs mit ihm eröffnen. Naturwissenschaftliche Theorien sind deshalb auch zeitlos – ein einmal entdecktes Gesetz hat eine von seinem Entdeckungszusammenhang unabhängige Gültigkeit. Dadurch ist dieses Wissen auch akkumulativ: Aufbauend auf gültigen Erkenntnissen können unmittelbar weitere gewonnen werden.

Bei sozialwissenschaftlichen Theorien liegen die Dinge anders: Ihr Thema – Gesellschaften und ihre Entwicklung – unterliegen nicht nur ständigen Veränderungen, die Theorien selbst sind Teil dieser Entwicklung, werden von ihr beeinflußt und nehmen auf sie Einfluß. Daraus ergibt sich ein vielschichtiges Verhältnis von Abhängigkeit und „Verstricktheit". Sozialwissenschaftliche Theorien sind daher auch nicht so zeitlos und akkumulativ wie naturwissenschaftliche. Sie müssen sich immer mit neuen Themen auseinandersetzen, müssen sich mit ihrer eigenen Abhängigkeit auseinandersetzen, müssen auch bewährte Vorstellungen immer wieder neu formulieren. Vor allen Dingen: ihr Entwicklungsgang ist nicht geradlinig und eindeutig. Richtige Erkenntnisse sind (oft untrennbar) verbunden mit massiven Verzerrungen; auch der Fortschritt der Erkenntnis gewährleistet nicht, daß an richtigen Erkenntnissen festgehalten wird, daß sie auf richtige Weise verwendet werden. Kurz: der Gang der Erkenntnis ist auf Dauer schwierig, sie muß immer wieder aufs Neue auch das bearbeiten, was schon erkannt ist, sich immer wieder mit Neuem beschäftigen – und ist immer wieder auf andere Weise mit ihrem Gegenstand verbunden.

Man kann daher auch Theorien nicht einfach in wahr oder falsch unterteilen. Die meisten sind beides zugleich – und das auf zeitspezifische Weise. Entscheidend ist, ob sie neue Perspektiven eröffnen und produktive Erkenntnisse ermöglichen.

8.2 Karl Marx

Dies gilt für Marx zweifellos. Er wurde 1818 in Trier geboren und studierte von 1835 bis 1841 Philosophie. Dies war die Zeit der Restauration und des Biedermeier: die revolutionären Bewegungen des ausgehenden 18. Jahrhunderts waren niedergeschlagen, die Herrschaft des Adels war noch einmal gesichert und jede Kritik wurde aufs heftigste bekämpft. Gleichzeitig setzte sich der Industriekapitalismus auf breiter Front durch. Dieses Produktionssystem revolutionierte die sozialen Verhältnisse und brachte traditionelle Strukturen zum Einsturz. Es erzeugte historisch völlig neue Konstellationen: Fabriken und Industriestädte, neue Formen der Arbeit und damit auch neue soziale Schichten und Konflikte, neue Formen des Zusammenlebens (die „Kleinfamilie"), der Kommunikation, kurz: eine neue Welt entstand.

Auf diese Entwicklungen gaben die damaligen sozialwissenschaftlichen Theorien keine oder nur ungenügende Antworten. Im 18. Jahrhundert hatte das **Bürgertum** um seine politische und ökonomische Freiheit gekämpft. Die Kritik an der Adelsherrschaft wurde begründet mit den allgemeinen Bürgerrechten. Aufklärung und Gesellschaftskritik standen im Dienst der Emanzipation des Einzelnen; der Fortschritt von Wissenschaft und Technik war aus dieser Perspektive per se ein Kampfmittel gegen veraltete und verkrustete Herrschaftsformen. Deshalb ging die liberale Theorie (implizit) davon aus, daß die Verwirklichung der individuellen Handlungsfreiheit quasi von selbst eine freie und gerechte Gesellschaft begründen würde.

Die Wirklichkeit sah anders aus: der Frühkapitalismus, eine Wirtschaftsweise, in der das Interesse an Gewinnmaximierung in keiner Weise sinnvoll kontrolliert und mit anderen Bedürfnissen und Erfordernissen vermittelt war, entpuppte sich als soziales Desaster. Die große Masse der Arbeiter und ihrer Angehörigen wurde durch extreme Ausbeutung am Arbeitsplatz, durch katastrophale Arbeits- und Lebensbedingungen ins Elend gestürzt. Der **„Manchester-Kapitalismus“** des 19. Jahrhunderts (in gewisser Weise existiert er gegenwärtig in Ländern der Dritten Welt fort) war ebenso menschenverachtend wie etwa kommunistische Terrorherrschaft. Genauso wenig wie die grundlegenden und in jeder Hinsicht krisenhaften Umstrukturierungen der Gesellschaft durch moderne Technik und Organisation war diese Verelendung von den bürgerlichen Theoretikern vorhergesehen worden; sie hatten auch kein Instrumentarium, um damit begrifflich umzugehen – und oft nicht einmal die Fähigkeit, diese Probleme überhaupt wahrzunehmen.

Karl Marx gehörte zu den wenigen bürgerlichen Theoretikern, der diese Entwicklung nicht übersah oder herunterzuspielen versuchte. Als Redakteur der „Rheinischen Zeitung“ schrieb er nach 1842 eine Reihe von Artikeln über die sogenannten „Holzdiebstahl“-Prozesse. Es handelte sich um Prozesse gegen Arme, die in ihrer Not im (Privat-)Wald Kleinholz gesammelt hatten und aufgrund von geltendem Recht zu horrenden Strafen verurteilt wurden. Marx' Artikel unterschieden sich von anderen kritischen Kommentaren durch die „Reichweite“ der Kritik: er beschränkte sich nicht nur darauf, solche Urteile als ungerechte „Klassen-Justiz“ zu brandmarken, sondern versuchte, die systematischen Hintergründe solcher Justiz zu analysieren – nicht lange allerdings, denn er wurde wegen dieser Artikel gefeuert, des Landes verwiesen. Sein Modell einer kritischen Theorie der bürgerlichen Gesellschaft entwarf er daher im Exil, in London, wo er 1883 starb, ohne sein Lebenswerk, die „Kritik der Politischen Ökonomie“ abgeschlossen zu haben (und ohne zu ahnen, was aus der von ihm kritisierten Gesellschaft und seiner Theorie werden würde).

8.3 Weiterentwicklungen des Frühsozialismus, der idealistischen Philosophie und der Politischen Ökonomie

Marx stützte sich in seiner Arbeit vor allem auf drei theoretische Strömungen, die er auf originelle Weise verband und weiterentwickelte.

Sozialkritik war nichts Neues. Seit Beginn der Neuzeit hatten immer wieder Autoren die bestehenden Verhältnisse kritisiert und ihnen **sozialutopische Entwürfe** gegenübergestellt; meist Vorstellungen einer gerechten, friedlichen, wohlgeordneten Welt. So etwa Thomas **Morus** („Utopia", 1551) oder Tommaso **Campanella** („Der Sonnenstaat", 1602), die sich deshalb allerdings nicht gerade der Zuneigung weltlicher und geistlicher Obrigkeit erfreuen konnten: Morus wurde von Heinrich VIII. hingerichtet, Campanella verbrachte die meiste Zeit seines Lebens in Kerkern.

Die „utopische" Sozialkritik fand ihre Konkretisierung und Fortsetzung in einer vor allem in Frankreich entwickelten Denkrichtung, die als **„Frühsozialismus"** bezeichnet wird. Ihnen gemeinsam ist im Grunde nur, daß sie – angesichts der realen Entwicklungen – über die liberale Theorie hinausgingen und über eine gerechte Sozialordnung nachdachten, die nicht nur auf der formalen bürgerlichen Freiheit basierte. Ansonsten entwickelten sie eigene, zum Teil sehr phantastische und radikale Ideen, wie die Gesellschaft der Zukunft aussehen sollte. So Henri de **Saint-Simon** (1765–1827), der als einer der ersten die Bedeutung der Industrie erkannte und eine Art Industrie-Religion entwarf: jeder sollte das tun, wozu er befähigt ist und das bekommen, was er braucht; alle sollten alles tun, um die Industrie, die Abhängigkeiten aller Art ebenso überwindet wie Armut, zu fördern (und zu preisen). So Charles **Fourier** (1772–1837), der früh darauf aufmerksam machte, daß der Fortschritt nur wenigen nutzt und neue Klassengegensätze erzeugt und der eine Vorstellung von Produktions- und Lebensgemeinschaften (phalanstère) dagegensetzte, in denen auch Frauen und Kinder gleichberechtigte Mitglieder sind. So Pierre **Proudhon** (1809–1865), der in seiner „Philosophie des Elends" dem ökonomischen Liberalismus die radikale These „Eigentum ist Diebstahl" entgegensetzte. Er ging davon aus, daß alle letztlich am Produktionsprozeß beteiligt sind und deshalb dessen Resultate auch nicht privatisiert, sondern vergesellschaftet werden müßten.

Marx übernahm vom Frühsozialismus die Idee einer gerechten Gesellschaftsordnung und die Kritik am Liberalismus. Ansonsten sah er sie als naive Schwärmer mit unrealistischen und undurchdachten Vorstellungen. So veröffentlichte er ein Buch mit dem Titel: „Das Elend der Philosophie“, in dem er mit beißender Akribie die Unzulänglichkeit der Ideen etwa von Proudhon kritisierte. Er selbst bemühte sich, die Kritik an der bürgerlich-kapitalistischen Gesellschaft auf eine andere, wissenschaftliche Grundlage zu stellen. Dazu knüpfte er einerseits an den sogenannten **„Deutschen Idealismus“** (vor allem Hegel), andererseits an die (vor allem in England zur Blüte gekommene) **Politische Ökonomie** (Smith, Ricardo) an.

Georg Friedrich Wilhelm **Hegel** (1770–1832) hat eine eigenartig vieldeutige Philosophie entwickelt. Auf der einen Seite galt er als der Philosoph des preußischen Staats (in seinen Vorlesungen drängten sich Offiziere und Beamte), auf der anderen Seite wurde er von Metternich verboten – und Marx bezog sich auf ihn als Begründer des wichtigsten philosophischen Systems seiner Zeit. Hegel ist vor allem ein Theoretiker, der die **Dynamik** und die **Widersprüchlichkeit** von Systemen thematisiert. Daß „alles fließt“, hatte bereits Heraklit festgestellt. Hegel untersucht dies genauer und kommt zu dem Schluß, daß Dinge und Ereignisse niemals nur für sich genommen werden dürfen, sondern immer im Kontext – historisch-dialektisch – gesehen werden müssen: im Kontext ihrer Herkunft, ihrer Umgebung und ihrer Zukunft. So ist ein Ei nicht einfach ein Ei, sondern Teil der Art und Weise, wie Vögel sich individuell und als Gattung erhalten und entwickeln: im Ei steckt die Leistung des Huhns, es ist zugleich ein zukünftiges Huhn. Damit ein neues Huhn möglich wird, muß das Ei entstehen und vergehen. Deshalb, so Hegel, müsse man das, was ist, immer als Resultat und Ausgangspunkt zugleich sehen: aus dem Ei wird durch dessen Zerfall ein Kücken, das Kücken vergeht und wird zum Huhn, das Huhn legt ein Ei usw. Hegel sah in der Wirklichkeit einen dauernden Prozeß des Werdens und Vergehens, aber keinen zufälligen. Denn er verband seine Kritik an statischen und isolierenden Betrachtungsweisen mit einer strikt **idealistischen** Vorstellung von Geschichte: mit der Vorstellung, daß die humane Welt ihren Ursprung in der Selbstentäußerung einer absoluten, obersten Idee hat, die sich in der Geschichte über Etappen, die ihre Weiterentwicklung provozieren, (wieder) zu einer widerspruchsfreien Einheit entwickelt – eine Vorstellung, die sich an die These vom Vorrang der Substanz vor der bloßen Materie anlehnt, aber auch einen Anklang an den christlichen Glauben enthält (wo Jesus auch den Weg der Selbstäußerung in menschlicher Gestalt geht, um – wieder – Gott zu werden). In diesem idealistischen Konzept spiegelt sich der „Zeitgeist“: das aufstrebende Bürgertum wollte Ideen – etwa der Freiheit,

Gleichheit, Brüderlichkeit – verwirklichen und war der Überzeugung, daß der Gang der Geschichte durch diese Ideen bestimmt wird.

Hegel sah nun diese Entwicklung als Prozeß, der zur Vervollkommnung führt. Diese „teleologische" Vorstellung – die Welt bewege sich widersprüchlich, also keineswegs geradlinig, aber zielsicher auf einen bestimmten Zustand hin – wirkt heute etwas befremdlich. Sie ist letztlich auch der Grund dafür, daß sich sowohl preußische Offiziere als auch Karl Marx für Hegel interessieren konnten. Denn je nach Standpunkt konnte man davon ausgehen, daß die bürgerliche Gesellschaft und ihr Staat bereits die Verwirklichung der absoluten Idee sind – oder aber, dialektisch weiterdenkend, zu dem Schluß kommen, die Widersprüche beider müßten in einem besseren Gesellschaftssystem noch überwunden werden. Auf alle Fälle bot Hegel eine Vorstellung von Geschichte: wie eine Vielzahl von Einzelheiten verbunden ist, wie sie sich gegenseitig bedingen, bestimmen, bewegen und wie sich das Ganze als widerspruchsvolle, heterogene Einheit weiterentwickelt. Dieses dialektische Prinzip, nämlich die Analyse der Verhältnisse auf ihren inneren Zusammenhalt und ihre Dynamik hin, löste Marx aus dem idealistischen Zusammenhang heraus und ersetzte ihn durch einen **„materialistischen"**. Für ihn sind es die **Produktivkräfte** und die **Produktionsverhältnisse,** welche den Gang der Geschichte bestimmen. Unter Produktivkräften versteht Marx alle Mittel, mit denen Menschen ihren Lebensunterhalt gewährleisten: Arbeitsinstrumente, Technologien, Wissensbestände. Als Produktionsverhältnis bezeichnet Marx die soziale Organisation der Produktion, vor allem: wer über die Mittel verfügt und nach welchen Prinzipien sie eingesetzt werden. Gemeint ist also die **ökonomische** und die **politische Form der Produktion.** An die Stelle von Hegels „bewegender Idee" der Geschichte setzt Marx also ihre „materiellen Grundlagen", als die er Produktion, Ökonomie und Politik sieht.

Hier greift er (kritisch) das Erbe der **Politischen Ökonomie** auf. „Politische Ökonomie" ist der Sammelbegriff für die Vorläufer der klassischen Nationalökonomie, die sich im Anschluß an deren Vorarbeiten im 19. Jahrhundert (als akademische Wissenschaft) entwickelte. Bis dahin waren es Männer mit sehr verschiedenem sozialen und beruflichen Hintergrund, die sich Gedanken darüber machten, wie der ökonomische Prozeß funktioniert und wie Gesellschaft und Wirtschaft zusammenhängen.

Zu den bahnbrechenden Arbeiten gehört zweifellos Adam **Smiths** (1723–1790) Untersuchung über den „Reichtum der Nationen". Er behandelte die gewaltige Steigerung der Produktivität, die durch Arbeitsteilung möglich wird und analysierte die selbststimulierende und selbststeuernde Struktur des Marktes von Angebot und Nachfrage. David **Ricardo** (1772–1823) hatte sich mit der Frage beschäftigt, woher der Wert von Waren stammt und dabei besonders die Bedeutung der Arbeitskraft hervorgehoben. Marx knüpft an beide kritisch an. Von Smith übernimmt er die Vorstellung eines systematischen Zusammenhangs, lehnt aber die Vorstellung einer „invisible hand", die alles im Gleichgewicht hält, ab. Statt dessen geht er davon aus, daß der Austausch systematisch verzerrt wird, wo die Bedingungen ungleich sind. Den Markt bestimmt, wer die **Macht** hat – das „Gleichgewicht", welches daraus resultiert, ist ein Gleichgewicht unter dem Vorzeichen von Ungleichheit.

An dieser Stelle fragte Marx danach, wie Ungleichheit zustande kommt. Seine Antwort: es ist das **Privateigentum an Produktionsmitteln,** welches Gesellschaften ungerecht und unmenschlich werden läßt, weil es die Aneignung des gesellschaftlichen Mehrprodukts – des Produkts, welches über das zum Überleben notwendige hinausgeht – Nicht-Produzenten überläßt. Während die urtümlichen Gesellschaften Gemeinschaften von Produzenten waren, die zwar Unterschiede kannten, in denen aber der Lebensunterhalt gemeinsam erwirtschaftet und verteilt wurde, ist es durch private Verfügung über Produktionsmittel dazu gekommen, daß in späteren Gesellschaften eine herrschende Klasse andere unterdrückt und ausbeutet. In den bisherigen Gesellschaften haben laut Marx Eroberer, Feudalherrn und Militärs auf Kosten von Sklaven, Bauern, unterdrückten Völkern gelebt. Diese Idee war nicht neu. Genau dies hatten nämlich bürgerliche Theoretiker der Adelsherrschaft vorgeworfen und persönliche – politische wie ökonomische Freiheit gefordert. Marx ergänzte jedoch, daß diese Forderung nach – formaler – Freiheit und Gleichheit zu kurz greife. Sie entspräche dem Interesse des Bürgertums, welches dadurch seine Machtposition zur Entwicklung eines neuen Herrschaftssystems nutzen könne: der **ökonomischen Herrschaft.**

8.4 Arbeitswertlehre und Mehrwerttheorie

Dies war ein neues Modell von Herrschaft, welches Marx aus der Analyse des Kapitalismus seiner Zeit entwickelte. Der Grundgedanke dabei ist: In bisherigen Gesellschaften hatten die herrschenden Klassen den Beherrschten ihr Mehrprodukt – also das, was sie mehr erzeugten, als sie zum Leben brauchten – mit Drohung und Gewalt weggenommen – für jeden sichtbar war, daß das Abkassieren eines Zehnten (oder mehr) nichts als eine erzwungene Umverteilung war. Davon konnte im Kapitalismus keine Rede sein. Die Menschen waren formal frei, niemand war gezwungen, irgendwem etwas abzugeben. Die Vertragsfreiheit erlaubte es jedoch den Stärkeren, den Schwächeren ihre Bedingungen aufzuzwingen. An die Stelle politischen Zwangs trat ökonomischer: wer über die Produktionsmittel verfügte, konnte den auf Arbeit Angewiesenen den Arbeitsvertrag diktieren. In diesem Zusammenhang griff Marx auf Ricardos Vorstellungen zurück und entwickelte auf deren Basis seine **Arbeitswertlehre.** Danach ist jedes Produkt auf doppelte Weise „wertvoll“: zum einen besitzt es einen gewissen **Gebrauchswert** (für den, der es nutzen kann), zum anderen bekommt es auf dem Markt einen **Tauschwert,** weil und wo es mit gleichen oder anderen Waren verglichen und ausgetauscht wird. Beides basiert nach Marx letztlich auf dem objektiven Wert eines Produkts, welcher sich aus der Arbeit ergibt, die notwendig ist, um es herzustellen. Die **Arbeit** ist also das **objektive Maß des Werts** – und wer über die Arbeitskraft verfügt, kann sich deren Ertrag aneignen. Im Sinne dieser Überlegungen war der Kapitalismus nicht „ungerecht“. Jede Ware, auch die Ware Arbeitskraft, erzielt den Preis, den ihr Tauschwert am Markt ermöglicht. Marx kritisiert nicht, daß Arbeit zu schlecht bezahlt wird. Er weist statt dessen darauf hin, daß **jeder** Arbeitslohn insofern zu gering sein muß, weil er nicht den Leistungen der Arbeitskraft entsprechen kann. Denn nur wenn der Kapitalist den Arbeitern einen Teil ihres Arbeitsertrags vorenthält, macht es Sinn, sie zu beschäftigen.

Damit hat Marx ein Schema, mit dessen Hilfe er makrosoziale Bedingungen und die Logik der politischen Ökonomie des Kapitalismus zusammenbringt. Er stellt eine Phänomenologie des **Warentauschs** vor. Auf der einfachsten Stufe werden Gebrauchsgüter gegen Gebrauchsgüter getauscht. Selbst wenn sie als Waren zum Tausch hergestellt werden, geht es darum, den Lebensunterhalt zu gewährleisten; nicht darum, Gewinn zu erzielen. Schematisch (Ware = W, Geld = G):

W – W

Daran ändert auch die Einführung von Geld zunächst nichts. Geld als allgemeines Tauschäquivalent ermöglicht den besseren Vergleich von Äpfeln und Birnen, erleichtert also den Tausch. Schematisch:

W – G – W

Aber: Geld (oder Geldwertiges) läßt sich „aufheben“: der Tauschwert löst sich von den konkreten Waren, kann unabhängig von ihnen behandelt und verwendet werden. Damit entsteht die Möglichkeit, den Tauschwert selbst als Ziel des Tausches zu nehmen. Es werden also nicht mehr Waren getauscht, um andere, nötige Waren zu erhalten, sondern Waren werden getauscht, um Tauschwert zu erhalten. Und da dies nur dann Sinn gibt, wenn dabei **mehr** Tauschwert entsteht, kehrt sich nicht nur das Verhältnis von Geld und Ware um, sondern es entsteht ein neues Tausch**prinzip,** welches die Akkumulation von Tauschwert zum Ziel hat:

G – W – G' (= G plus Zugewinn)

Dieses Niveau ist überall da erreicht, wo **Handelskapitalismus** vorherrscht. Auch in traditionellen Agrargesellschaften werden Waren von Händlern gekauft und mit Gewinn verkauft. In vielen Fällen wird auch (etwa im Verlagswesen) für den Markt produziert; geben Händler Produkte in Auftrag. Im Prinzip besteht hier jedoch keine systematische Differenz zur politischen Abschöpfung des Mehrprodukts: in beiden Fällen eignen sich Nicht-Produzenten das Mehrprodukt außerhalb des Produktionsprozesses an. Dies ändert sich erst im Übergang zum **Produktions-Kapitalismus.** Die entscheidende Veränderung besteht darin, daß hier Kapital nicht in produzierte Waren, sondern in den Produktionsprozeß selbst investiert wird: der Kapitalbesitzer investiert Kapital in **Produktionsmittel** (PM) und **Arbeitskraft** (AK), die er qua Vertrag zur Lohnarbeit verpflichtet. Schematisch:

$$\mathrm{G} \left\{ \begin{array}{c} \mathrm{PM} \\ \\ \mathrm{AK} \end{array} \right\} \text{Produktion – Ware – G'}$$

Dabei kann sich der Kapitalbesitzer, so Marx, die Tatsache zunutze machen, daß bei der „Ware Arbeitskraft“ der Gebrauchswert (ihre Fähigkeit, Produkte zu erzeugen) größer sein kann als ihr Tauschwert (der Lohn, der ihr bezahlt werden muß, damit sie sich reproduzieren kann). Indem der Kapitalist im Lohn nicht den vollen Gegenwert des Arbeitsertrags, sondern nur einen Teil davon auszahlt, eignet er sich den so produzierten **Mehrwert** an. Der Produktionskapitalismus ist also nicht ungerecht, weil zu wenig Lohn gezahlt wird; Lohnarbeit ist per se eine Form der Umverteilung des Mehrprodukts.

8.5 Die Theorie der geschichtlichen Entwicklung

Marx bindet dieses Modell der Tauschlogik in ein Modell der Gesellschaftsentwicklung ein. Viele bürgerliche Theoretiker des 18. Jahrhunderts dachten, Geschichte sei eine allmähliche Entwicklung, die ihr Ziel und Ende mit der bürgerlichen Gesellschaft erreicht, weil mit der Aufklärung werde Metaphysik durch Rationalität ersetzt, mit dem Liberalismus werde der Einzelne aus Abhängigkeiten befreit und unabhängig. Was nun kam, konnten sie sich nur noch als friedliche, lineare Fortentwicklung des schon Erreichten vorstellen. Marx differenziert diese Vorstellung und stellt sie in einen neuen, aus der politischen Ökonomie entwickelten Zusammenhang: Geschichte entwickelt sich nicht einfach „von selbst", sondern sie wird durch die **Dynamik von Widersprüchen** vorangetrieben. Es ist vor allem das **Verhältnis von Produktivkräften und Produktionsverhältnissen,** welches den Gang der Geschichte bestimmt. Marx geht von einem wechselseitigen Bestimmungs- und Abhängigkeitsverhältnis beider aus: bestimmte Produktionsverhältnisse ermöglichen eine gewisse Entwicklung der Produktivkräfte, werden dann aber zum Hindernis ihrer Weiterentwicklung, so daß sie von jenen „gesprengt" werden. So hat beispielsweise im Zeitalter des Absolutismus die herrschende Klasse – der Adel – zwar die politische Freiheit des Bürgertums erheblich beschränkt und Emanzipationsbemühungen mit aller Gewalt bekämpft. Aber auf der anderen Seite hat die merkantilistische Wirtschaftspolitik wie auch die Förderung von Wissenschaft und Technik die Stellung des Bürgertums gestärkt und die politischen und ökonomischen Grundlagen der Adelsherrschaft unterminiert. Das Bürgertum übernahm immer mehr Schlüsselfunktionen; die Adelsherrschaft wurde immer parasitärer. Bereits Saint-Simon hatte in einem zu seiner Zeit provozierenden Vergleich zwischen Adel und Bürgertum geschrieben, daß (Frankreichs) Feudalherren vielleicht ehrbare Menschen, aber für die Entwicklung der Industrie überflüssig, wenn nicht gar schädlich seien. Marx systematisiert diesen Gedanken und kommt zu dem Schluß, daß Herrschaftsverhältnisse immer dann abgeschafft werden, wenn sie der Entwicklung der Produktivkräfte im Weg stehen. Eine neue Klasse, deren Lebens- und Produktionsweise den neuen Möglichkeiten und Erfordernissen besser entspricht, kommt an die Macht.

Marx stellt sich diese Entwicklung nicht als geradlinigen Fortschritt vor, sondern als Dauerkonflikt. Für ihn ist die bisherige Geschichte vor allem ein ständiger Kampf: Unterdrückte gegen Unterdrücker, neue Klassen gegen alte:

„Die Geschichte aller bisherigen Gesellschaft ist die Geschichte von Klassenkämpfen. Freier und Sklave, Patrizier und Plebejer, Baron und Leibeigener, Zunftbürger und Gesell, kurz, Unterdrücker und Unterdrückte standen in stetem Gegensatz zueinander, führten einen ununterbrochenen, bald versteckten, bald offenen Kampf, einen Kampf, der jedesmal mit einer revolutionären Umgestaltung der ganzen Gesellschaft endete oder mit dem gemeinsamen Untergang der kämpfenden Klassen. In den früheren Epochen der Geschichte finden wir fast überall eine vollständige Gliederung der Gesellschaft in verschiedene Stände, eine mannigfaltige Abstufung der gesellschaftlichen Stellungen. Im alten Rom haben wir Patrizier, Ritter, Plebejer, Sklaven; im Mittelalter Feudalherren, Vasallen, Zunftbürger, Gesellen, Leibeigene und noch dazu in fast jeder dieser Klassen wieder besondere Abstufungen. Die aus dem Untergang der feudalen Gesellschaft hervorgegangene moderne bürgerliche Gesellschaft hat die Klassengegensätze nicht aufgehoben. Sie hat nur neue Klassen, neue Bedingungen der Unterdrückung, neue Gestaltungen des Kampfes an die Steile der alten gesetzt“ (MEW, Bd.4, 1969, 462f).

In der Geschichte sieht er, ganz in der bürgerlichen Tradition (und der Hegelschen Philosophie entsprechend) ein erkennbares Fortschrittsprinzip: die Produktivkräfte werden immer weiter entwickelt, Herrschaft wird immer weiter reduziert und zugleich zugespitzt. Von der Sklavenhaltergesellschaft zur Leibeigenschaft bis zur formalen Freiheit des Einzelnen ist bereits ein weiter Weg zurückgelegt worden – allerdings immer nur durch harte Auseinandersetzungen. Der Absolutismus dachte nicht daran, dem Bürgertum kampflos das Feld zu überlassen; der Kampf des Bürgertums gegen die Bevormundung durch den Adel zog sich über Jahrhunderte, mußte jedoch letztlich zum Erfolg führen, weil das Bürgertum das fortschrittlichere Prinzip vertrat.

Marx denkt also wie viele seiner Vorgänger an ein Modell des Fortschritts, er betont jedoch stärker den **Konflikt,** der aus den **Widersprüchen** der jeweiligen Verhältnissen hervorgeht und Weiterentwicklungen provoziert. In diesem Zusammenhang weist Marx den jeweiligen Produktionsverhältnissen die Funktion zu, für die jeweils möglichen Weiterentwicklungen der Produktivkräfte zu sorgen. Darin liegt ihre historische Bedeutung. In diesem Sinne weist er dem Bürgertum eine bedeutsame historische Funktion zu: es sorgt für die Emanzipation der Produktivkräfte von traditionellen Bindungen. Damit ist, so Marx, eine historische Wende erreicht. Zwar bleibt auch die bürgerliche Gesellschaft eine widersprüchliche Gesellschaft, aber sie radikalisiert Produktions- wie auch Klassenverhältnisse auf eine Weise, die auf qualitativ neue Entwicklungen zusteuert.

Auch der Kapitalismus ist widersprüchlich: er tendiert, wie Marx ausführlich analysiert, zu systemgefährdenden Krisen: zu Überakkumulation und Konzentration von Kapital, in der Folge zu Verwertungskrisen und Verschärfung der sozialen Gegensätze bis zur Verelendung eines großen Teils der Bevölkerung. Im Kapitalismus herrscht daher für Marx die „Anarchie der Produktion", weil es keine vernünftige Steuerung gibt, weil die verfügbaren Mittel nicht nach sinnvollen Kriterien verteilt werden und weil die weitere Entwicklung nicht rational geplant wird. Er erzeugt zudem soziale Gegensätze und Konflikte, die notwenig zu Krisen führen müssen – ein System, welches die große Mehrzahl ihrer Mitglieder ins Elend stürzt und nur eine kleine Minderheit an seinen Vorzügen teilhaben läßt, kann nicht stabil sein. Aber Marx findet noch tiefergehende Widersprüche in der kapitalistischen Ökonomie. Er spricht davon, daß es durch Lohnarbeit und eine rein ökonomisch gesteuerte Arbeitsteilung zu gravierenden Veränderungen in der Arbeit und der Identität der Menschen kommt. Der Arbeiter verliert jede persönliche Beziehung zu seinem Produkt, wenn er nur durch Lohnarbeit dazu gebracht wird, sich mit ihm zu beschäftigen. Dies hat einen Kontaktverlust, damit aber auch einen Verlust an Fähigkeiten und Bindung an die Arbeit und an das Produkt zur Folge. Marx spricht von **„Entfremdung"**; auf diesen Begriff sind auch neuere Diskussionen über Lebensqualität wieder zurückgekommen.

Außerdem werden im Kapitalismus die Beziehungen zwischen Personen immer mehr zu reinen Sachbeziehungen, in denen ökonomische Zwänge dominieren. Menschliche Beziehungen werden von der Marktlogik abhängig, unterliegen – wie Marx sagt – einer **„Verdinglichung".** Auch dieses Konzept hat zu weiteren gesellschaftskritischen Analysen angeregt.

Aber: der Kapitalismus hat die Grundlagen geschaffen für die definitive **Befreiung von Herrschaft überhaupt.** Indem er dafür sorgte, daß die Produktivkräfte sich frei entwickeln und die Menschen sich aus traditionellen Abhängigkeiten befreien konnten, schuf er die erforderlichen Bedingungen. Nötig, so Marx, war nun nur noch ein weiterer Schritt: an die Stelle der **privaten** Verfügung über die Produktionsmittel mußte die **öffentliche** treten, an die der **formalen** Freiheit die **tatsächliche Befreiung von allen Zwängen.** Der Kapitalismus mußte zwangsläufig zur Fessel einer weiteren Entwicklung werden, mußte (im Hegelschen Sinn) „aufgehoben" werden in einer neuen, kommunistischen Gesellschaft, die Marx zwar nicht ausmalte, aber als Reich der Freiheit und des Friedens ansah.

Marx hält erkennbar am bürgerlichen Optimismus fest; er verschiebt jedoch die Realisierung einer idealen Gesellschaftsordnung auf eine nächste, über die bürgerliche Gesellschaft hinausgehende Epoche. Marx hoffte auf eine weitere Entwicklung der Produktivkräfte, vor allem der Technik. Er ging davon aus, daß die Nutzung und Weiterentwicklung der Technik unter den Vorzeichen kapitalistischer Ökonomie stets beeinträchtigt und beschränkt wird durch deren immanentem Zwang zur Verwertung von Dingen und Personen. Auf diese Weise sind die objektiven Möglichkeiten einer humanen Gesellschaft nicht realisierbar. Das Bürgertum hat zwar die persönliche Freiheit erkämpft, muß aber dem Diktat von Konkurrenz und Profitmaximierung folgen – ob es will oder nicht. Die daraus resultierenden Einseitigkeiten und Konflikte sind nur zu lösen durch die Aufhebung des Klassenkampfes durch eine Klasse, die nicht nach der Macht greift, um private Interessen zu realisieren. Diese Klasse war aus seiner Sicht die **Arbeiterklasse,** die als erste Klasse nicht mehr von der Verfügung über Produktionsmittel (in Form von Leben, Eigentum o.ä.) lebte, sondern nur von ihrer Arbeitskraft. Sie habe daher – so Marx – auch kein objektives Interesse an privater Verfügung über Produktionsmittel bzw. Kapital. Zugleich hatte Marx, beeindruckt vom Tempo der Ausbreitung der kapitalistischen Ökonomie, die Vorstellung, daß bald fast alle Arbeitenden Industriearbeiter wären und die Arbeiterklasse die überwältigende Mehrheit der Bevölkerung darstellen würde. Beides prädestinierte die Arbeiterklasse dazu, die Macht im Sinne des Gemeinwohls zu verwenden.

Obwohl Marx sehr zurückhaltend in der Beschreibung einer „herrschaftsfreien" Gesellschaft war, beschreibt er doch ein paar Merkmale: Es gibt keine Ausbeutung von Menschen durch Menschen mehr, jeder kann seine Anlagen optimal entwickeln, der Staat – den Marx zu seiner Zeit nicht zu Unrecht als Einrichtung zur Aufrechterhaltung des Herrschaftssystems sah – „stirbt ab"; die Menschen regeln ihre Angelegenheiten selbst auf friedliche Weise.

8.6 Sein, Bewußtsein, Ideologie

Der Kampf der Arbeiterklasse gegen die unmenschlichen Arbeitsbedingungen des Frühkapitalismus war also für Marx zugleich ein Kampf für die Abschaffung von Herrschaft überhaupt.

Nun war bereits zu Marx' Zeiten unübersehbar, daß sich die Arbeiterklasse nicht unbedingt dieser ihrer historischen Mission bewußt war und entsprechend verantwortungsvoll handelte bzw.

handeln konnte. Marx beschäftigte sich auch mit dieser Frage und generalisierte sie zu der Frage: wie entsteht überhaupt Bewußtsein und in welchem Verhältnis steht es zur sozialen Realität? Auch hier knüpft Marx an Hegel an. Hegel hatte die Entwicklung des Bewußtseins als Teil der allgemeinen Entwicklung der Wirklichkeit in Richtung auf die Verwirklichung des Weltgeistes gesehen und dabei festgestellt, daß das Bewußtsein den Entwicklungen hinterherhinkte. Entwicklungen finden meist hinter dem Rücken der Akteure statt – ohne daß sie wissen, was passiert. Die Interpretationen ihres Tuns und Lassens sind nicht identisch mit dem Plan der Geschichte, aber ihre Irrtümer sind möglicherweise für diesen Plan wichtig. Auf alle Fälle ist das Bewußtsein des Einzelnen nicht Ursache, sondern Teil der ihm nicht notwendig bekannten Entwicklung. Marx folgt hierbei Hegel, aber er geht über ihn hinaus, indem er fragt, wovon denn dann die (falschen) Vorstellungen, die die Menschen sich machen, abhängen. Hier bringt er das Bewußtsein mit den **materiellen Lebensbedingungen** in Verbindung.

Die Ursache für ein falsches Verständnis der eigenen Realität sind für ihn objektive, materielle Bedingungen. Das Denken hängt von den Bedingungen ab, aus dem es hervorgeht. Marx schreibt: „Die Produktion der Ideen, Vorstellungen, des Bewußtseins ist zunächst unmittelbar verflochten in die materielle Tätigkeit und den materiellen Verkehr der Menschen, Sprache des wirklichen Lebens. Das Vorstellen, Denken, der geistige Verkehr der Menschen erscheinen hier noch als direkter Ausfluß ihres materiellen Verhaltens. Von der geistigen Produktion, wie sie in der Sprache der Politik, der Gesetze, der Moral, der Religion, Metaphysik usw. eines Volkes sich darstellt, gilt dasselbe. Die Menschen sind die Produzenten ihrer Vorstellungen, Ideen etc. etc., aber die wirklichen, wirkenden Menschen, wie sie bedingt sind durch eine bestimmte Entwicklung ihrer Produktivkräfte und des denselben entsprechenden Verkehrs bis zu seinen weitesten Formationen hinauf. Das Bewußtsein kann nie etwas Andres sein als das bewußte Sein, und das Sein der Menschen ist ihr wirklicher Lebensprozeß. Wenn in der ganzen Ideologie die Menschen und ihre Verhältnisse wie in einer Camera obscura auf den Kopf gestellt erscheinen, so geht dies Phänomen ebensosehr aus ihrem historischen Lebensprozeß hervor, wie die Umdrehung der Gegenstände auf der Netzhaut aus ihrem unmittelbar physischen" (MEW, Bd. 3, 1969, 26).

Es ist für Marx also (wie er griffig formuliert) nicht das Bewußtsein, welches das Sein, sondern das Sein, welches das Bewußtsein bestimmt. Damit war ihm ein entscheidender Schritt im Verständnis von **Ideologie** gelungen; ein Schritt, der zum Ausgangspunkt der modernen Wissenssoziologie wurde. Denn nun wurden verzerrte Vorstellungen von Realität als Ausdruck von bestimmten **Interessen** und **Lebensbedingungen** erkennbar. Marx spricht daher auch vom **notwendig** falschen Bewußtsein, also davon, daß bestimmte Bedingungen nur beschränkt ein Verständnis von Wirklichkeit zulassen. Damit interpretiert Marx, warum beispielsweise die bürgerliche Theorie die repressive Herrschaft des Adels problemlos analysieren konnte, bezüglich der Herrschaftsstruktur des Kapitalismus und des Elends der Arbeiterklasse jedoch erhebliche blinde Flecken aufwies.

Es blieb jedoch die Frage, warum die Arbeiterklasse selbst (die ja, laut Marx, „nichts zu verlieren hatte als ihre Ketten“ und daher imstande sein sollte, die Wirklichkeit unverzerrt zu erkennen) weit davon entfernt war, ein vollständiges Bewußt-Sein der Realität zu entwickeln. Marx entwickelte seine Vorstellungen in zwei Richtungen weiter. Zunächst beschäftigte er sich mit der Struktur der Wirklichkeit selbst, die einer objektiven Erkenntnis im Weg steht. Dabei griff er wiederum auf ein Modell von Hegel zurück. Hegel hatte (in Anknüpfung an ältere Vorstellungen) Einheit und Vielfalt von Wirklichkeit auf den Nenner eines dialektischen Verhältnisses von „Wesen“ und „Erscheinung“ gebracht: in den unendlich vielen Einzelheiten steckt – quasi als verbindende Gemeinsamkeit, aber auch als Ursprung – ein allgemeines Prinzip: jede Familie ist anders, aber alle sind Familien mit Erscheinungsformen eines grundlegenden Modells. Marx übertrug dieses Konzept auf den ökonomischen Prozeß. Danach „erscheint der gesellschaftliche Reichtum als eine ungeheure Ansammlung von Waren“. Erst wenn man sich genauer damit beschäftigt (was Marx ausführlich tat), wird deutlich, daß hinter dieser Ansammlung gesellschaftliche Produktionsverhältnisse stehen. Das **Wesen der Ware** ist das **Verhältnis von Kapital und Arbeit.** Wer nur auf den materiellen Charakter der Waren schaut, übersieht, daß sie Ausdruck von ganz bestimmten, historisch bedingten Konstellationen von Produktion und Herrschaft sind. Gerade strukturelle Herrschaft „versteckt“ sich gewissermaßen in Erscheinungen, denen man dies unmittelbar nicht ansieht. Dem oberflächlichen Blick bleiben sie damit verborgen; er sieht nur die Dinge, nicht aber die gesellschaftlichen Verhältnisse, die dahinter stehen. Marx spricht in diesem Zusammenhang vom **„Warenfetischismus“** als Form der Verkennung von Realität, dem das ungeschulte Bewußtsein unterliegt. Wer ins Geschäft geht und sich Kaffee kauft, sieht nur ein Päckchen, für das eine bestimmte Summe zu zahlen ist. Was man nicht sieht: die marktbeherrschende Stellung von bestimmten Konzernen, die Weltwirtschaftsordnung, die den Produzenten wesentlich weniger Vorteile bringt als dem Handel und den Konsumenten usw.

Das naive, unaufgeklärte Bewußtsein sieht also nur die Dinge, nicht die dahinter stehenden Verhältnisse. So gesehen wäre die Entwicklung von Bewußtsein (derjenigen, die zu objektiver Erkenntnis fähig sind) lediglich eine Frage der Aufklärung. Marx mußte jedoch einsehen, daß zwischen „objektiven" und „subjektiven" Bedingungen der Bewußtseinsbildung erhebliche Unterschiede bestanden. Etwas verdrossen nahm er zur Kenntnis, daß es soziale Umstände gibt, unter denen Menschen nicht imstande sind, ihre objektiven Interessen zu erkennen. Anläßlich des Staatsstreichs von Louis Bonaparte (später Napoleon III.) stellte er fest, daß dieser Putsch getragen wurde von sozial Entwurzelten und Deklassierten, von ihm (abschätzig) als „Lumpenproletariat" bezeichnet.

Damit war (auch hier) ein Punkt erreicht, an dem das geschlossene Theoriekonzept von Marx sich (so) nicht mehr durchhalten ließ. Weder konnte davon die Rede sein, daß die Widersprüche der kapitalistischen Ökonomie eindeutig auf die Art und Weise, wie Marx dies konzipiert hatte, eskalierten – der Kapitalismus erwies sich als wesentlich lebens- und entwicklungsfähiger als gedacht –, noch davon, daß die Arbeiterklasse, im vollen Bewußtsein ihres historischen Auftrags, sich diszipliniert dem gesellschaftlichen Fortschritt widmete. Außerdem erwies sich bei näherer Betrachtung, daß sich der geschichtliche Prozeß nur begrenzt mit den von ihm entwickelten Formeln fassen ließ. Was war mit den Gesellschaftsformen im Orient und Asien? Wie vollzog sich der Übergang zur Moderne außerhalb von England (wo Marx den Prozeß der „ursprünglichen Akkumulation" beschrieben hatte), beispielsweise in Österreich? Was war mit den neuen Formen der Dienstleistung und den Schichten, die sie anboten (Angestellte, Beamte)? Wie war die eher zunehmende soziale Differenzierung der Gesellschaft zu erklären?

8.7 Leistungen und Grenzen der Theorie

Mit diesen und anderen Fragen tat sich Marx' Theorie schwer. Dennoch: seine Gesellschaftstheorie wirkte ungemein anregend. Sie bot die Grundlage einer systematischen Kritik der bürgerlich-kapitalistischen Gesellschaft und war ein erstes Konzept, welches die wichtigsten Bereiche der Gesellschaft logisch und empirisch in Verbindung brachte. Diese Leistung erwies sich in der Folge als doppeldeutig. Zum einen wurde das Marxsche Denken zum Instrumentarium jeder modernen Gesellschaftskritik. Wo es um Herrschafts-, um Ideologiekritik geht, sind seine Überlegungen über die Relevanz ökonomischer Macht und die Standortgebundenheit von Ideologien nach wie vor unverzichtbar; sie bildeten zugleich den Ausgangspunkt einer Fülle von Weiterentwicklungen und Differenzierungen. Gleichzeitig war eine Gesellschaftskritik auf diesem Niveau eine Herausforderung für andere Positionen, sich ihrerseits weiterzuentwickeln und die Themen, die Marx benannt hatte (und die von da an nicht mehr ignoriert werden konnten), auf andere Weise zu behandeln. Diese Provokation des Marxschen Werkes trug wesentlich zur Entwicklung der Soziologie bei.

Auf der anderen Seite wurde Marx zur Galionsfigur einer politischen Bewegung, die sein Denken dogmatisierte und ideologisierte. Generell gilt, daß Theorien und Weltanschauungen zwei völlig verschiedene Dinge sind – jede Theorie verliert ihre analytische Schärfe, wenn sie zur Begründung von politischen Positionen genutzt wird. Dieses Risiko war bereits in Marx' Konzept selbst angelegt, weil er – in der Tradition der bürgerlichen Gesellschaftskritik und ihres Fortschrittsoptimismus – sich als Exponent einer besseren und unvermeidlichen Zukunft verstand und in diesem Sinn sein Werk als Parteinahme für eine objektive Tendenz der geschichtlichen Entwicklung sah. Zwar war der Gedanke, daß Theorie immer Einmischung in das gesellschaftliche Geschehen sei, nicht grundsätzlich falsch, aber seine Vorstellung, diese Problematik durch strikte Parteinahme für eine als objektiv fortschrittlich erkannte Position zu lösen, war naiv.

Was Marx (wie die meisten der „bürgerlichen" Theoretiker) noch annahm, war die Einheit von Theorie bzw. Aufklärung mit einer bestimmten politischen Position: ausgestattet mit dem Glauben an der Fortschritt und einer Vorstellung davon, wie der End- bzw. Idealzustand der Geschichte aussieht, erschien ihm dies selbstverständlich. Hätte Marx seine eigenen Einsichten konsequent auf sein Denken angewendet, wäre ihm nicht nur aufgefallen, in welchem Ausmaß er – bei allem Engagement für die Arbeiterklasse – ein Exponent der „bürgerlichen" Theorie war, sondern auch, daß deren Prämissen ideologischer Natur waren. Wir wissen heute – nicht zuletzt dank der Anregungen von Marx selbst –, daß Theorie und politische Parteinahme sich nicht vertragen, weil die notwendige Vereinseitigung der Perspektive, die letztere verlangt, der Theorie die nötige Bewegungsfreiheit und Offenheit nimmt. Wir können auch nicht mehr unterstellen, es gäbe einen objektiv definierbaren Ideal- und Endzustand der Geschichte. Gesellschaft – auch dies läßt sich von Marx lernen – ist ein konflikthafter Prozeß; die Vorstellung vom Ende der Geschichte ist naiv. Marx ging zwar inhaltlich weit über das bürgerliche Denken des 18. Jahrhunderts hinaus, blieb diesem aber im Denkstil eng verbunden – er radikalisierte die Prinzipien der „bürgerlichen" Theorie (vor allem den Fortschrittsglauben und die Vorstellung eines perfekten „Endzustands").

Diese Mixtur hatte auch negative Konsequenzen: viele seiner Erben betätigten sich als bornierte Dogmatiker im Dienste autoritärer gesellschaftspolitischer Strategien. „Marxismus" wurde zur Rechtfertigung bestimmter Herrschaftsformen; wurde zum Glaubenssystem, dem, von Priestern verwaltet, sich Menschen zu unterwerfen hatten – nichts lag Marx ferner. Aber gerade weil er sich konsequent für das Prinzip der Parteilichkeit entschied, bot er Angriffspunkte für eine komplette „Umfunktionierung" seines Werkes. Er ermöglichte, daß die Unvollständigkeiten und Widersprüche seines Denkens zum Kristallisationskern reaktionärer Ideologien wurden und die enormen produktiven Leistungen (fast) untergingen.

Die historischen Grenzen des Marxschen Werks liegen nicht nur in seiner Identifizierung von Theorie und Politik. Er hat auch Gesellschaft in wichtigen Hinsichten (zwangsläufig) verkannt. Zu den grundlegenden Schwächen gehört seine Vorstellung von „Arbeit": letztlich denkt Marx immer an körperliche Arbeit, an Handarbeit und unterschätzt dadurch gerade die Revolutionierung von Arbeit durch die bürgerliche Gesellschaft, in der ja vor allem die kognitiven Leistungen, die Leistungen von Planung, Organisation, Reflexion und Theorie entscheidende Bedeutung gewinnen. Das verzerrt nicht nur seine Arbeitswertlehre, sondern führt auch dazu, daß er kognitive und soziale Produktivkräfte systematisch unterschätzt bzw. übersieht. Statt dessen idealisiert er die Technik. Entsprechend verkürzt fallen seine Gesellschaftsanalysen aus: der gesamte Prozeß der Differenzierung der Sozialstruktur fehlt bzw. wird nur auf der Folie von Klassenverhältnissen abgebildet (die entsprechend verkürzt analysiert werden).

Obwohl Marx aus diesem Grund mit vielen seiner Analysen und Prognosen zu kurz griff, hat er in vielerlei Hinsicht wichtige theoretische Perspektiven eröffnet. Seine Einsicht in die Relevanz der Ökonomie für die Gesellschaft, in das Verhältnis von Ökonomie, Politik und Interessen, in die Widersprüchlichkeit gesellschaftlicher Entwicklungen sind so aktuell wie vor 100 Jahren. Daß der Kapitalismus kein zahmes Lämmchen, sondern ein „Raubtier" ist, kann niemand übersehen, der Geschichte und Gegenwart betrachtet, auch wenn heute seine Leistungsfähigkeit und „Zähmbarkeit" anders eingeschätzt werden muß. Es bleibt Marx' Verdienst, der rationalen Analyse hier entscheidend den Weg gebahnt zu haben.

Literaturhinweise

Zitierte Literatur

Marx, Karl/Engels, Friedrich: Die deutsche Ideologie. In: Marx/Engels-Werke (MEW) Bd. 3, Berlin 1969 (zuerst 1845)

Marx, Karl/Engels, Friedrich: Manifest der Kommunistischen Partei. In: Marx-Engels-Werke MEW), Bd. 4, Berlin 1969 (zuerst 1847/48)

Weiterführende Literatur

Engels, Friedrich: Die Entwicklung des Sozialismus von der Utopie zur Wissenschaft, Berlin 1883

Flechtheim, Ossip K.: Marx heute: Pro und Contra, Hamburg 1983

Hofmann, Werner: Ideengeschichte der sozialen Bewegung des 19. und 20. Jahrhunderts, Berlin 1969

Kurz, Robert: Der Kollaps der Modernisierung. Vom Zusammenbruch des Kasernensozialismus zur Krise der Weltökonomie, Frankfurt/M. 1991

Marx, Karl: Das Kapital Bde. 1 – 3, MEW Bde. 23 – 25, Berlin 1969 (zuerst 1867)

Marx, Karl: Ökonomisch-philosophische Manuskripte, MEW Ergänzungsband 1, Berlin 1981 (zuerst 1844)

9. Die Kritische Theorie

9.1 Entstehungszusammenhang und theoriegeschichtlicher Hintergrund

Die „Kritische Theorie" entstand in den 20er Jahren in Frankfurt, weshalb sie auch oft als „Frankfurter Schule" bezeichnet wird. Frankfurt war in der Zeit zwischen dem Ersten Weltkrieg und der „Machtergreifung" der Nazis (neben Wien und Berlin) eines der kulturellen und intellektuellen Zentren des deutschen Sprachraums, wo sich unterschiedliche geistige Strömungen trafen, mischten und neue Denkweisen entstanden.

Die Vertreter der Kritischen Theorie knüpften vor allem an drei theoriegeschichtliche Traditionen an:

- die Philosophie der Aufklärung und des Deutschen Idealismus;
- den Historischen Materialismus von Karl Marx sowie
- die Psychoanalyse von Sigmund Freud.

Die **Philosophie der Aufklärung** ist für die Kritische Theorie ein zentraler Bezugspunkt. Die Aufklärung hat bekanntlich das Ideal einer freien und gerechten Gesellschaft entwickelt, in der alle Bürger vor dem Gesetz gleich sind. „Freiheit, Gleichheit, Gerechtigkeit" als politische Forderungen des aufsteigenden Bürgertums waren gegen die Verteilung von (Handlungs-)Vermögen und Macht aufgrund von Geburt und Abstammung gerichtet. An die Stelle feudaler Herrschaft sollte nun das Prinzip der Teilnahme an Macht und Reichtum auf Basis von Leistung treten. Die Möglichkeit der Selbstbestimmung setzt vor allem die Fähigkeit zur Selbst-Steuerung voraus. Deshalb hat Vernunft (Rationalität) in der Aufklärungsphilosophie einen zentralen Stellenwert. Der Begriff geht davon aus, daß der Mensch ein vernunftbegabtes Wesen ist und zur Selbstbestimmung und Mündigkeit fähig ist, also fähig, „sich seines Verstandes ohne die Hilfe eines anderen zu bedienen" (Kant). Wenn nun alle Menschen von Geburt an gleich und vernunftbegabt sind, wenn sie als freie Wirtschaftssubjekte ihren Tätigkeiten nachgehen können, dann müßte die bürgerliche Gesellschaft eigentlich eine freie und gerechte Gesellschaft sein.

Der **Deutsche Idealismus,** insbesondere Kant und Hegel, haben der Aufklärung zu einem philosophischen System verholfen bzw. die Aufklärung auf das Niveau philosophischer Systematik gebracht. Bei Kant und Hegel wird das bloße Bedürfnis nach Wissen-Wollen und Emanzipation eingeordnet in die geschichtliche Entwicklung und in ihren Bedingungen und Folgen untersucht. Diese Theorien sind immer wieder Bezugspunkte der Kritischen Theorie.

Die Hoffnung der Aufklärung, mit der Befreiung von der Adelsherrschaft und der Realisierung der bürgerlichen Freiheiten entstünde quasi automatisch eine gerechte Gesellschaft, erfüllte sich allerdings nicht. Die Entstehung des Industriekapitalismus brachte zwar Reichtum und Fortschritt, aber auch neue soziale Krisen und soziales Elend mit sich. **Marx** setzte in gewisser Weise die Intentionen der Aufklärung fort, indem er versuchte, zu erklären, was die Aufklärer übersehen hatten. Sein Entwurf einer **materialistischen Theorie** ging insofern über die Aufklärung hinaus, als er damit erklären konnte, warum es auch ohne Adel gesellschaftliche Ungleichheiten und Herrschaft gab: die Auseinandersetzung zwischen unterschiedlichen sozialen Klassen bzw. Interessen und die Widersprüche der gesellschaftlichen Produktionsverhältnisse waren mit der Durchsetzung der bürgerlichen Freiheiten nicht zu Ende.

Aber Marx gab die Hoffnung der Aufklärung auf ein Ende der Leidensgeschichte der Menschheit nicht auf. Er interpretierte die bürgerlich-kapitalistische Gesellschaft als Vorstufe einer freien Gesellschaft und sah in der Arbeiterklasse die historisch erste Klasse, die nur von ihrer Arbeit lebt und deshalb auch keine Privatinteressen (wie Adelsprivilegien oder die private Verfügung über Kapital) zu verteidigen hätte. Deshalb war sie für ihn der historische Hoffnungsträger: wenn sie in einem letzten Kampf die Macht vom Bürgertum übernähme, müßten sich die Ziele der Aufklärung für alle Menschen verwirklichen lassen.

Im **20. Jahrhundert** konnte diese Hoffnung nicht mehr aufrechterhalten werden. Der Kapitalismus hatte sich einerseits als wesentlich überlebensfähiger als von Marx gedacht erwiesen: aus dem menschenverachtenden Manchester-Kapitalismus hatte sich in ersten Ansätzen ein **sozialstaatlich organisierter Konsumkapitalismus** entwickelt, der sich stärker um die gesellschaftliche Integration kümmerte. Er hatte sich jedoch auch als wesentlich gefährlicher erwiesen. Der Kampf um die Beherrschung von Rohstoffquellen und Absatzmärkten zwischen den verschiedenen kapitalistischen Gesellschaftssystemen mündete nicht nur in den Imperialismus – das Bemühen, ganze Weltregionen zu beherrschen und auszubeuten –, er war auch der Hintergrund des Ersten Weltkrieges.

Dazu kam, daß die gesellschaftliche Entwicklung zu einem neuen Typ von Gesellschaft führte, der erkennbar nicht allein aus ökonomischen und technischen Veränderungen bestand. Die moderne Gesellschaft basierte auf **neuen Formen der Organisation und der Strukturbildung:** Max Weber sprach von Zweckrationalität, die Systemtheorie nennt den modernen Organisationstyp „funktionale Differenzierung". Diese Entwicklung veränderte auch die Art von Herrschaft: Unterdrückung durch Gewalt und blanke Ausbeutung wurden tendenziell überlagert und abgelöst durch **abstraktere Formen der Herrschaft,** die nicht mehr allein auf das Interesse einer bestimmten Klasse reduzierbar waren.

Außerdem hatte sich gezeigt, daß Marx die Arbeiterklasse idealisierte. Zwar entwickelten sich aus der Arbeiterschaft (nicht zuletzt dank der Unterstützung bürgerlicher Intellektueller wie Marx, Engels, Bebel, Lassalle) bemerkenswerte Formen der politischen Organisation und auch der Selbsthilfe und sozialen Unterstützung. Aber die Arbeits- und Lebensbedingungen der **Arbeiter** setzten sich nicht unbedingt immer in weitsichtige und weltgeschichtlich denkende Orientierungen um. Auch Arbeiter erwiesen sich als anfällig für autoritäre Verhaltensweisen und Ideologien, ließen sich beispielsweise bei Beginn des Weltkriegs vom nationalen Chauvinismus mitreißen und sympathisierten mit dem Nationalsozialismus.

Alle diese Entwicklungstendenzen waren im theoretischen Schema von Marx nicht vorhergesehen und auch nicht erfaßbar. Orthodoxe Marxisten, vor allem diejenigen, die unter dem Einfluß von Lenin aus der Marxschen Theorie ein Legitimationsinstrument für ein neues Herrschaftssystem machten (Sozialismus sowjetischer Prägung), bemühten sich zwar, alles mit den (letztlich beschränkten) Mitteln zu erklären, die Marx zur Verfügung standen. Für gesellschaftskritisch denkende Intellektuelle – und solche waren die Kritischen Theoretiker – war jedoch klar, daß **bestimmte Grundannahmen von Marx so nicht weiter verwendbar** waren. Dies betraf vor allem folgende Punkte:

1. Im Unterschied zur „Widerspiegelungstheorie", die davon ausgeht, daß das Bewußtsein das gesellschaftliche Sein widerspiegelt, legt die Kritische Theorie großen Wert darauf, daß Erkenntnis ein aktives Element beinhaltet, Interpretation ist. Erkenntnis ist also nicht ein mechanischer Vorgang, bei dem Menschen nur das erleben, wahrnehmen, denken, was ihnen ihre Situation aufzwingt.

Dies hat die Marxsche Theorie nicht berücksichtigt, da ihr ein Konzept der subjektiven „Herstellung" eines Bildes der Welt fehlte.

2. Gegenüber dem einfachen Basis-Überbau-Schema (d.h. der Annahme, daß die materielle, ökonomische Basis einer Gesellschaft sämtliche kulturellen Erscheinungen unmittelbar prägt) versucht die Kritische Theorie, eine materialistische Theorie der Kultur zu entwickeln. Zwar sind die kulturellen Bewußtseinsformen von den ökonomischen Verhältnissen abhängig, sie zeigen aber einen relativen Eigensinn, d.h. sind teilweise von der ökonomischen Lage entkoppelt. Zwar sind Ökonomie und Kultur nicht zu trennen, d.h. die Entwicklung der bürgerlichen Literatur ist ohne Bezug auf den gesellschaftlichen Prozeß unverständlich. Aber dieser Zusammenhang ist „vermittelt". Vermittlung meint die gegenseitige Durchdringung von Elementen bzw. Phänomenen. Für die Analyse von Kultur und Gesellschaft bedeutet dies, daß Kulturphänomene als Teil und Ausdruck der gesellschaftlichen Gesamtheit, der gesellschaftlichen Totalität gedacht und nicht als bloße Widerspiegelungen von Klasseninteressen gesehen werden. Es ist von einem ständigen Wechselspiel von Gesellschaft und Kultur, von einzelnen gesellschaftlichen Elementen und der gesamten Gesellschaft auszugehen. Dabei ging man davon aus, daß in einer Gesellschaft buchstäblich alles mit allem zusammenhängt, also eine „Totalität" bildet.

3. In diesem Zusammenhang ist auch die Problematisierung des Marxschen Theorie-Praxis-Verhältnisses zentral: war für Marx der Verlauf der Geschichte letztlich vorgezeichnet und das Proletariat diejenige Klasse, die objektiv dazu ausersehen war, jeder Herrschaft ein Ende zu bereiten, so bezweifelte die Kritische Theorie überhaupt, ob die Geschichte aus Fortschritten besteht. Auch sah sie keinen Grund, das Proletariat – welches wie alle anderen Klassen auch in gesellschaftliche Widersprüche verwickelt ist – zu idealisieren. Sie untersuchte daher, warum das Proletariat seine ihm von Marx zugedachte Rolle nicht wahrgenommen hat und entgegen seinen Interessen auch dem Nationalsozialismus wenig Widerstand entgegengebracht hat.

Nach dem Ersten Weltkrieg war also nicht nur die Hoffnung der Aufklärung, sondern auch die von Marx auf eine definitive Lösung aller sozialen Probleme zerstoben. Die Vertreter der Kritischen Theorie standen daher vor der Aufgabe, die Intentionen der Aufklärung, die Marx weiterentwickelt hatte, nun ihrerseits über Marx hinauszuführen. Sie mußten also mit Marx das tun, was Marx mit der Aufklärung getan hatte, nämlich sie aus ihrer Zeitgebundenheit zu befreien. Dies tat die Kritische Theorie, indem sie **wichtige Grundgedanken von Marx fortentwickelte.**

- An der Einsicht von Marx in die zentrale Bedeutung von Produktivkräften und Produktionsverhältnissen für die gesellschaftliche Entwicklung wurde festgehalten: Auch für die Kritische Theorie sind die technisch-ökonomischen Verhältnisse entscheidend. Aber anders als die Aufklärung und Marx sahen sie in deren Entwicklung nicht Fortschritt auf einen positiven „Endzustand" hin, sondern sie betonten die **Zwiespältigkeit der Modernisierung** und sahen die Möglichkeit der Destruktivität und des Scheiterns.
- Wie bei Marx wird der systematische Zusammenhang von Gesellschaften nachdrücklich betont. Aber mit dem Begriff der **„Totalität"**, der Vorstellung, daß Gesellschaften von einem einheitlichen, zugleich widersprüchlichen Prinzip dominiert werden, wird diese Vorstellung wesentlich konsequenter als Prozeß der wechselseitigen Bestimmung und Abhängigkeit gedacht.
- Weiterentwickelt wird auch die **Ideologiekritik.** Marx hatte Ideologien noch recht unmittelbar einem bestimmten gesellschaftlichen „Standort" zugeschrieben – der Unternehmer denkt notwendig anders als der Arbeiter. Die Kritische Theorie sah die Verstricktheit des Denkens in seinen Gegenstand wesentlich differenzierter und untersuchte, wie sich Verzerrungen des Denkens selbst da auswirken, wo es sich um scheinbar „neutrales" oder „wertfreies" Wissen handelt (etwa in der Wissenschaft, der Technik, der Kunst).
- Festgehalten wird schließlich an der **Kritik** der Vorstellung, die bestehende Welt sei die beste aller möglichen (was angesichts der Katastrophen nur Ideologie sein konnte) und daran, daß die Menschen ihre Welt selbst herstellen und daher Alternativen prinzipiell möglich sind. Die Hoffnung auf ein bevorstehendes Ende der Geschichte, auf eine Erlösung von allen Übeln hatte sich jedoch als naiv entpuppt.

Deshalb stand die Kritische Theorie von Anfang an gewissermaßen **zwischen der Fronten:** Sie wandte sich sowohl gegen den orthodoxen Marxismus als auch gegen die kritiklose, „affirmative" Form der Theorie, die sich schlicht Ziele setzte und Mittel suchte, ohne darüber nachzudenken, was sie betreibt. Dies galt vor allem für die sogenannte „positivistische" Forschung, die selbstgenügsam sich nur dafür interessierte, daß die Mittel der Forschung in Ordnung sind und das jeweilige Ziel hinreichend klar definiert war, aber nicht über den Sinnzusammenhang nachdachte. Wo positivistische Psychologie einfach untersuchte, wie Margarine verpackt sein muß, damit sie sich besser verkauft, fragte die Kritische Theorie danach, was es bedeutet, wenn Kunden auf diese Weise beeinflußt, der Absatz psychologisch aufgerüstet wird und welche Rolle hier Forschung und Theorie spielen.

Die kritische Distanz zur „bürgerlichen" Wissenschaft hielt die Kritische Theorie jedoch nicht ab, sich dort auf sie zu beziehen, wo sie inhaltliche Anknüpfungspunkte sah. Dies betraf vor allem die **Psychoanalyse,** die Sigmund **Freud** um die Jahrhundertwende entwickelte. Die entscheidende Leistung von Freud lag darin, menschliches Verhalten, welches bis dahin einfach als „irrational" oder „krankhaft" abgestempelt (und entsprechend behandelt) wurde, ernst zu nehmen. Er gewann die Einsicht, daß zwanghaftes, hysterisches, paranoides Verhalten stets biographisch sinnvoll ist: Wer zwanghafte Rituale einhält, hat dafür subjektiv Gründe. Die Gründe sah Freud darin, daß die menschliche Psyche ein anfälliges System ist, welches sich erst im Laufe der Lebensgeschichte, im Kontakt mit der sozialen Welt, entwickelt und dabei unter ungünstigen Umständen beschädigt und beeinträchtigt werden kann. Die Folge ist, daß die in ihrer Entwicklung gestörten psychischen Impulse in ihrer deformierten Form konserviert bleiben und das Handeln der Menschen auch im späteren Leben beherrschen, ohne daß ihnen dies bewußt sein muß. Von da aus kam Freud zu einer Theorie von Subjektivität, in der die Frage nach der Entstehung und der Dynamik unbewußter Sinnzusammenhänge des Handelns eine wichtige Rolle spielte. Dazu entwickelte er eine Theorie des Aufbaus der Psyche, die er als eine Einheit unterschiedlicher Teilsysteme bzw. Prozeßtypen sah. Er unterschied:

- Das **Es** als das bio-psychische Antriebspotential der Menschen, als ihre teils angeborenen, teils sozial formierten Triebimpulse, die sich in Bedürfnissen, Gefühlen, Phantasien äußern;
- das **Ich** als die Gesamtheit der verfügbaren Mittel des Denkens und Wissens, der Assoziation, der Fähigkeiten, aber auch der psychischen Mechanismen wie etwa die Verdrängung von bedrohlichen und nicht verarbeitbaren Triebimpulsen;
- das **Über-Ich** als der Ort der unbedingten Gewißheiten und Prinzipien, die sich in Form von Moralvorstellungen und Werten äußern und innere wie äußere Realität beurteilen.

Die Psychoanalyse wurde für die Kritische Theorie zwar ideologiekritisch sehr genau unter die Lupe genommen, aber auch zu einem der wichtigsten theoretischen Bezugspunkte. Vor allem, weil das Konzept unbewußter Sinnzusammenhänge und deren biografischer Entstehung durch Beeinträchtigungen der Entwicklung das erklären konnte, was der Aufklärung und Marx unerklärbar blieb: wie die Fähigkeit zum Denken deformiert werden kann, wie Menschen gegen ihre „objektiven“ Interessen handeln können, wie (selbst-)destruktive Verhaltensweisen zustandekommen. Diese Theorie war daher begrifflich gewissermaßen das „missing link“ zwischen Gesellschaftsstruktur und der Identität der Subjekte.

9.2 Die Entwicklung der Kritischen Theorie

Die Kritische Theorie fand ihre institutionelle Verankerung im Jahre 1924 mit der Gründung des der Universität Frankfurt angegliederten **Instituts für Sozialforschung.** Wer waren nun jene Theoretiker, mit denen die Bezeichnung „Kritische Theorie“ oder „Frankfurter Schule“ verbunden wird?

Als erster zu nennen ist Max **Horkheimer** (1895–1973; Philosoph), der 1931 Direktor des Instituts für Sozialforschung wird, über lange Zeit das Institut leitet (auch für seine finanzielle Ausstattung sorgt) und die Richtung der Kritischen Theorie wesentlich mitbestimmt. Ein weiterer wichtiger Vertreter ist Theodor W. **Adorno** (1903–1969; Philosoph, Soziologe), der gemeinsam mit Horkheimer die Entwicklung der Kritischen Theorie entscheidend prägte, wenngleich er sich in einigen Punkten von Horkheimer unterschied. Weitere Vertreter der Kritischen Theorie sind der Literaturwissenschaftler Leo **Löwenthal** (1900–1993), der Psychoanalytiker Erich **Fromm** (1900–1980), der Ökonom Friedrich **Pollock** (1894–1972) und schließlich der Philosoph Herbert **Marcuse** (1898–1979). Diese sechs Personen bildeten den engeren Kreis der Kritischen Theorie. Weitere Wissenschaftler haben mehr oder weniger eng mit dem Institut für Sozialforschung zusammengearbeitet. Als wichtigster lebender Vertreter der Kritischen Theorie (die sich allerdings im Laufe der Jahre deutlich gewandelt hat) gilt der Philosoph und Soziologe Jürgen **Habermas** (geb. 1929).

Wie bereits erwähnt, entwickelte sich die Kritische Theorie in den 20er Jahren dieses Jahrhunderts und war daher von den **historischen Bedingungen** wesentlich mitgeprägt. Vor allem die Herrschaftssysteme von Faschismus und Stalinismus waren für die Kritische Theorie traumatische Ereignisse. Die geplante Vernichtung von Menschenleben in Konzentrationslagern, die Unterdrückung durch ein Gewaltregime bzw. die Vereinnahmung der Menschen durch eine lückenlose Propagandamaschine waren Erfahrungen, die einer theoretischen Aufarbeitung bedurften. Die Integrationskraft von Wirtschaft, Staat und Kultur, das Absorbieren von Kritik und die Schwierigkeit von Widerstand, diese Fragestellungen beschäftigen die Kritische Theorie bis heute.

Die grundlegende Orientierung des Instituts für Sozialforschung zielte ab auf eine „Kritische Theorie der gegenwärtigen Gesellschaft". Dabei arbeitete das Institut sowohl empirisch als auch theoretisch und strebte eine interdisziplinäre Sozialforschung an. Vertreter unterschiedlicher Disziplinen sollten gemeinsam an aktuellen gesellschaftlichen Problemen arbeiten. Wichtigstes Publikationsorgan der frühen Kritischen Theorie war die **Zeitschrift für Sozialforschung,** die kontinuierlich von 1932 bis 1941 erschien, die letzten Nummern bereits im amerikanischen Exil. Die Beiträge in dieser Zeitschrift stellen den Versuch einer Integration von Soziologie, Philosophie, Kulturwissenschaften, Psychoanalyse und ökonomischer Theorie dar.

Die Mitglieder der Kritischen Theorie – unter denen viele jüdischer Herkunft waren – mußten Mitte der 30er Jahre nach **Amerika** emigrieren; das Institut wurde in New York angesiedelt. Während in den frühen 30er Jahren die Hoffnung auf Widerstand, auf einen revolutionären Umbruch der Gesellschaft noch vorhanden war, verflüchtigt sich diese Hoffnung aufgrund der Erfahrungen mit dem Totalitarismus in West und Ost. Der Ton der Kritischen Theorie wird pessimistischer. Nach dem Zweiten Weltkrieg kommen auch zunehmend die demokratischen Staaten in das Kreuzfeuer der Kritik. Während ihres Aufenthalts in den USA sind die Kritischen Theoretiker mit einer neuen Form des Kapitalismus konfrontiert. Im Unterschied zur totalitären Form des Kapitalismus im Europa der 30er und 40er Jahre zeigt sich in Amerika ein Kapitalismus ohne repressive Gewalt, gleichsam in „sanfter" Gestalt. Für die Kritische Theorie ist jedoch diese Form des Kapitalismus und die von ihm erzeugte glitzernde Warenwelt, kein Reich der Freiheit, sondern eine neue Form der Unterdrückung der Individuen. Vor allem die Erscheinungsformen der amerikanischen Kultur wurden nicht als Ausdruck von Demokratie, sondern als **neue Form von Herrschaft** gesehen. Die Kritische Theorie prägte dafür den Ausdruck **„Kulturindustrie"**. Grundthese ist hierbei, daß die Menschen zunehmend an die Gesellschaft angepaßt werden und dabei die Massenkultur eine besondere Rolle spielt: sie bietet den Menschen Surrogate für ein besseres Leben an, das aber in Wirklichkeit nach Ansicht der Kritischen Theoretiker gar nicht existiert. Ähnlich den literarischen Werken von Orwell („1984") und Huxley („Brave New World") betont die Kritik die Integration der Menschen in ein (schlechtes, weil ungerechtes) Gesellschaftssystem, die Unterwerfung unter bürokratische Zwänge, die tendenzielle Ausschaltung von Widerstand und Kritik. Am Ende des bürgerlich-kapitalistischen Zeitalters sieht die Kritische Theorie ein neues, schwerer zu durchschauendes Herrschaftssystem sich entwickeln. Neben der Gefahr der totalitären Zerstörung der Demokratie werden vor allem Tendenzen kritisiert, die auf die Ausschaltung des autonomen Individuums und seines Bewußtseins zugunsten der Anpassung an die gegebenen gesellschaftlichen Verhältnisse gerichtet sind. Die Kritische Theorie entwirft das düstere Bild einer total integrierten Gesellschaft, die sie **„verwaltete Welt"** nennt. In dieser Welt erscheint das Individuum zunehmend als Marionette anonymer Systeme. Die übermächtigen Systeme von Wirtschaft, Staat und Kultur führen zur Ohnmächtigkeit des Einzelnen, zur weitgehend vollständigen Anpassung an die „schlechten" Verhältnisse. Die von Max Weber skizzierte Rationalisierung der Welt (vgl. Kapitel 3) wird als zunehmend allumfassende Herrschaft über den Menschen gesehen.

Aufgabe von Kritik ist es demnach, auf die Weiterexistenz von Unterdrückung, Leid und Unmenschlichkeit hinzuweisen. Allerdings haben es die Kritischen Theoretiker immer vermieden, positive Utopien auszumalen, konkrete Bilder einer freien und gerechten Gesellschaft zu entwickeln. Sie waren der Auffassung, daß konkrete Ausmalungen einer möglichen Gesellschaft zum einen der Selbstbestimmung der Menschen widersprächen, zum anderen allzuleicht den Umschlag von Utopie in Totalitarismus zur Folge haben könnten. Dazu schreibt Horkheimer im Rückblick: „Man konnte sagen, was an der gegenwärtigen Gesellschaft das Schlechte ist, aber man konnte nicht sagen, was das Gute sein wird, sondern nur daran arbeiten, daß das Schlechte schließlich verschwinden würde (...) Wenn ich mich in der Welt von gestern und heute umsehe, muß ich daran denken, daß in jedem Augenblick Menschen an verschiedenen Stellen der Erde gequält werden und in grauenvollen Verhältnissen existieren müssen, in Angst und Not (...) Und es ist sicher eine Aufgabe der Kritischen Theorie, das auszusprechen" (Horkheimer 1981, 164ff).

Im Zuge der **Studentenbewegung** in den späten 60er Jahren wurde die Kritische Theorie wieder in einer breiteren Öffentlichkeit diskutiert. Die Werke von Horkheimer, Adorno und Marcuse wurden von den gegen universitäre und gesellschaftliche Mißstände protestierenden Studenten als Anleitung für die revolutionäre Praxis genommen. Doch dabei unterlagen sie einem fundamentalen Mißverständnis, hatte sich die Kritische Theorie doch immer schon gegen den Mißbrauch von Theorie für unmittelbare Praxiszwecke gewendet. Zwar wird an der politischen Funktion jeder Theorie festgehalten, aber die Kritischen Theoretiker waren äußerst skeptisch hinsichtlich der Bedingungen einer revolutionären Umwälzung der Gesellschaft. Sie kritisierten den Aktionismus der Studenten und beharrten darauf, daß die geschichtlichen Bedingungen für eine Verbindung von Theorie und Praxis nicht gegeben wären. Sie verteidigten die Kritische Theorie als Theorie und zogen sich deshalb den Ärger und die Kritik der Studenten zu, weil sie sich nicht zu Propagandisten einer bestimmten Form von Politik machen wollten. So standen die Kritischen Theoretiker erneut zwischen zwei Fronten: vom „Establishment" wurden sie der Subversion verdächtigt, für die radikalen Studenten waren sie unpolitische Akademiker.

9.3 Grundpositionen der Kritischen Theorie

9.3.1 Traditionelle und Kritische Theorie

Max Horkheimer hat 1937 in seiner Schrift „Traditionelle und kritische Theorie" wesentliche Unterschiede zwischen beiden Theorietypen herausgearbeitet und damit auch den Begriff „Kritische Theorie" entwickelt.

Die **traditionelle Theorie** orientiert sich am Ideal neuzeitlicher Naturwissenschaft, wobei ihr Ziel in der Formulierung allgemeiner, in sich stimmiger Gesetze zur Beschreibung der Welt, wie sie ist, besteht. Theorie meint dabei die systematische Verknüpfung von Sätzen in Form einer systematisch einheitlichen Deduktion, d.h. aus allgemeinen Sätzen bzw. Gesetzen werden die übrigen abgeleitet. Problematisch ist für Horkheimer nun, daß auch „die Wissenschaften von Mensch und Gesellschaft" (Horkheimer 1968, 139), also die Soziologie, diesem Ideal zu folgen versucht. Wenn sie die menschliche Gesellschaft gleichsam wie die „tote Natur" behandelt und als objektiv zu erfassende Tatsache begreift, dann übersieht sie den historischen Charakter von Forschungsgegenstand und Forscher und die gesellschaftliche Bedingtheit von Wissenschaft.

Die **Kritische Theorie** geht davon aus, daß Subjekte wie Objekte wissenschaftlicher Handlungen gesellschaftlich bestimmt sind, d.h. Gegenstände, Methoden und Interessen wissenschaftlicher Arbeit können nur im Zusammenhang mit Gesellschaft und der jeweiligen Produktionsweise verstanden werden: „Sowohl die Fruchtbarkeit neu entdeckter Zusammenhänge für die Umgestaltung der vorhandenen Erkenntnisse wie deren Anwendung auf Tatbestände sind Bestimmungen, die nicht auf rein logische oder methodologische Elemente zurückgehen, sondern jeweils nur im Zusammenhang mit realen gesellschaftlichen Prozessen zu verstehen sind" (ebd., 143). Horkheimer will damit sagen, daß die Wissenschaft keine abgehobene Sphäre in der Gesellschaft darstellt, sondern daß auch das Wissenschaftssystem einen Platz im System gesellschaftlicher Arbeitsteilung innehat, daß wissenschaftliche Erkenntnisse nicht von ihrer technischen und gesellschaftlichen Anwendung zu trennen sind, daß Wissenschaft die Welt, in der wir leben, prägt und von ihr geprägt wird. Dementsprechend wendet sich die Kritische Theorie auch gegen die positivistische Wissenschaft, die auf einer strengen Trennung zwischen wissenschaftlichem Objekt und betrachtendem Subjekt (Forscher) beharrt und strikt zwischen den zu erforschenden Tatsachen und den Wertvorstellungen der Forscher („wertfreie Wissenschaft") unterscheidet. Die Kritische Theorie wendet sich gegen eine unhistorische Tatsachenwissenschaft, da Tatsachen für sie doppelt gesellschaftlich präformiert sind, „durch den geschichtlichen Charakter des wahrgenommenen Gegenstands und den geschichtlichen Charakter des wahrnehmenden Organs" (ebd., 149). Wissenschaftliche Theorienbildung und Forschung muß also ihre eigene gesellschaftliche Bedingtheit in die Reflexion und die Forschungspraxis miteinbeziehen.

Die traditionelle Theorie vertritt sowohl eine Trennung von Wert und Forschung, als auch eine Trennung von Wissen und Handeln. Für die Kritische Theorie ist beides miteinander verbunden. Wertfreie Forschung ist in einer Gesellschaft nicht möglich, in der die Menschen selbst noch nicht autonom und selbstbestimmt leben, d.h. jede Erhebung von „wertfreien" Tatsachen vergißt den gesellschaftlichen Charakter dieser Tatsachen, daß nämlich damit die Gesellschaft, wie sie ist, weiter zementiert wird. Dagegen hat die kritische Theorie der Gesellschaft „die Menschen als die Produzenten ihrer gesamten historischen Lebensformen zum Gegenstand. Die Verhältnisse der Wirklichkeit, von denen die Wissenschaft ausgeht, erscheinen ihr nicht als Gegebenheiten, die bloß festzustellen und nach den Gesetzen der Wahrscheinlichkeit vorauszuberechnen wären. Was jeweils gegeben ist, hängt nicht allein von der Natur ab, sondern auch davon, was der Mensch über sie vermag" (ebd., 192). Solange die Gesellschaft durch Ungerechtigkeit und Ungleichheit gekennzeichnet ist, würde jede wertfreie Feststellung der gesellschaftlichen „Tatsachen" diese ungerechte Gesellschaft weiter befördern. Im Unterschied zur traditionellen Theorie verfolgt die Kritische Theorie in ihrer wissenschaftlichen Arbeit bewußt das „Interesse an der Aufhebung des gesellschaftlichen Unrechts" (ebd., 190). Diese bewußte Wertsetzung läßt auch politische Neutralität, die mit traditioneller Theorie verbunden ist, unmöglich erscheinen.

Die Kritische Theorie begreift sich nicht als politisch neutral, sondern sieht ihre Arbeit mit politischen Interessen verbunden, nämlich gesellschaftliche Ungerechtigkeit zu kritisieren und „die Idee einer künftigen Gesellschaft als Gemeinschaft freier Menschen" (ebd., 166) zu verwirklichen. Diese Haltung bedeutet notwendigerweise Parteilichkeit für Vernunft und Gerechtigkeit und gegen Ausbeutung und Unterdrückung.

Nach Horkheimer sind also Kennzeichen einer Kritischen Theorie:

- sie ist kritisch gegen eine ungerechte Gesellschaft gerichtet mit dem Interesse an einer künftigen Gesellschaft als Gemeinschaft freier Menschen;
- sie nimmt keine Trennung von Tatsachen und Wertvorstellungen vor; es gibt für sie keine „wertfreie Wissenschaft";
- sie begreift Theorie und Praxis als Einheit;
- sie verweist auf den geschichtlichen Charakter der Gegenstände der Wissenschaft und der Wissenschaft selbst.

Daraus ergeben sich auch Konsequenzen für die **Theorie und Praxis kritischer Sozialforschung.** Eine wichtige Konsequenz ist, daß die Forscher nicht vergessen dürfen, daß sie selbst Teil des gesellschaftlichen Ganzen sind, das untersucht wird. Wenn man Tatsachenforschung trennt von den dahinterstehenden Wertvorstellungen des Forschers/der Gesellschaft, dann wird der Status quo befestigt, wird die Welt, so wie sie ist (ungerecht), belassen. Die Kritische Theorie fordert, daß die Wertvorstellungen des Forschers, die in seine Arbeit eingehen, offengelegt werden müssen. Traditionelle Theorie, die auf der strikten Trennung zwischen Tatsachen und Werten beharrt, bringt demgegenüber nur unkritisch zutage, was existiert. Gleichwohl wird in der Themen- und Methodenwahl deutlich, daß auch hier Interessen, allerdings unreflektiert, einfließen.

Die Kritische Theorie geht davon aus, daß **Theorie und Empirie** nur im Verbund zu einer Beschreibung und Erklärung der gesellschaftlichen Totalität kommen können. Sozialwissenschaftliche Forschung muß immer theorieabhängig sein, weil sie sonst in Gefahr gerät, nur isolierte Momente des gesellschaftlichen Zusammenhangs zu untersuchen und die Gesamtperspektive aus den Augen zu verlieren bzw. an der Oberfläche der Phänomene zu verharren. Leitidee war die Entwicklung einer realitätsgerechten, theoretisch anspruchsvollen Verfahrensweise, die sowohl die Oberfläche, als auch die Tiefenstruktur ihres Gegenstandes begreift. Empirische Sozialforschung darf sich nicht auf bloße Erfahrungstatsachen und den virtuellen Ausschluß des spekulativen Gedankens beschränken. Grundthese ist, daß die Universalität des gesellschaftlichen Zusammenhangs alle Gegenstände und jedes Bewußtsein von Gegenständen präformiert. Selbstreflexion muß daher integraler Bestandteil der empirischen Sozialforschung sein. Nicht die Beschränkung auf isolierte Datenproduktion ist anzustreben, sondern es ist die Frage nach dem gesellschaftlichen Sinn von Phänomenen, die Frage nach der gesellschaftlichen Gesamtstruktur zu stellen. Das empirisch Ermittelte, z.B. bestimmte Meinungen der Bevölkerung, darf nicht schon für das Wesen der Gesellschaft gehalten werden:, „Anstelle der Bedingungen, unter denen die Menschen leben, oder der objektiven Funktion, welche sie im gesellschaftlichen Prozeß einnehmen, rücken vielfach deren subjektive Spiegelungen. Ohne kritische Reflexion darüber, daß die Verhaltensweisen und Bewußtseinsinhalte der Individuen unendlich vermittelt, gesellschaftlich produziert sind, fällt die empirische Sozialforschung ihren eigenen Ergebnissen zum Opfer“ (Institut für Sozialforschung 1956, 109).

9.3.2 Die Studie zu „Autorität und Familie“

Das Institut für Sozialforschung hat 1936 eine großangelegte Studie zu **„Autorität und Familie“** veröffentlicht, wozu Erich **Fromm** eine sozialpsychologisch-psychoanalytische Interpretation beigetragen hat. Aufbauend auf Freuds Konzept des seelischen Apparats (Ich, Es, Über-Ich) fragt sich Fromm, wie Gesellschaft und Autorität verknüpft sind und wie es möglich ist, daß sich so viele Menschen Autoritäten unterwerfen, ihren eigenen Willen ausschalten und blinden Gehorsam zeigen. Fromm hat zu dieser Zeit den Faschismus und die Gefolgsbereitschaft der Massen vor Augen. Fromm geht davon aus, daß die in gesellschaftlich maßgebenden Autoritäten verkörperte Gewalt und Macht ein Grund für das Zustandekommen der Fügsamkeit und Unterwerfung der Massen unter diese Autorität ist. Andererseits aber vermutet er, daß diese äußeren Zwänge durch psychische Mechanismen gestützt werden müssen, um so zu wirken. Für Fromm ist es das Über-Ich, also jene psychische Instanz, die das Gewissen und verinnerlichte Verbote repräsentiert, welches aus der äußeren Gewalt eine innere macht. Die wesentliche gesellschaftliche Instanz zur Aufrichtung des Über-Ichs ist die patriarchalische Kleinfamilie. Hier tritt die in der Gesellschaft wirksame Gewalt dem in der Familie aufwachsenden Kind speziell in der Person des Vaters gegenüber. Durch die Identifizierung mit dem Vater und der Verinnerlichung seiner Gebote und Verbote wird das Über-Ich als psychische Instanz aufgerichtet. In der Konfrontation mit anderen Autoritäten wird nun dieses Über-Ich auf die in der Gesellschaft herrschenden Autoritätsträger projiziert.

Fromm sieht die wichtigste gesellschaftliche Funktion der Familie „in der Produktion der gesellschaftlich erwünschten seelischen Struktur" (Fromm 1970, 260). Fromm fragt sich weiter, warum die Unterwerfung unter die Autorität lustvoll sein kann, warum es so leicht scheint, Menschen zur Unterordnung zu zwingen. Wenn man sich die begeisterten Massen vor Augen führt, die Hitler vergötterten und alle Befehle aus Überzeugung ausführten, eine legitime Frage. Warum ist Unterwerfung leichter, als Menschen zu veranlassen, die Unterordnung für innere Selbständigkeit und Mündigkeit aufzugeben? Im Autoritätsverhältnis dürfte die Befriedigung von unbewußten Triebwünschen eine Rolle spielen: „Jene Lust am Gehorchen, an der Unterwerfung, an der Aufgabe der eigenen Persönlichkeit, jenes Gefühl der ‚schlechthinnigen Abhängigkeit' sind Züge, die für die **Struktur des masochistischen Charakters** typisch sind" (ebd., 283). Der von der Kritischen Theorie so genannte **„autoritäre Charakter"** zeigt aber nicht nur masochistische Strebungen, sondern auch sadistische. Je nach dem, ob ein Stärkerer oder ein Schwächerer das Objekt ist, kommen unterschiedliche Strebungen zur Geltung. Der autoritäre Charakter zeigt Sympathie für die Mächtigen und Aggression gegen die Wehrlosen. Dem autoritären Charakter mangelt die Fähigkeit zum Kampf gegen die Macht. Er kompensiert dies durch Verachtung und Haß gegenüber den Schwächeren und Hilflosen: „In **autoritären Gesellschaften** finden sowohl die masochistischen wie die sadistischen Strebungen ihre Befriedigung. Jeder ist in ein System von Abhängigkeiten nach oben und nach unten eingegliedert" (ebd., 287).

Da die Charakterstruktur aber nichts Angeborenes ist – und das betont Fromm vehement –, stellt sich die Frage nach ihrer gesellschaftlichen Produziertheit. Fromm stellt fest, daß in autoritären Gesellschaften der sadomasochistische Charakter durch die ökonomische Struktur erzeugt wird. Je tiefer jemand in der gesellschaftlichen Hierarchie steht, desto undurchschaubarer erscheint ihm das gesellschaftliche Leben. Dies schafft eine Abhängigkeit, an die sich das Individuum anpaßt, indem es eine sadomasochistische Charakterstruktur entwickelt. Die masochistische Einstellung befriedigt das Bedürfnis nach Verminderung der Angst und nach Größe und Macht. Nicht von ungefähr hatte Hitler im ökonomisch vom Abstieg bedrohten Kleinbürgertum seine größte und fanatischste Anhängerschaft. Die Hilflosigkeit der Menschen führt zu Angst und die Identifikation mit Autoritäten bringt eine „Prothesen-Sicherheit".

Die Hingabe an Volk und Führer gibt Sicherheit und bietet Befriedigung.

Das schwierige Problem von menschlicher Freiheit und Unterwerfung beschäftigt Fromm auch in seinem berühmtesten Werk **„Die Furcht vor der Freiheit"** (1941). In diesem Buch beschreibt Fromm den Prozeß der Individuation des Menschen als Loslösung von primären Bindungen in der Kindheit. In diesem Prozeß wächst einerseits die Stärke des Selbst, andererseits bringt aber die Loslösung von Bindungen auch eine zunehmende Vereinsamung mit sich. Fromm spricht vom „Doppelgesicht der Freiheit" und meint damit „die wachsende Unabhängigkeit des Menschen von äußeren Autoritäten einerseits und andererseits seine zunehmende Isolierung und das daraus entspringende Gefühl der Bedeutungslosigkeit und Ohnmacht des einzelnen" (Fromm 1983, 39).

Gesellschaftsgeschichtlich geht im Übergang vom Feudalismus zum Kapitalismus derselbe Prozeß vor sich: die Menschen werden von traditionellen Fesseln befreit, die positive Freiheit vergrößert sich, gleichzeitig geht aber auch das Gefühl von Sicherheit und Zugehörigkeit verloren, das mit Bindungen einhergeht. Damit „geht dem Menschen auch die Antwort auf die Frage nach dem Sinn seines Lebens verloren. Er fühlt sich von mächtigen, überpersönlichen Kräften, dem Kapital und dem Markt, bedroht. Die Beziehung zu seinen Mitmenschen, von denen jeder ein potentieller Konkurrent ist, wird feindlich und entfremdet. Er ist frei – das heißt, er ist allein, isoliert, bedroht von allen Seiten (...) Die neue Freiheit muß in ihm ein tiefes Gefühl der Unsicherheit und Ohnmacht, des Zweifels, der Verlassenheit und Angst wecken" (ebd., 60f).

Fromm unterscheidet zwei Arten von Freiheit, die aus der Unsicherheit des isolierten Einzelmenschen resultieren können: eine **„positive Freiheit zu"**, d.h. in Liebesbeziehungen und in Arbeit mit der Welt in Beziehung zu treten und seinen emotionalen, sinnlichen und intellektuellen Fähigkeiten Ausdruck zu verleihen. Dies bedeutet auch, mit den Menschen, mit der Natur und sich selbst eins zu werden, allerdings ohne das individuelle Selbst aufzugeben. Im Unterschied dazu steht die **„negative Freiheit von"**, die die Freiheit von Bindungen bedeutet und zu Isolation und Atomisierung führt. Bei vielen Menschen kommt es nun – so der Titel des Buches – zu einer „Flucht vor der Freiheit", d.h. sie können die Möglichkeit einer „Freiheit zu" nicht realisieren und suchen Fluchtmöglichkeiten. Die „Flucht ins Autoritäre" wurde bereits bei der Skizzierung des autoritären Charakters beschrieben. Sein Streben nach Unterwerfung und Beherrschung bildet die menschliche Grundlage des Faschismus. Fromm skizziert weiters die „Flucht ins

Destruktive“ und die „Flucht ins Konformistische“. Der **Konformismus** ist für Fromm der Lösungsmechanismus der meisten normalen Menschen in unserer Gesellschaft für das Problem der Freiheit. Er besteht darin, „daß der einzelne aufhört, er selbst zu sein; er gleicht sich völlig dem Persönlichkeitsmodell an, das ihm seine Kultur anbietet, und wird deshalb genau wie alle anderen und so, wie die anderen es von ihm erwarten. Die Diskrepanz zwischen dem ‚Ich‘ und der Welt verschwindet und damit auch die bewußte Angst vor dem Alleinsein und der Ohnmacht“ (ebd., 162). Fromm spricht in diesem Zusammenhang vom „unbewußten Leiden des automatisierten Durchschnittsbürgers“, was gefährlich sein kann, da der Konformist auch durch die Bereitschaft gekennzeichnet ist, Ideologien und Führer zu akzeptieren und daher einen fruchtbaren Boden für die politischen Ziele des Faschismus bildet. Freiheit und Spontaneität des einzelnen, als Ausdruck der positiven Freiheit, können nur in einer freien, demokratischen Gesellschaft ganz realisiert werden.

Während für Fromm – im Unterschied zu anderen Vertretern der Kritischen Theorie – die Möglichkeit von positiver Freiheit auch schon unter gegebenen gesellschaftlichen Bedingungen verwirklichbar erscheint, trifft er sich in der Feststellung des Konformismus des modernen Menschen, der Anpassung des Menschen an die herrschende Gesellschaft, durchaus mit den anderen Mitgliedern der Frankfurter Schule.

9.3.3 Geschichte und Fortschritt

Die zeitgeschichtlichen Erfahrungen (die Integration der Arbeiterklasse, die Stalinisierung des Sozialismus in der Sowjetunion, der Sieg des Faschismus, die Vernichtung von Menschenleben in den KZs) haben besonders Horkheimer und Adorno allerdings zunehmend daran zweifeln lassen, ob sich der geschichtliche Prozeß zum Positiven wenden würde. In ihrem 1947 veröffentlichten Werk **„Dialektik der Aufklärung“** haben Horkheimer und Adorno die Grundlage für die Weiterentwicklung der Kritischen Theorie in der Nachkriegszeit gelegt. Dabei ändert sich auch ihre Auffassung vom Geschichtsprozeß. Horkheimer und Adorno entwickeln in diesem Werk eine Geschichtsdeutung, die davon ausgeht, daß die Vernunft in der Geschichte zunehmend zu einem Herrschaftsinstrument wird. Die Autoren betrachten den menschlichen Auseinandersetzungsprozeß mit der Natur und stellen fest, daß der Mensch seit der Frühzeit die Natur als Gegenstand der Unterdrückung und Ausbeutung gesehen hat. Galt die Natur in manchen Kulturen als etwas zu Bewahrendes und zu Hegendes, wie es vor allem im Mythos zum Ausdruck kommt, wird sie im Prozeß der Aufklärung zum Objekt der Herrschaft, zum Objekt der Verfügung und Ausbeutung. Der Aufstieg der Naturwissenschaften zeigt diese Objektwerdung der Natur; Natur wird zerlegt, gemessen und dem menschlichen Nutzen unterworfen. Die Aufklärung, die die Freisetzung des Menschen von Herrschaft und Zwängen auf ihre Fahnen schrieb, ging Hand in Hand mit der Unterwerfung der Natur unter menschliche Zwecke. Nun ist der Mensch selbst aber auch Natur. Adorno und Horkheimer gehen davon aus, daß sich der Mensch im Zuge der **Naturbeherrschung** auch selbst unterwirft, indem der menschliche Körper einer Vielzahl an Disziplinierungsmaßnahmen unterworfen wird. Körper und Psyche des Menschen werden zu bloßen Instrumenten. So schlägt die Gewalt, die der Mensch gegenüber der äußeren Natur ausübt, auch auf seine innere Natur zurück. Am Ende dieses Prozesses zeigt sich, daß die Vernunft (die im Zuge der Aufklärung als „die" kritische Instanz galt) untrennbar mit Herrschaft verbunden ist, und daß der Mensch im Zuge der Naturbeherrschung letztlich sich selbst äußeren Mächten unterwirft.

Durch die hemmungslose Ausbeutung der Natur entfremdet sich der Mensch immer mehr von ihr. Die Ausbreitung von Wissenschaft und Technik im Prozeß der Aufklärung wird von den Autoren nicht im Sinne des Fortschritts gesehen, sondern als zunehmender Verfall interpretiert. Die Überlegenheit des Geistes und der Vernunft über die Natur erweist sich zunehmend als zwiespältig: Die instrumentelle Leistungsfähigkeit nimmt zu, die Psyche der Menschen wird dadurch deformiert. Dies ermöglicht erst die ungeheuerlichen Herrschaftssysteme des 20. Jahrhunderts. Die Totalisierung politischer Herrschaft im Faschismus, die Verstümmelung von Individualität und die Disziplinierung und Uniformierung des Menschen durch Massenkultur und politische Propaganda sind dafür Anzeichen. Horkheimer und Adorno kommen also letztlich zu einer pessimistischen Geschichtsdiagnose: der Prozeß der Aufklärung, der mit dem Siegeszug von Wissenschaft und Technik begonnen wurde, garantiert keinen Fortschritt, sondern kann sich im Gegenteil gegen den Menschen wenden und zu seiner Unterdrückung beitragen.

9.3.4 Kulturtheorie und Gesellschaft: Die Wa(h)re Kunst?

Die Kritische Theorie betrachtet Kultur nicht als abgehobenen Sonderbereich von Gesellschaft. Im Gegensatz zu den Geisteswissenschaften hat sie die Gegenüberstellung von Kultur als einer höheren Sphäre menschlichen Strebens und der materiellen Existenz als einem niedrigeren Aspekt menschlicher Existenz immer kritisiert. Kultur kann niemals Mängel der Gesellschaft ausgleichen, sie ist immer gesellschaftlich vermittelt und teilt daher auch die Mängel dieser Gesellschaft. Wenn Kulturgüter gepriesen werden, muß auch das damit verbundene (Arbeits-)Leid und die ideologische Funktion mitberücksichtigt werden. Schließlich wurden z.B. die Werke der ägyptischen Hochkultur von unterdrückten Sklaven geschaffen und dienten der Aufrechterhaltung dieses Herrschaftssystems. Kultur als geistige Sphäre der Kontemplation und Entzückung jenseits der konkreten Lebens- und Arbeitsbedingungen zu betrachten, ist für die Kritische Theorie nur ein Ablenken von den realen gesellschaftlichen Verhältnissen.

Kunstwerke sind nicht nur Ausdruck individueller Schöpferkraft, sondern ebenso Ausdruck – wenn auch oft unbewußt – objektiver gesellschaftlicher Tendenzen. Da die Kritische Theorie dem dialektischen, widersprüchlichen Denken einen großen Stellenwert einräumt, also an jedem Gegenstand immer zugleich seine positiven und negativen Seiten sieht, wird dieses dialektische Denken auch auf die Analyse von Kunstwerken angewandt. Demnach ist die Kunst nicht nur Ausdruck gesellschaftlicher Tendenzen, sondern verweist auch auf ein Jenseits des Status quo, bringt eine Sehnsucht nach einer anderen Gesellschaft zum Ausdruck. Dort, wo Kunst z.B. bestehende Verhältnisse kritisiert, wird ihr befreiendes Element sichtbar. Allerdings beinhaltet nicht jede Form von Kunst ein solches negatives Element.

Die bürgerliche **Kunst,** die klassische Musik, die Literatur von Goethe bis Flaubert, die darstellende Kunst teilt aus dieser Sicht die Beschränkungen des bürgerlichen Liberalismus. Sie ist **„affirmativ“,** weil die bürgerlichen Ideen von Freiheit und Gerechtigkeit nur auf bestimmte Gruppen beschränkt waren, während in der Realität der bürgerlichen Gesellschaft diese Ideale nicht real existierten. Die bürgerliche Kunst hatte daher sowohl eine ideologische Funktion, da sie eine ungerechte Gesellschaft verschleierte, andererseits barg sie gleichzeitig aber auch ein utopisches Moment in sich, weil sie zumindest in der Kunst an Freiheit und Gleichheit als Ziele festhielt.

Im **20. Jahrhundert** spaltet sich die Kultur in die **Massenkultur,** die industriell fabriziert wird („Kulturindustrie“) und zur Anpassung und Konformität der Konsumenten führt und eine esoterische, **avantgardistische Kultur,** die nur noch wenigen (gebildeten) Produzenten und Konsumenten zugänglich ist. In der Massenkultur werden aus der Sicht der Kritischen Theorie alle utopischen

Momente getilgt. Aus Kultur wird hier Unterhaltung. Adorno sieht in dieser Massenkultur eine Manipulation des Bewußtseins der Massen, eine Zurichtung auf den Status quo. Die Kultursphäre erscheint vollkommen der Ökonomie unterworfen: „Die gesamte Praxis der Kulturindustrie überträgt das Profitmotiv blank auf die geistigen Gebilde" (Adorno 1979, 61). Nicht mehr künstlerische Leistungen zählen, sondern nur mehr die Frage der Vermarktung und des Absatzes. Wenn Kulturgüter zu Waren werden wie jede beliebige Ware, dann büßen sie ihren ästhetischen Wert ein. Nur was sich verkauft, kann innerhalb dieser Marktlogik bestehen. Was mit gesellschaftskritischen Ambitionen auftritt, muß sich entweder dem Diktat der Kulturindustrie unterwerfen oder es wird nicht gehört, gesehen oder gesendet.

Beispielhaft kann dies an jugendkulturellen Strömungen, wie z.B. der Punk-Musik verdeutlicht werden: eine Musikform entsteht, die sich kritisch und rebellisch gegen die Gesellschaft und den herrschenden musikalischen Geschmack richtet. Diese Musik wird zuerst nur von wenigen Subkulturen rezipiert und wird aufgrund kritischer Texte auch vom öffentlichen Rundfunk nicht gesendet. Da jedoch immer mehr Jugendliche von dieser Musik angezogen werden, reagiert die Plattenindustrie und versieht die Bands mit hochdotierten Plattenverträgen. Eine „neue Welle" entsteht und der Vermarktungsapparat tritt in Kraft. Punkmusik wird einerseits „hoffähig", wird allerdings dadurch auch ihres kritischen Stachels beraubt, da die Plattenfirmen bestimmte „Images" kreieren und die Autonomie der Musiker im Hinblick auf den Massengeschmack beeinflußen. Parallel dazu wird der Punk-Habitus vermarktet: Es entsteht die Punkmode, die ursprünglich Protest gegen Kleidungsvorschriften ausdrückte und demonstrativ Armut und Bedürfnislosigkeit zur Schau stellte. Nachdem sie jedoch von den Top-Designern adaptiert und für das Modepublikum zugänglich gemacht wurde, ist etwas ganz anderes daraus geworden. Die gesellschaftliche Kritik, die diese Mode damals zum Ausdruck brachte, wurde damit absorbiert und entschärft. Adorno ist der Ansicht, daß heutzutage nur mehr die avantgardistische Kunst eine emanzipatorische, kritische Funktion beanspruchen kann, weil sie sich der kulturindustriellen Vermarktung widersetzt bzw. in ihren Inhalten und Formen radikal negativ zu sein beansprucht.

Die Kritische Theorie sieht die Effekte der industriell produzierten Kultur nicht nur darin, daß kritische Elemente zunehmend zugunsten der Affirmation getilgt werden. Die massenkulturellen Produkte dienen vor allem auch dazu, die Menschen mit einer schlechten Realität zu versöhnen, indem diese Realität als selbstverständlich dargestellt wird, indem vom realen Elend abgelenkt wird und irreale Fluchten aus dem Alltag angeboten werden („glücklich ist, wer vergißt") und Glück als Zufall dargestellt wird („das Glück ist ein Vogerl"). Die unterschwellige Botschaft der affirmativen Kultur ist Resignation und Konformität, d.h. letztlich geht es ihr um die Anpassung der Menschen an die herrschenden Verhältnisse. Die Kulturindustrie ist aus der Sicht der Kritischen Theorie ein besseres Integrationsinstrument als Gewalt und Herrschaft. Sie versklavt die Menschen subtiler und wirksamer als andere Herrschaftsmethoden. Die Adressaten werden in passiver Konformität gehalten. Dazu ein Zitat von Adorno:

„Die Ersatzbefriedigung, die die Kulturindustrie den Menschen bereitet, indem sie das Wohlgefühl erweckt, die Welt sei in eben der Ordnung, die sie ihnen suggerieren will, betrügt sie um das Glück, das sie ihnen vorschwindelt. Der Gesamteffekt der Kulturindustrie ist der einer Anti-Aufklärung; in ihr wird (...) Aufklärung, nämlich die fortschreitende technische Naturbeherrschung, zum Massenbetrug, zum Mittel der Fesselung des Bewußtseins. Sie verhindert die Bildung autonomer, selbständiger, bewußt urteilender und sich entscheidender Individuen. Die aber wären die Voraussetzung einer demokratischen Gesellschaft, die nur in Mündigen sich erhalten und entfalten kann" (Adorno 1979, 69).

Ein häufig geäußertes Argument für die Massenkultur ist ja, daß die kulturellen Produkte nicht mehr nur einem kleinen, elitären Kreis zur Verfügung stehen, sondern der Kulturkonsum durch die Massenproduktion demokratisiert und auch dem „kleinen Mann auf der Straße" ermöglicht wird. Dagegen hält die Kritische Theorie, daß man die Bücher von Goethe, Freud und Marx zwar in jedem Supermarkt kaufen könne, daß sie aber gerade dadurch neben Micky Mouse und Batman völlig beliebig werden und kein kritisches Potential mehr entwickeln können. Wurde die Massenkultur ansonsten zumeist aus konservativer Sicht kritisiert („Kulturverfall" bzw. „Proletarisierung von Kunst"), so sieht die Kritische Theorie diese Kritik selbst noch als Ideologie und Verschleierung: Massenkultur bereitet die Menschen auf eine neue Form des politischen Totalitarismus vor. Jeglicher Widerstand, jede Kritik wird ausgelöscht.

Einen anderen Aspekt der Massenkultur beschreibt Herbert **Marcuse** in seinem Werk **„Der eindimensionale Mensch"** (1964). In diesem Buch beschäftigt er sich u.a. mit den Auswirkungen des Massenkonsums. Er erscheint auf den ersten Blick als sozialer Fortschritt und als Schritt in Richtung auf Demokratisierung: die industrielle Massenproduktion erlaubt nun allen Schichten, an den Errungenschaften der Zivilisation teilzuhaben. Marcuse sieht jedoch ein Problem darin, daß die scheinbaren Segnungen der Zivilisation eine negative Seite haben: die Produkte stellen sich auf jedes Bedürfnis ein und bieten unmittelbare Befriedigung. Dadurch gibt es gewissermaßen einen Kurzschluß zwischen Bedürfnis und Befriedigung. Wer sich einsam fühlt, schaltet den Fernseher an und läßt sich unterhalten, wer Lust auf sexuelle Anregungen hat, geht in den Sex-Shop, wer Hunger hat, kann an jeder Ecke fast food kaufen. Dies hat jedoch den Effekt, daß diese Bedürfnisse überhaupt nicht mehr als Bedürfnisse bewußt werden, sondern einfach ausgelebt werden. Die Menschen werden quasi auf die Unmittelbarkeit ihrer Bedürfnisse festgenagelt und kommen gar nicht mehr dazu, darüber nachzudenken. Viele Bedürfnisse sind jedoch problematisch, sie entstehen aus sozialem Druck und aus subjektiven Problemen. Wer z.B. vor schwierigen Themen flieht, tut sich im Grunde keinen Gefallen. Wenn Fluchtmöglichkeiten da sind, ist es jedoch leicht, oftmals zu leicht, dem Fluchtimpuls zu folgen. Die Unterhaltungsindustrie sorgt auf diese Weise dafür, daß die Menschen nicht mehr dazu kommen, über ihre eigene Situation nachzudenken, sondern sie bleiben statt dessen auf ihre Abhängigkeit fixiert: daher der Sog, immer neue Kleider zu kaufen, immer neue Unterhaltungssendungen anzuschauen, immer extravaganteren Urlaub zu machen usw.

Diese Entwicklung ist nicht nur gesellschaftlich bedenklich, weil die damit verbundene Expansion nicht endlos weitergehen kann. Sie ist vor allem gefährlich für die psychische Struktur der Individuen, die in ihrer Entwicklung und Reifung behindert werden. Wurde die Psyche früher durch Herrschaft deformiert, so ist es heute gerade die Möglichkeit, für alles sofort ein passendes Konsumangebot zu finden. Marcuse nennt dies **„Repressive Entsublimierung"**. Damit meint er, daß die für jede psychische Reifung notwendige „Sublimierung", also die Fähigkeit, Triebimpulse zu verarbeiten und in sozial wie psychisch sinnvolle Bahnen zu lenken, quasi unterlaufen wird, daß das Individuum, ohne es zu wissen und zu wollen, künstlich kindlich gehalten wird. Auch dies ist, so Marcuse, ein Teil des neuen, abstrakten Systems der Herrschaft.

9.4 Leistungen und Grenzen der Kritischen Theorie

Bemerkenswert an den Analysen der Kritischen Theorie ist vor allem die Differenzierung der Basis-Überbau-Theorie: Kultur kann nicht unabhängig vom Zustand von Gesellschaft und Wirtschaft betrachtet werden, aber ihre Eigendynamik ist nicht ökonomisch determiniert. Bedeutsam ist auch der „Systembezug" des Denkens. Stets wird das Verhältnis von Ganzem und Einzelheit gesehen; wichtig ist die Totalität der Gesellschaft und wie sich diese auf Kultur auswirkt bzw. von dieser beeinflußt wird.

Schließlich ist auch die Weiterentwicklung des Verständnisses von Herrschaft wichtig, weil auf diese Weise der Blick für Risiken und Kosten moderner Gesellschaften geschärft wird. Allerdings ist anzumerken, daß die Kritische Theorie dazu tendierte, von einer restlosen Manipulation des Bewußtseins der Menschen durch die Kulturindustrie auszugehen. Nun hat sich aber gezeigt, daß die Menschen im Umgang mit kulturellen Gütern wesentlich phantasievoller sind und daß herrschende Ideologien nur sehr gebrochen ihren Weg zum Publikum finden. Der Mensch kann keineswegs als Trichter angesehen werden, in den die Herrschenden via Kultur und Medien ihre Botschaften einfüllen, um ihn damit an die herrschenden Verhältnisse anzupassen und zu „verdummen". Gleichwohl ist der kritische Impuls zu berücksichtigen, Ökonomie und Kulturproduktion und -rezeption im Zusammenhang zu sehen. Allerdings ist hier von keiner eindimensionalen Wirkungsbeziehung auszugehen, da das Zur-Ware-Werden von kulturellen Gütern durchaus widersprüchliche Konsequenzen haben kann. Das Auftreten gegenkultureller Strömungen z.B. zeigt immer auch die Grenzen des Ware-Werdens der Kunst an und verweist darauf, daß Kritik und Widerstand auch unter kulturindustriellen Bedingungen möglich sind.

Die Kritische Theorie hat sich im Laufe der Zeit von einer kritischen Gesellschaftstheorie mit empirischen Analysen zu einer Gesellschafts- und Geschichtsauffassung entwickelt, in der ein allesumfassender Verhängniszusammenhang jegliche Individualität auslöscht und Kritik und Veränderung fast unmöglich erscheint. Jürgen Habermas hat diese Entwicklungen kritisiert und der Kritischen Theorie neue Impulse gegeben. Er versucht das Problem moderner Gesellschaften als Gegensatz zwischen abstrakten Systemstrukturen und den Besonderheiten der konkreten Lebenswelt zu beschreiben und bemüht sich, die Möglichkeit von positiven Veränderungen aus einer allgemeinen Kommunikationstheorie heraus zu begründen: Menschliches Zusammenleben, so sein Hauptargument, setzt notwendig Verständigung als Möglichkeit voraus. Habermas stützt sich dabei jedoch wesentlich stärker auf Anregungen der modernen Entwicklungspsychologie, der Lingustik und anderer neuerer Theorien.

In ihrer ursprünglichen Form hat die Kritische Theorie keine

Fortsetzung erfahren. Als wichtigste Leistungen bleiben jedoch (neben der erwähnten Entwicklung von Gesellschafts- und Kulturkritik) ihre Versuche interdisziplinärer Forschung, etwa die Analyse des Verhältnisses von ökonomischen Verhältnissen und psychischen Strukturen, wie sie beispielsweise Erich Fromm unternommen hat. Auch die Kritik am Positivismus und die Entwicklung einer kritischen Sozialforschung zählt zu den Leistungen der Kritischen Theorie. Schließlich hat sie Modelle zur kritischen Analyse moderner Gesellschaften entwickelt und wurde so zur „Patin" für viele kritische Ansätze in den Sozialwissenschaften. Auch wenn viele der von der Kritischen Theorie aufgestellten Thesen empirisch wie theoretisch unzulänglich sind, kann sie als fruchtbare Weiterentwicklung der marxistischen Gesellschaftstheorie gesehen werden, die auch heute noch für viele Soziologen Anknüpfungspunkte liefert.

Literaturhinweise

Zitierte Literatur

Adorno, Theodor W.: Ohne Leitbild. Parva Aesthetica, Frankfurt/M. 1979

Fromm, Erich: Autorität und Familie. Sozialpsychologischer Teil. In: Gente, Hans-Peter (Hrsg.): Marxismus – Sexpol – Psychoanalyse, Frankfurt/M. 1970, 251–306 (zuerst 1936)

Fromm, Erich: Die Furcht vor der Freiheit, Frankfurt/M./Berlin 1983 (zuerst 1941)

Horkheimer, Max: Traditionelle und Kritische Theorie. In: ders.: Kritische Theorie, 2 Bde., Frankfurt/M. 1968 (Hrsg. Alfred Schmidt), 137–200 (zuerst 1937)

Horkheimer, Max: Gesellschaft im Übergang, Frankfurt/M. 1981

Institut für Sozialforschung (Hrsg.): Soziologische Exkurse, Frankfurt/M. 1956

Marcuse, Herbert: Der eindimensionale Mensch, Neuwied/Berlin 1967 (zuerst 1964)

Weiterführende Literatur

Adorno, Theodor W.: Negative Dialektik, Frankfurt/M. 1973

Dubiel, Helmut: Kritische Theorie der Gesellschaft, Weinheim/München 1988

Habermas, Jürgen: Theorie des kommunikativen Handelns, 2 Bde., Frankfurt/M. 1981

Horkheimer, Max/Adorno, Theodor W.: Dialektik der Aufklärung, Frankfurt/M. 1981 (zuerst 1947)

Jay, Martin: Dialektische Phantasie, Frankfurt/M. 1981

Wiggershaus, Rolf: Die Frankfurter Schule, München 1986

10. Rückblick und Ausblick

In den vorherigen Kapiteln sind wichtige Theorieansätze in der Soziologie dargestellt worden. Jedes der Kapitel ist grob vereinfachend – nicht nur, weil die verschiedenen Modelle (deren genaue Darstellung viele tausende von Seiten füllen würde) sehr knapp skizziert werden, sondern auch, weil viele Variationen, Abweichungen, Kontroversen beiseitegelassen wurden und einige Modelle bzw. Variationen überhaupt nicht zu Wort kommen.

Aber auch so ist ein beachtliches Spektrum von teilweise sehr verschiedenen Denkweisen, Theorien, Begriffen zustandegekommen. Was soll man nun damit anfangen? Wie gesagt – mit den eingangs skizzierten Problemen der inneren Logik einzelner Theorien, mit den Kriterien ihrer Gültigkeit und ihrem Verhältnis zueinander müssen sich vor allem Wissenschaftstheoretiker beschäftigen. Diese schwierige Diskussion bleibt hier ausgeklammert. Für den „Kunden“ sieht die Sache anders aus: er bekommt eine Reihe von Angeboten, soziale Realität zu verstehen und interessiert sich vorrangig für deren Anwendbarkeit. Dies dürfte sich in vielen Fällen weitgehend darauf beschränken, Prüfungen zum Thema zu bestehen. Dann genügt es, wenn die einzelnen Modelle sich gut einprägen und in einer handhabbaren Systematik stehen. Wir hoffen, daß dies der Fall ist.

Wie soll aber mit dem vielfältigen und komplexen Theorieangebot umgegangen werden, wenn man darüber hinausgehende Anwendungsinteressen hat, sprich: wenn man versuchen will, mit Hilfe von Theorien soziale Wirklichkeit besser zu verstehen? Das Beste ist: Ausprobieren.

Was würden die verschiedenen Konzepte etwa von den in der Einleitung geschilderten Abenteuern von **Tom Sawyer** näher erläutern können?

– Durkheim würde analysieren, welche „Institutionen“ in diesem Interaktionsfeld vorhanden sind und wie sie sich orientierend auswirken.

- Weber könnte den Idealtyp einer Überredungskommunikation konstruieren und dann untersuchen, warum sie einmal klappt (bei Ben) und einmal scheitert (bei Jim).
- Simmel würde sich damit beschäftigen, welche Art von „Wechselwirkung“ den Interaktionen zugrunde liegt und wie gerade auch Auseinandersetzungen (zwischen Tom und Tante Polly) oder Konkurrenzen (Tom und Ben) Gemeinsamkeit stiften.
- Aus utilitaristischer Sicht stünde generell das Nutzenkalkül im Vordergrund, nach dem die Akteure verfahren: wie sich der Interaktionsverlauf ändert, wenn Tom Jim mehr bietet und wie sich die Konstellation durch Tante Pollys Intervention erneut ändert. Ein verhaltenstheoretisch orientierter Utilitarist könnte die „Lerneffekte“ des Geschehens untersuchen: welches Verhalten wiederholt wird und welches nicht. Aus tauschtheoretischer Sicht würde die „strategische Rationalität“, mit der vor allem Tom seine Position entwickelt, interessieren.
- Eine funktionalistische Perspektive würde sich dafür interessieren, welche manifesten und latenten Funktionen für wen/was das Geschehen erfüllt – wie Tante Polly für die Einhaltung ihrer Anordnungen sorgt und dabei nicht nur ihre hauseigene Hierarchie, sondern die Interaktionsordnung insgesamt stabilisiert oder wie Toms genialer Einfall die Beziehungsmuster zwischen den Knaben erweitert und dadurch neue Formen der Statusverteilung entstehen.
- Aus systemtheoretischer Sicht könnte man beispielsweise untersuchen, wieso Tante Polly zum einfachen Sozialsystem Tom/Jim Zutritt hat und ihn nutzt, zu dem von Tom und Ben dagegen nicht und was die systemspezifischen Bedingungen der Abläufe sind (etwa, daß der Trick neu ist und daher keine diesbezügliche „Geschichte“ besteht). Ein anderer Blick könnte sich auf die subkulturspezifischen Kommunikationsformen und deren Funktionsweise richten.
- Eine interaktionistische Analyse würde sich für die Art und Weise, wie unterschiedliche Situationsdefinitionen von den Akteuren vertreten werden und welche sich aufgrund welcher Verhandlungstechniken durchsetzen, interessieren. Dabei ginge es nicht zuletzt um Fragen der Rollenübernahme, der Selbst- und Fremdeinschätzung, der Inszenierung und um die daraus resultierenden Auswirkungen auf das Symbolsystem und die Akteure.
- Der historisch-materialistisch orientierte Blick eines Marxisten richtete sich primär auf die Bedingungen und Folgen der Basisstrukturen: auf die Sklavenhaltergesellschaft und ihre Öko-

nomie, auf daraus resultierende Herrschaftsverhältnisse und die Über- und Unterordnungszwänge, die daraus resultieren. Tante Polly und Jim erschienen dann vorrangig als „Agenten" eines Musters, auf das sie selbst keinen Einfluß haben.

– Die Kritische Theorie würde schließlich danach fragen, welche Muster der Entfremdung den Ereignissen zugrunde liegen, d.h. warum die Akteure sich gegenseitig drangsalieren und reinzulegen versuchen. Und sie würde die Ereignisse zum Anlaß nehmen, zu überlegen, ob der Fortschritt, den die Abschaffung der Sklaverei bedeutet hat, nicht zugleich mit einem Verlust verbunden ist: daß die eingelebte Konsistenz der Sozialwelt verloren gegangen ist und eine Welt entstanden ist, die den Einzelnen isoliert, „fragmentiert", abstrakt und kalt behandelt.

Nehmen wir noch ein anderes Beispiel, etwa ein Thema wie **Wirtschaftskriminalität.** Was würden die verschiedenen Theoretiker dazu sagen?

– Aus marxistischer Sicht würde vermutlich zunächst untersucht, welche Rahmenbedingungen das Wirtschaftssystem insgesamt setzt und inwiefern auf diese Weise illegale Aktivitäten provoziert bzw. erzwungen werden – wie der Holzdiebstahl durch die Armut und illegale Geschäfte durch Konkurrenzdruck.
– Ein Funktionalist würde vorrangig nach manifesten und latenten Leistungen fragen, die sie erbringt – daß beispielsweise Schwarzarbeit zwar als abweichendes Verhalten mit harten Sanktionen bedroht wird, andererseits aber dafür sorgt, daß Leistungen, die sonst unbezahlbar wären, gekauft werden können.
– Ein „utilitaristischer" Theoretiker würde nach den genauen Bedingungen, unter denen wirtschaftskriminelles Verhalten rational ist bzw. wird, fragen und, wenn er spieltheoretisch orientiert ist, untersuchen, welche Aktionen des Gesetzgebers und der Polizei welche Reaktionen der Steuerhinterzieher, Drogenhändler, Weinpanscher etc. zur Folge hätten.
– Ein Systemtheoretiker interessierte sich vielleicht eher für die Frage, was zur Ausdifferenzierung von kriminellen Formen der Wirtschaft aus dem Wirtschaftssystem führt, welche speziellen Kommunikationsformen und -bedingungen den Bestand der Wirtschaftskriminalität garantieren und wie dieses Subsystem sich selbst reproduziert, also Drogenhandel Geldwäscherei bedingt, Schwarzgeld in illegale Geschäfte fließt usw.
– Ein Interaktionist würde sich genauer damit beschäftigen, wie überhaupt eine Selbst- und Fremdeinschätzung dieser Art zustande kommt und wovon sie abhängt, und das „Aushandeln"

von Interaktionsformen untersuchen (etwa zwischen Steuerberatern, Kunden und Finanzbeamten: wann wird „ein Auge zugedrückt", wie werden Entscheidungen beeinflußt?).
- Ein Vertreter der Kritischen Theorie würde vermutlich darauf bestehen, Wirtschaftskriminalität nicht nur mit dem moralischen Niveau der Wirtschaft, sondern mit den Widersprüchen der Gesellschaft insgesamt in Verbindung zu bringen: daß die radikale Durchrationalisierung der Gesellschaft zwangsläufig Persönlichkeiten hervorbringt, die keine Moral außer der des Gewinns kennen, daß der unreflektierte „Fortschritt" auch das Niveau der Kriminalität anhebt usw.

Man sieht, daß die verschiedenen Theorien jeweils unterschiedliche Perspektiven eröffnen und unterschiedliche Gesichtspunkte hervorheben; unterschiedliche Gesichtspunkte, die sich zum Teil ergänzen, zum Teil überschneiden. Nicht jede Theorie ist jedoch für jedes Thema gleich geeignet. Wie bereits ganz am Anfang beschrieben wurde, hat jede ihren eigenen Zugang mit eigener Reichweite. Zwar kann man eine hinreichend allgemein angelegte Theorie auf jedes Thema mit Gewinn anwenden, aber nicht immer ist der Gewinn gleich groß. Es stellt sich daher die Frage der jeweiligen Auswahl.

Dies wird einerseits von den Theorien selbst festgelegt: sie bestimmen, womit sie sich beschäftigen und wie sie dies tun. Das „Rational-Choice"-Konzept beispielsweise ist eine Entscheidungs-Theorie und fragt nach der Systematik von Handlungsentscheidungen unter bestimmten Bedingungen. Es verzichtet (angeblich...) darauf, sich mit weiterreichenden Fragestellungen zu beschäftigen und will daher auch nicht in Anspruch genommen werden, wenn es um gesellschaftlichen Strukturwandel o.ä. geht. Insofern bieten sich also die Theorien selbst je nach Gegenstand an.

Auf der anderen Seite hängt ihr Gebrauch auch davon ab, was man mit ihnen anfangen möchte. Es ist die jeweilige Fragestellung, die bestimmt, was ein sinnvoller Zugang zum Thema ist. Wenn man etwa die formale Struktur einer Behörde untersucht, ist man besser mit der funktionalistischen Rollentheorie bedient. Wenn man dagegen die Riten von Fußball-Fans näher analysieren möchte, bietet sich eher der Symbolische Interaktionismus oder die Ethnomethodologie an.

Kurz: Für den pragmatischen Gebrauch sind Theorien eine Art Werkzeugkoffer. Es befinden sich darin begriffliche Instrumente, die für verschiedene Zwecke gut geeignet sind. Die Zwecke legt der Handwerker selbst fest, die Auswahl der Instrumente ebenfalls

– und es gibt keine logische Notwendigkeit, immer nur ein Instrument zu verwenden. Daß ein guter Handwerker sein Werkzeug sorgfältig auswählt, es pfleglich behandelt und vorsichtig damit hantiert, versteht sich von selbst.

Springer-Verlag und Umwelt

Als internationaler wissenschaftlicher Verlag sind wir uns unserer besonderen Verpflichtung der Umwelt gegenüber bewußt und beziehen umweltorientierte Grundsätze in Unternehmensentscheidungen mit ein.

Von unseren Geschäftspartnern (Druckereien, Papierfabriken, Verpackungsherstellern usw.) verlangen wir, daß sie sowohl beim Herstellungsprozeß selbst als auch beim Einsatz der zur Verwendung kommenden Materialien ökologische Gesichtspunkte berücksichtigen.

Das für dieses Buch verwendete Papier ist aus chlorfrei hergestelltem Zellstoff gefertigt und im pH-Wert neutral.